日本語 習う パン作りの 体系的で 科学的な 製パンの 勉強
日本への 製パン 留学、製パン 技術 研修の ための
必須 日本語 習得の 指針 書籍

にほんご
日本語

製パン 実務会話

일본어 제빵 실무 회화

신길만·신 솔 공저

(주)백산출판사

 머리말

　현대의 빵은 주식의 위치를 차지하며 오늘날 경제의 고도성장과 생활 수준의 향상으로 우리의 식생활에 중요한 식품이 되었습니다. 빵은 발효를 시켜 만드는 것으로 재료관리, 공정관리, 위생관리의 과정이 중요하며 건강한 빵을 만들기 위해서는 많은 시간과 정성이 필요합니다.

　빵의 종류는 다양한 품목으로 구성되어 있으며 각각의 배합과 공정의 차이가 있습니다. 이 책은 제빵 기술을 습득하거나 제빵 분야의 취업, 창업을 일본을 목표로 하는 분들께 필요한 일본어의 제빵전문 내용으로 엮었습니다.

　빵 만들기의 재료 계량, 믹싱, 굽기, 빵의 역사와 종류와 분류, 재료들의 특성과 가공 방법, 마무리 각각의 공정을 통하여, 맛있고 좋은 빵 만들기를 일본어로 습득하며, 제빵의 여러 가지의 제품 실습의 완성에 필요한 제빵이론과 실기를 함께 정리하였습니다. 일본의 새로운 베이커리 경영 기법의 습득을 위한 일본어를 익히기 위해 제빵의 내용을 과학적, 체계적으로 집약하여 집필하였습니다.

　저자가 일본의 제빵 현장과 일본의 제빵이론을 연구와 학생들을 교육하면서 터득한 여러 가지 제빵 일본어의 원리와 기능 습득에 필요한 명확한 일본어 사용과 전문 일본어 습득을 할 수 있는 바람으로 제빵 일본어 회화를 정리하였습니다.

　본 서적의 구성은 第1課 일본어로 기본의 인사, 第2課 취업 면접의 질문과 대답, 第3課 숫자, 시간, 계절, 돈, 측정단위, 단위명사, 위치, 각도 第4課 색을 읽기, 第5課 맛, 오미, 향, 온도, 오감을 표현, 第6課 동물의 종류, 스포츠의 종류, 신체의 표현, 병의 종류, 第7課 제빵회사, 빵 제조 공장의 조직, 第8課 식품의 재료의 종류, 第9課 빵을 만드는 재료의 사용 목적과 효과, 第10課 빵을 만드는 부재료의 사용 목적과 효과, 第11課 제빵 기계, 第12課 빵의 정의, 第13課 제빵의 기본과학, 第14課 제빵 기술, 第15課 빵을 만드는 공정, 第16課 스펀지 도우법(sponge), 第17課 기타 제빵법, 第18課 빵 만들기, 第19課 빵의 만들기를 알도록 편성되어 있습니다.

끝으로 본 서적의 출판에 도움을 주신 김포대학교 전홍건 이사장님, 박진영 총장님, 여러 교수님, 교직원 여러분들께 진심으로 감사를 드립니다.

본 서적을 출판해주신 백산출판사 진욱상 회장님과 김호철 편집부장님과 직원 여러분들께도 감사를 드립니다.

2021년 4월

저자 일동

目次

ひらがな(히라가나)

カタカナ(가타카나)

日本語 製パン 実務会話

ひらかな 히라가나

あ 아(a)行	あ 아(a)	い 이(i)	う 우(u)	え 에(e)	お 오(o)
か 카(ka)行	か 카(ka)	き 키(ki)	く 쿠(ku)	け 케(ke)	こ 코(ko)
さ 사(sa)行	さ 사(sa)	し 시(shi)	す 스(su)	せ 세(se)	そ 소(so)
た 타(ta)行	た 타(ta)	ち 치(thi)	つ 쯔(thu)	て 테(te)	と 토(to)
な 나(na)行	な 나(na)	に 니(ni)	ぬ 누(nu)	ね 네(ne)	の 노(no)
は 하(ha)行	は 하(ha)	ひ 히(hi)	ふ 후(hu)	へ 헤(he)	ほ 호(ho)
ま 마(ma)行	ま 마(ma)	み 미(mi)	む 루(mu)	め 메(me)	も 모(mo)
ら 라(ra)行	ら 라(ra)	り 리(ri)	る 루(ru)	れ 레(re)	ろ 로(ro)
や 야(ya)行	や 야(ya)		ゆ 유(yu)		よ 요(yo)
わ 와(wa)行	わ 와(wa)		を 오(o)		ん 은, 응(n)

カタかな 가타카나

ア 아(a)行	ア 아(a)	イ 이(i)	ウ 우(u)	エ 에(e)	オ 오(o)
カ 가(ka)行	カ 카(ka)	キ 키(ki)	ク 쿠(ku)	ケ 케(ke)	コ 코(ko)
サ 사(sa)行	サ 사(sa)	シ 시(shi)	ス 스(su)	セ 세(se)	ソ 소(so)
タ 타(ta)行	タ 타(ta)	チ 찌(thi)	ツ 쯔(thu)	テ 테(te)	ト 토(to)
ナ 나(na)行	ナ 나(na)	ニ 니(ni)	ヌ 누(nu)	ネ 네(ne)	ノ 노(no)
ハ 하(ha)行	ハ 하(ha)	ヒ 히(hi)	フ 후(hu)	ヘ 헤(he)	ホ 호(ho)
マ 마(ma)行	マ 마(ma)	ミ 미(mi)	ム 무(mu)	メ 메(me)	モ 모(mo)
ラ 라(ra)行	ラ 라(ra)	リ 리(ri)	ル 루(ru)	レ 레(re)	ロ 로(ro)
ヤ 야(ya)行	ヤ 야(ya)		ユ 유(yu)		ヨ 요(yo)
ワ 와(wa)行	ワ 와(wa)		オ 오(o)		ン 은, 응(n)

탁음·반탁음 ひらかな 히라가나 が行~ぱ行

が 가(ga)行	が 가(ga)	ぎ 기(gi)	ぐ 구(gu)	げ 게(ge)	ご 고(go)
ざ 자(ja)行	ざ 자(ja)	じ 지(zi)	ず 즈(zu)	ぜ 제(ze)	ぞ 조(zo)
だ 다(da)行	だ 다(da)	ぢ 지(ji)	づ 즈(ju)	で 데(de)	ど 도(do)
ば 바(ba)行	ば 바(ba)	び 비(bi)	ぶ 부(bu)	べ 베(be)	ぼ 보(bo)
ぱ 파(pa)行	ぱ 파(pa)	ぴ 피(pi)	ぺ 푸(pu)	ぽ 페(pe)	ぽ 포(po)

탁음·반탁음 カタかな 가타카나 ガ行~パ行

ガ	ガ	ギ	グ	ゲ	ゴ
가(ga)	가(ga)	기(gi)	구(gu)	게(ge)	고(go)
ザ	ザ	ジ	ズ	ゼ	ゾ
자(ja)	자(ja)	지(zi)	즈(zu)	제(ze)	조(zo)
ダ	ダ	ヂ	ヅ	デ	ド
다(da)	다(da)	지(ji)	즈(ju)	데(de)	도(do)
バ	バ	ビ	ブ	ベ	ボ
바(ba)	바(ba)	비(bi)	부(bu)	베(be)	보(bo)
パ	パ	ピ	プ	ペ	ポ
파(pa)	파(pa)	피(pi)	푸(pu)	페(pe)	포(po)

요음 きゃ行~らゃ行、ぎゃ行~びゃ行、ぴゃ行

きゃ	キャ	きゃ	キャ	きゅ	キュ	きょ	キョ
캬(gya)行		캬(gya)		큐(gyu)		쿄(gyo)	
ぎゃ	ギャ	ぎゃ	ギャ	ぎゅ	ギュ	ぎょ	ギョ
갸(gya)行		갸(gya)		규(gyu)		교(gyo)	
しゃ	シャ	しゃ	シャ	しゅ	シュ	しょ	ショ
샤(sya)行		샤(sya)		슈(syu)		쇼(syo)	
じゃ	ジャ	じゃ	ジャ	じゅ	ジュ	じょ	ジョ
자(sya)行		자(sya)		주(syu)		조(syo)	
ちゃ	チャ	ちゃ	チャ	ちゅ	チュ	ちょ	チョ
다(zya)行		다(zya)		지(zyu)		즈(zyo)	
にゃ	ニャ	にゃ	ニャ	にゅ	ニュ	にょ	ニョ
냐(nya)行		냐(nya)		뉴(nyu)		뇨(nyo)	

ひゃ	ヒャ	ひゃ	ヒャ	ひゅ	ヒュ	ひょ	ヒョ
햐(hya)行		햐(hya)		휴(hyu)		효(hyo)	
びゃ	ビャ	びゃ	ビャ	びゅ	ビュ	びょ	ビョ
뱌(hya)行		뱌(hya)		뷰(hyu)		뵤(hyo)	
ぴゃ	ピャ	ぴゃ	ピャ	ぴゅ	ピュ	ぴょ	ピョ
퍄(hya)行		퍄(hya)		퓨(hyu)		표(hyo)	
みゃ	ミャ	みゃ	ミャ	みゅ	ミュ	みょ	ミョ
먀(mya)行		먀(mya)		뮤(myu)		묘(myo)	
りゃ	リャ	りゃ	リャ	りゅ	リュ	りょ	リョ
랴(rya)行		랴(rya)		류(ryu)		료(ryo)	

日本語で 基本の 挨拶を しましょう!

にほん ご きほん
あいさつ

니홍고데 기혼노 아이시쯔오 시마쇼우!

일본어로 기본의 인사를 합시다!

日本語 製パン 実務会話

第1課
日本語で 基本の 挨拶を しましょう！
니홍고데 기혼노 아이사쯔오 시마쇼우!

일본어로 기본의 인사를 합시다!

---

01. 基本の 挨拶を しましょう！
기혼노 아이사쯔오 시마쇼우!

기본의 인사를 합시다!

おはよう ございます。
오하요우 고자이마스.

안녕하세요(아침 인사).

こんにちは。
콘니찌와.

안녕하세요(낮 인사).

こんばんは。
콘방와.

안녕하세요(저녁 인사).

02. 自己紹介を しましょう！
지코 쇼카이오 시마쇼우!

자기 소개를 해봅시다!

はじめまして。
하지메 마시데.

처음 뵙겠습니다.

私の 名前は 金(李、朴、申)です。

와타쿠시노 나마에와 기무(리, 보쿠, 신)데스.

저의 이름은 김(이, 박, 신)입니다.

どうぞ よろしく おねがい します。

도우조 요로시쿠 오네카이 시마스.

부디 잘 부탁드립니다.

03. これは 何ですか?

코레와 난데스카?

이것은 무엇입니까?

これは 食パン(牛乳 食パン、トウモロコシ 食パン、栗 食パン)です。

코레와 쇼쿠팡 (규우뉴우 쇼쿠팡, 토우모로코시 쇼쿠팡, 쿠리 쇼쿠팡)데스.

이것은 식빵(우유식빵, 옥수수식빵, 밤식빵)입니다.

それは 菓子パン(餡パン、クリームパン、そぼろパン)です。

소레와 카시팡(안팡, 쿠리-무팡, 소보로팡)데스.

그것은 과자빵(단팥빵, 크림빵, 소보로빵)입니다.

あれは ドーナツと 蒸しパンです。

아레와 도-나쯔토 무시팡데스.

저것은 도우넛과 찐빵입니다.

04. 答えを 話して みましょう!

코타에오 하나시테 미마쇼우!

대답을 말해 봅시다!

はい。わかりました。

하이. 와카리마시타.

네. 알겠습니다.

はい、そうです。
하이, 소우데스.
네, 그렇습니다.

いいえ、わかりません。
이이에, 와카리마센.
아니요, 모르겠습니다.

いいえ、違います。
이이에, 찌카이마스.
아니요, 틀립니다.

05. 感謝の 挨拶を して みましょう！
칸샤노 아이사쯔오 시테 미마쇼우!
감사의 인사를 해봅시다!

ありがとう ございます。
아리가토우 고자이마스.
감사합니다.

どうも ありがとう ございます。
도우모 아리가토우 고자이마스.
매우 감사합니다.

本当に ありがとう ございました。
혼토우니 아리가토우 고자이마시타.
정말로 감사했습니다.

06. お祝いの 挨拶を しましょう！
오이와이노 아이사쯔오 시마쇼우!
축하의 인사를 해봅시다!

おめでとう ございます。
오메데토우 고자이마스.
축하합니다.

合格 おめでとう ございます。
고우카쿠 오메데토우 고자이마스.
합격을 축하합니다.

お誕生日 おめでとう ございます。
오탄죠우비 오메데토우 고자이마스.
생일 축하합니다.

07. お詫びの 言葉を 言って みましょう!
오와비노 코토바오 잇테 미마쇼오!
사과의 인사를 말해 봅시다.

すみません。ごめんなさい。
스미마센. 고멘나사이.
미안합니다. 죄송합니다.

本当に すみません。本当に ごめんなさい。
혼토우니 스미마센. 혼토우니 고멘나사이.
정말로 미안합니다. 정말로 죄송합니다.

許して ください。
유루시테 쿠다사이.
용서해 주십시오.

08. 飲食を する 時の 挨拶を して みましょう!
인쇼쿠오 스루 토키노 아이사쯔오 시테 미마쇼우!
음식을 먹을 때의 인사를 해봅시다!

いただきます。
이타다키마스.
잘 먹겠습니다.

ご馳走様でした。
고찌소우사마데시다.
잘 먹었습니다.

とても おいしく 食べました。

토테모 오이시쿠 타베마시타.

너무 맛있게 먹었습니다.

09. 健康の 挨拶を して みましょう!

켄코우노 아이사쯔오 시테 미마쇼우!

건강의 인사를 해봅시다!

お元気ですか?

오겡키데스카?

건강하십니까?

健康は いかがですか?

켄코우와 이카가데스카?

건강은 어떻습니까?

おかげさまで 元気です。

오카게사마데 겡키데스.

덕택에 잘 지냅니다.

10. 物を 買う 時の 会話を して みましょう!

모노오 카우 토키노 카이와오 시테 미마쇼우!

물건을 살 때의 대화를 해봅시다!

いくらですか?

이쿠라데스카?

얼마입니까?

少し 高いです。

스코시 타카이데스.

조금 비쌉니다.

非常に 安いです。

히죠우니 야스이데스.

매우 쌉니다.

少し まけて ください。

스코시 마케테 쿠다사이.

조금 깎아 주세요.

11. 教えて くたさい。

오시에테 쿠다사이.

가르쳐 주십시오.

配合を 教えてください。

하이고우오 오시에테 쿠다사이.

배합표를 가르쳐 주십시오.

作り 方法を 教えて ください。

쯔쿠리 호우호우오 오시에테 쿠다사이.

만드는 방법을 가르쳐 주십시오.

パン、菓子を 陳列する 方法を 教えて ください。

팡, 카시오 찐네쯔스루 호우호우오 오시에테 쿠다사이.

빵, 과자를 진열하는 방법을 가르쳐 주십시오.

12. 何時ですか?

난지 데스카?

몇 시입니까?

今は 12時です。

이마와 쥬우니지데스.

지금은 12시입니다.

約束 時間は 何時ですか？
야쿠소쿠 지칸와 난지데스카?
약속 시간은 몇 시입니까?

明日の 10時です。
아시타노 쥬우지데스.
내일 10시입니다.

13. 何を しますか?
나니오 시마스카?
무엇을 합니까?

今 あなたは 何を しますか?
이마 아나타와 나니오 시마스카?
지금 당신은 무엇을 합니까?

何を すれば いいですか？
나니오 스레바 이이데스카?
무엇을 하면 좋을까요?

14. どこに いますか？ / どこに ありますか？
도코니 이마스카? / 도코니 아리마스카?
어디에 계십니까? / 어디에 있습니까?

社長は どこに いますか？
샤죠우와 도코니 이마스카?
사장님은 어디에 있습니까?

工場長は どこに いますか？
코우죠우죠우와 도코니 이마스카?
공장장은 어디에 있습니까?

材料は どこに ありますか?

자이료우와 도코니 아리마스카?

재료는 어디에 있습니까?

トイレは どこに ありますか?

토이레와 도코니 아리마스카?

화장실은 어디에 있습니까?

15. 別れる 挨拶を しましょう!

와카레루 아이사쯔오 시마쇼우!

헤어지는 인사를 합시다!

さようなら。

사요우나라.

안녕히 계십시오.

気を 付けて ください。

키오 쯔게테 쿠다사이.

조심해서 가세요.

おやすみなさい。

오야스미나사이.

안녕히 주무세요.

16. 基本 会話を 知って おきましょう!
기혼 카이와오 싯테 오키마쇼우!

기본 회화를 알아 둡시다!

どうぞ 도우조	どうも 도우모	どう いたしまして 도우 이타시마시테	どうも ありがとうございます 도우모 아리가토우고자이마스
자, 먼저	고마워	천만에요	정말 고맙습니다
お願い します 오네카이 시마스	おつかれさま 오쯔카레사마	教えて ください 오시에테 쿠다사이	お世話に なりました 오세와니 나리마시타
부탁합니다	수고했어요	가르쳐 주십시오	신세 졌습니다
すみません 스미마센	ごめんなさい 고멘나사이	申し訳 ないです 모우시와케 나이데스	しつれい します 시쯔레이 시마스
미안, 감사합니다	미안합니다	미안합니다	실례합니다
いくらですか? 이쿠라데스카?	いつですか? 이쯔데스카?	いかがですか? 이카가데스카?	いってらっしゃい 잇테랏샤이
얼마입니까?	언제입니까?	어떻습니까?	다녀오십시오
何ですか? 난데스카?	何時ですか? 난지 데스카?	何を しますか? 나니오 시마스카?	なぜ ですか? 나제 데스카?
무엇입니까?	몇 시입니까?	무엇을 합니까?	왜 입니까?
手伝って ください 테쯔닷테 쿠다사이	助けて ください 타스케테 쿠다사이	もう 一度 言って ください 모우 이찌도 잇테 쿠다사이	やめて ください 야메테 쿠다사이
도와주세요	도와주세요	다시 한번 말씀해주세요	하지 마세요
どう ですか? 도우 데스카?	どこに いますか? 도코니 이마스카?	どこ ですか? 도코데스카?	どれ ですか? 도레 데스카?
어떻습니까?	어디에 있습니까?	어디입니까?	어느 것입니까?
まことに 마코토니	うそです 우소데스	頑張で ください 간바데 쿠다사이	少々 お待ち ください 쇼우쇼우 오마찌 쿠다사이
정말로	거짓입니다	힘내세요	잠깐만 기다려 주십시오

就業 面接の 質問と
答えは どう しますか?

しゅうぎょう めんせつ しつもん
こた

슈우교우 멘세쯔노 시쯔몬토 코타에와 도우 시마스카?

취업 면접의 질문과 대답은 어떻게 합니까?

日本語 製パン 実務会話

第2課 就業 面接の 質問と 答えは どう しますか?

슈우교우 멘세쯔노 시쯔몬토 코타에와 도우 시마스카?

취업 면접의 질문과 대답은 어떻게 합니까?

01. 面接の 質問は 何が ありますか?

멘세쯔노 시쯔몬와 나니가 아리마스카?

면접의 질문은 무엇이 있습니까?

はい、面接の 質問は 基本の 挨拶、自己紹介、会社の 支援動機、日本語の 会話 能力、技術事項の 質問が あります。

하이, 멘세쯔노 시쯔몬와 기혼노 아이사쯔, 지코 쇼우카이, 카키샤노 시엔도우키, 니홍고노 카이와 노우료쿠, 기슈쯔 지코우노 시쯔몬가 아리마스.

네, 면접의 질문은 기본의 인사, 자기소개, 회사의 지원 동기, 일본어의 회화 능력, 기술 사항의 질문이 있습니다.

02. 初めは 挨拶を します。

하지메와 아이사쯔오 시마스.

처음에는 인사를 합니다.

おはようございます。

오하요우 고자이마스.

안녕하세요(아침 인사).

こんにちは。

콘니찌와.

안녕하세요(낮 인사).

こんばんは。
콘방와.
안녕하세요(저녁 인사).

03. 二つ目は 自己 紹介を します。
후타쯔메와 지코 쇼우카이오 시마스.
두 번째는 자기소개를 합니다.

はじめまして。
하지메마시데.
처음 뵙겠습니다.

私の 名前は 金(申)です。
와타쿠시노 나마에와 키무(신)데스.
저의 이름은 김(신)입니다.

生まれは 韓国の ソウル(○○)です。
우마레와 칸코쿠노 서우루(○○)데스.
태어난 곳은 한국의 서울(○○)입니다.

趣味は 運動(○○)です。
슈미와 운도우(○○)데스.
취미는 운동(○○)입니다.

身長は ○○センチです。
신죠우와 ○○센찌데스.
키는 ○○센티입니다.

専攻 中で 一番なのは パン 作りです。
센코우 나카데 이찌반나노와 팡 쯔쿠리데스.
전공 중에 제일 잘하는 것은 빵 만들기입니다.

一生 懸命に 頑張ります。

잇쇼우 켄메이니 간바리마스.

열심히 하겠습니다.

どうぞ、よろしく お願いします。

도우조, 요로시쿠 오네카이시마스.

잘 부탁합니다.

04. あなたは 日本語を どの くらい 話せますか?

아나타와 니혼고오 도노 쿠라이 하나세마스카?

당신은 일본말을 어느 정도 할 수 있습니까?

はい、少し 話せます。

하이, 스코시 하나세마스.

네, 조금 말할 수 있습니다.

はい、普通に 話します。

하이, 후쯔우니 하나시마스.

네, 보통으로 말합니다.

はい、とても 上手です。

하이, 도데모 죠우데스.

네, 아주 잘합니다.

05. あなたは 会社に 就職したい 理由(支援 動機)は 何ですか?

아나타와 카이샤니 슈우쇼쿠 시타이 리유(시엔 도우키)와 난데스카?

당신이 회사에 취직하고 싶은 이유(지원 동기)는 무엇입니까?

はい、私の 専攻と 合う からです。

하이, 와타쿠시노 센코우토 아우 카라데스.

네, 저의 전공과 맞기 때문입니다.

はい、パン 技術を 学ぶたい からです。

하이, 팡 기쮸쯔오 마나비타이 카라데스.

네, 빵 기술을 배우고 싶기 때문입니다.

この 会社が 有名だからです。

코노 카이샤가 유우메이 다카라데스.

이 회사가 유명하기 때문입니다.

06. あなたは 上手な 技術は 何ですか?

아나타와 죠유주나 기쮸쯔와 난데스카?

당신은 잘하는 기술은 무엇입니까?

はい、食パンを 作る 技術です。

하이, 쇼쿠판오 쯔쿠루 기쮸쯔데스.

네, 식빵을 만드는 기술입니다.

はい、フランスパンを 作る 技術です。

하이, 후란스 팡오 쯔쿠루 기쮸쯔데스.

네, 프랑스빵을 만드는 기술입니다.

はい、調理パンを 作る 技術です。

하이, 죠우리 팡오 쯔쿠루 기쮸쯔데스.

네, 조리빵을 만드는 기술입니다.

パンの 種類
슈팡노 슈루이

빵의 종류

食パン	菓子パン	調理パン	特殊パン
쇼쿠팡	카시팡	죠우리팡	토쿠슈팡
식빵	과자빵	조리빵	특수빵
フランスパン	ライ麦	黒パン	ブリオシュパン
후란스팡	라이무기팡	쿠로팡	부리오슈팡
프랑스빵	호밀빵	흑빵	브리오슈빵
ドーナツ	蒸パン	デニッシュ ペストリー	カレーパン
도-나쯔	무시팡	데닛슈 페스토리-	카레-팡
도우넛 빵	찐빵	데니시 페이스트리	카레빵

07. あなたは 学生 時代は どう 過ごしましたか?
아나타와 가쿠세이 지다이와 도우 스고시마시타카?

당신은 학생 시절은 어떻게 보내셨는지요?

はい、一生 懸命に 勉強しました。
하이, 잇쇼우 켄메이니 벵쿄우시마시타.

네, 열심히 공부하였습니다.

はい、パンを 作る 技術 向上に 努力しました。
하이, 팡오 쯔쿠루 기쥬쯔 코우죠우니 도료쿠 시마시타.

네, 빵을 만드는 기술향상에 노력하였습니다.

はい、友達と 楽しく 遊びました。
하이, 토모다찌토 타노시쿠 아소비마시타.

네, 친구들과 즐겁게 놀았습니다.

08. あなたは どんな パンが 好きですか？

아나타와 돈나 팡가 스키데스카?

당신은 어떤 빵을 좋아합니까?

はい、私は 餡パンが 好きです。

하이, 와타쿠시와 안팡가 스키데스.

네, 저는 팥빵을 좋아합니다.

はい、私は フランスパンが 好きです。

하이, 와타쿠시와 후란스팡가 스키데스.

네, 저는 프랑스 빵을 좋아합니다.

はい、私は ライ麦パンが 好きです。

하이, 와타쿠시와 라이무기팡가 스키데스.

네, 저는 호밀빵을 좋아합니다.

パンの 種類

팡노 슈루이

빵의 종류

牛乳食パン 규우뉴우 쇼쿠팡	そぼろパン 소보로팡	ピザパン 피자팡	特殊パン 토쿠슈팡
우유식빵	소보로빵	피자빵	특수빵
バケットパン 바켓토팡	レーズン ライ麦パン 레-즌 라이무기팡	餡パン 안팡	メロンパン 메론팡
바케트빵	건포도 호밀빵	팥빵	메론빵
生クリームパン 나마크리-무팡	よもぎ 蒸パン 요모기 무시팡	くるみ 麦パン 쿠루미 무기팡	玉葱 カレーパン 다마네기 카레팡
생크림빵	쑥 찐빵	호두 보리빵	양파 카레빵

09. あなたは 日本に 来た ことが ありますか?

아나타와 니혼니 키타 코토가 아리마스카?

당신은 일본에 온 적이 있습니까?

いいえ、ありません。

이이에, 아리마센.

아니요, 없습니다.

はい、一度 日本の 東京へ 行きました。

하이, 이찌도 니혼노 토우쿄우헤 이키마시타.

네, 한 번 일본의 동경에 갔습니다.

はい、2~3回 旅行で 行きました。

하이, 니-산 카이 료코우데 이키마시타.

네, 2~3번 여행으로 갔습니다.

10. あなたの 趣味は 何ですか?

아나타노 슈미와 난데스카?

당신의 취미는 무엇입니까?

はい、私の 趣味は 読書です。

하이, 와타쿠시노 슈미와 도큐쇼데스.

네, 저의 취미는 독서입니다.

はい、私の 趣味は ゲームです。

하이, 와타쿠시노 슈미와 게-무데스.

네, 저의 취미는 게임입니다.

はい、私の 趣味は 映画観覧です。

하이, 와타쿠시노 슈미와 에이가 칸란데스.

네, 저의 취미는 영화관람입니다.

趣味の 種類
슈미노 슈루이

취미의 종류

読書 도쿠쇼	映画観覧 에이가 칸란	旅行 료코우	ダンス 단스
독서	영화감상	여행	댄스
ゲーム 게-무	ピアノ 피아노	サッカー 삿카-	登山 토잔
게임	피아노	축구	등산
釣り 쯔리	囲碁 이고	料理 료우리	ショッピング 숏핑구
낚시	바둑	요리	쇼핑

11. あなたの 好きな 運動(スポーツ)は 何ですか?
아나타노 스키나 운도우(스포-쯔)와 난데스카?

당신의 좋아하는 운동(스포츠)은 무엇입니까?

はい、私は サッカーが 好きです。
하이, 와타쿠시와 삿카-가 스키데스.

네, 저는 축구를 좋아합니다.

はい、私は 野球ーが 好きです。
하이, 와타쿠시와 야큐우가 스키데스.

네, 저는 야구를 좋아합니다.

はい、私は テニスが 好きです。
하이, 와타쿠시와 테니스가 스키데스.

네, 저는 테니스를 좋아합니다.

スポーツの 種類
스포-쯔노 슈루이

스포츠의 종류

サッカ	野球	卓球	テニス	ゴルフ	スキー
삿카	야큐우	탓큐우	테니스	고루후	스키-
축구	야구	탁구	테니스	골프	스키
剣道	テコンド	ボクシング	レスリング	ボーリング	ビリヤード
켄도우	테콘도우	보쿠싱구	레스린구	보-린구	비리야-도
검도	태권도	복싱	레슬링	볼링	당구
マラソン	ラグビー	ボート	水泳	乗馬	散歩
마라손	라구비-	보-토	스이에이	죠우바	산포
마라톤	럭비	보트	수영	승마	산책

12. あなたは 日本で 観光したい 場所は どこですか?
아나타와 니혼데 칸고우시타이 바쇼와 도코데스카?

당신은 일본에서 관광하고 싶은 장소는 어디입니까?

はい、東京 ディジニランドです。
하이, 토우교우 디지니란도데스.

네, 동경 디즈니랜드입니다.

はい、大阪の 大阪城です。
하이, 오오사카노 오오사카죠우데스.

네, 오사카의 오사카성입니다.

はい、北海道 / 京都です。
하이, 홋카이도우, 교우토우데스.

네, 북해도 / 교토입니다.

日本の 観光地
니혼노 칸코우찌

일본의 관광지

東京 ディジニランド 토우교우 디지니란도 동경 디즈니랜드	東京 銀座 토우교우 긴좌 동경 긴자	東京タワー 토우쿄우타와 동경타워	富士山 후지야마 후지산
大阪城 오오사카죠우 오사카성	箱根 하코네 하코네	横浜 요코하마 요코하마	北海道 훗카이도우 북해도
名古屋 나고야 나고야	京都 / 奈良 쿄우토 / 나라 교토 / 나라	鹿児島 카고시마 가고시마	沖縄 오키나와 오키나와

13. あなたが 好きな 日本の 食べ物は 何ですか?
아나타가 스키나 니혼노 타베모노와 난데스카?

당신이 좋아하는 일본의 음식은 무엇입니까?

はい、お寿司が 好きです。
하이, 오스시가 스키데스.

네, 초밥을 좋아합니다.

はい、ドンブリが 好きです。
하이, 돈부리가 스키데스.

네, 덮밥을 좋아합니다.

はい、ラーメンが 好きです。
하이, 라ー멘가 스키데스.

네, 라면을 좋아합니다.

日本の 食べ物の 種類
니혼노 타베모노노 종류
일본의 음식의 종류

寿司 스시 초밥	刺身 사시미 생선회	ラーメン 라-멘 라면	うどん 우동 우동	ドンブリ 돈부리 덮밥	カレー 카레- 카레
すきやき 스키야키 전골	トンカツ 돈까쯔 돈가스	おにぎり 오니기리 주먹밥	天ぷら 텐푸라 튀김	しゃぶしゃぶ 샤부샤부 샤부샤부	燒き鳥 야키토리 꼬치구이

14. 最後に 言いたい 言葉は 何が ありますか?
사이고니 이이타이 코토바와 나니가 아리마스카?
끝으로 말하고 싶은 말은 무엇이 있습니까?

はい、良い 機会を くださって 本当に ありがとうございます。
하이, 이이 키카이오 쿠다삿테 혼토우니 아리가토우고자이마스.
네, 좋은 기회를 주서서 정말로 감사합니다.

あなたの 会社で 必ず 仕事を して みたいです。
아나타노 카이샤데 카나라즈 시고토우 시테 미타이데스.
당신의 회사에서 꼭 일을 해보고 싶습니다.

頑張りますので 本当に よろしく お願いします。
칸바리마스노데 혼토우니 요로시쿠 오네가이시마스.
열심히 하겠으니 정말로 잘 부탁드립니다.

おつかれ さまでした。/ さようなら。/ ありがとうございます。
오쯔카레 사마데시타. / 사요우나라. / 아리가토우고자이마스.
수고하셨습니다. / 안녕히 계십시오. / 감사합니다.

第3課

<ruby>だい<rt></rt></ruby>第3<ruby>か<rt></rt></ruby>課

数字、時間、季節、お金、測定単位、単位の 名詞、位置、角度を 読みましょう!

すうじ、じかん、きせつ、かね、そくていたんい、たんい、めいし、いち、かくど、よ

스우지, 지칸, 키세쯔, 오카네, 소쿠테이 탄이, 탄이노 메이시, 이찌, 가쿠도우 요미마쇼우!

숫자, 시간, 계절, 돈, 측정단위, 단위명사, 위치, 각도를 읽어봅시다!

日本語 製パン 実務会話

第3課

数字、時間、季節、お金、測定単位、単位の 名詞、位置、角度を 読み ましょう！

스우지, 지칸, 키세쯔, 오카네, 소쿠테이 탄이, 탄이노 메이시, 이찌, 가쿠도우 요미마쇼우!

숫자, 시간, 계절, 돈, 측정단위, 단위명사, 위치, 각도를 읽어 봅시다!

---

01. 一緒に 0から 十まで 数えて みましょう！

잇쇼니 레이카라 쥬우마데 카조에테 미마쇼우!

함께 0부터 10까지 세어봅시다!

はい、0、一、二、三、四、五、六、七、八、九、十です。

하이, 레이, 이찌, 니, 상, 시, 고, 로쿠, 시찌, 하찌, 큐우, 쥬우데스.

네, 영, 일, 이, 삼, 사, 오, 육, 칠, 팔, 구, 십입니다.

02. 僕たち 一緒に 一つから 十まで 数えて みましょう！

보쿠타찌 잇쇼니 히토쯔카라 토우마데 카조에테 미마쇼우!

우리들 함께 하나부터 열까지 세어 봅시다!

はい、一つ、二つ、三つ、四つ、五つ、六、七、八、九、十です。

하이, 히토쯔, 후타쯔, 밋쯔, 욧쯔, 이쯔쯔, 뭇쯔, 나나쯔, 얏쯔, 코코노쯔, 도우데스.

네, 하나, 둘, 셋, 넷, 다섯, 여섯, 일곱, 여덟, 아홉, 열입니다.

数字の 読み方

스우지노 요미카타

숫자의 읽는 법

0(れい)	一(いち)	二(に)	三(さん)	四(し、よん)	五(ご)
레이	이찌	니	상	시, 욘	고
0 / 영	1 / 일	2 / 이	3 / 삼	4 / 사	5 / 오

六(ろく) 로쿠	七(しち) 시찌	八(はち) 하찌	九(きゅう) 큐우	十(じゅう) 쥬우	十一 (じゅう いち) 쥬우 이찌
6 / 육	7 / 칠	8 / 팔	9 / 구	10 / 십	11 / 십일

一つ(ひとつ) 히토쯔	二つ(ふたつ) 후타쯔	三つ(みっつ) 밋쯔	四つ(よっつ) 욧쯔	五つ(いつつ) 이쯔쯔
하나	둘	셋	넷	다섯
六つ(むっつ) 뭇쯔	七つ(ななつ) 나나쯔	八つ(やっつ) 얏쯔	九つ(ここのつ) 코코노쯔	十(とお) 도오
여섯	일곱	여덟	아홉	열

03. 我我 一緒に 1時から 12時まで 話して みましょう!
와레와레 잇쇼니 이찌지카라 쥬우니지 마데 하나시테 미마쇼우!

우리 함께 1시부터 12시까지 말해 봅시다!

はい、1時、2時、3時、4時、5時、6時、7時、8時、9時、10時、11時、12時です。
하이, 이찌지, 니지, 산지, 욘지, 고지, 로쿠지, 시찌지, 하찌지, 큐우지, 쥬우지, 쥬우이찌지, 쥬우니지데스.

네, 1시, 2시, 3시, 4시, 5시, 6시, 7시, 8시, 9시, 10시, 11시, 12시입니다.

時間の 読み方
지칸노 요미카타

시간을 읽는 법

1時 이찌지	2時 니지	3時 산지	4時 욘지	5時 고지	6時 로쿠지
1시	2시	3시	4시	5시	6시
7時 시찌지	8時 하찌지	9時 큐우지	10時 쥬우지	11時 쥬우이찌지	12時 쥬우니지
7시	8시	9시	10시	11시	12시
10分 쥬우푼	20分 니쥬우 분	30分 산쥬우 분	40分 욘쥬우 분	50分 고쥬우 분	60分 로쿠쥬우 분
10분	20분	30분	40분	50분	60분

04. 1年は 何ヶ月で 季節は どう なりますか？

이찌넨와 난카게쯔데 키세쯔와 도우 나리마스카?

1년은 몇개월로 계절은 어떻게 됩니까?

はい、1年は 12ヶ月で 1月、2月、3月、4月、5月、6月、7月、8月、9月、10月、11月、12月で 季節は 春、夏、秋、冬が あります。

이찌넨와 쥬우니 카게쯔데, 이찌가쯔, 니가쯔, 산가쯔, 시가쯔, 고가쯔, 로쿠가즈, 시찌카쯔, 하찌카쯔, 큐우카쯔, 쥬우카쯔, 쥬우이찌카쯔, 쥬우니카쯔데, 키세쯔와 하루, 나쯔, 아키, 후유가 아리마스.

네, 1년은 12개월로 1월, 2월, 3월, 4월, 5월, 6월, 7월, 8월, 9월, 10월, 11월, 12월이며, 계절은 봄, 여름, 가을, 겨울이 있습니다.

1年 / 季節

이찌넨 / 키세쯔

1년 / 계절

1月 니찌가쯔	2月 니가쯔	3月 산가쯔	4月 욘(시)가쯔
1월	2월	3월	4월
5月 고가쯔	6月 로쿠가쯔	7月 시찌(나나)가쯔	8月 하찌가쯔
5월	6월	7월	8월
9月 큐우가쯔	10月 쥬우가쯔	11月 쥬우이찌가쯔	12月 쥬우니가쯔
9월	10월	11월	12월
春 하루	夏 나쯔	秋 아키	冬 후유
봄	여름	가을	겨울

05. あなたは どんな 季節が 好きですか？

아나타와 돈나 키세쯔가 스키데스카?

당신은 무슨 계절을 좋아합니까?

はい、私は 春、冬が 好きです。

하이, 와타쿠시와 하루, 휴유가 스키데스.

네, 저는 봄, 겨울을 좋아합니다.

06. 私たち 一緒に 十から 百まで、百から 千まで 数えて みましょう!

와타시타찌 잇쇼니 쥬우카라 햐큐마데, 햐쿠카라 센마테 카조에데 미마쇼우!

우리들 함께 십부터 백, 백에서 천까지 세어봅시다!

はい、十、二十、三十、四十、五十、六十、七十、八十、九十、九十、百が あります。

하이, 쥬우, 니쥬우, 산쥬우, 욘쥬우, 고쥬우 로쿠쥬우, 나나쥬우, 하찌쥬우, 큐우쥬우, 햐쿠가 아리마스.

네, 십, 이십, 삼십, 사십, 오십, 육십, 칠십, 팔십, 구십, 백이 있습니다.

はい、百、二百、三百、四百、五百、六百、七百、八百、九百、千が あります。

하이, 햐쿠, 니하쿠, 산바쿠, 욘하쿠, 고하쿠, 롯퍄쿠, 나나햐쿠, 핫퍄쿠, 큐우햐쿠, 센가 아리마스.

네, 백, 이백, 삼백, 사백, 오백, 육백, 칠백, 팔백, 구백, 천이 있습니다.

数字と 単位(十から 千まで)

수우지토 탄이(쥬우카라 센마테)

숫자와 단위(십에서 천까지)

十 쥬우	二十 니쥬우	三十 산쥬우	四十 욘쥬우	五十 고쥬우
십	이십	삼십	사십	오십
六十 로쿠쥬우	七十 나나쥬우	八十 하찌쥬우	九十 큐우쥬우	百 햐쿠
육십	칠십	팔십	구십	백
百 햐쿠	二百 니하쿠	三百 산바쿠	四百 욘하쿠	五百 고하쿠
백	이백	삼백	사백	오백
六百 롯퍄쿠	七百 나나햐쿠	八百 핫퍄쿠	九百 큐우햐쿠	千 센
육백	칠백	팔백	구백	천

07. 一千から 一万、一万から 一兆 まで 数えて 下さい。

이찌센카라 이찌만, 이찌만카라 이지죠우마데 카조에테 쿠타사이.

일천에서 일만, 일만에서 일조까지 세어 주십시오.

はい、千、二千、三千、四千、五千、六千、七千、八千、九千、一万が あります。

하이, 센, 니센, 산젠, 욘센, 고센, 로쿠센, 나나센, 핫센, 큐우센, 이찌만가 아리마스.

네, 천, 이천, 삼천, 사천, 오천, 육천, 칠천, 팔천, 구천, 일만이 있습니다.

一万、十万、二十万、三十万、四十万、五十万、六十万、七十万、八十万、九十万、百万、二百万、千万、一億、一兆 が あります。

이찌만, 쥬우만, 니쥬우만, 산쥬우만, 욘쥬우만, 고쥬우만, 로쿠쥬우만, 나나쥬만, 하찌쥬만, 큐우쥬만, 햐쿠만, 햐쿠만, 니햐쿠만, 센만, 이찌오쿠, 이찌죠우가 아리마스.

일만, 십만, 이십만, 삼십만, 사십만, 오십만, 육십만, 칠십만, 팔십만, 구십만, 백만, 이백만, 천만, 일억, 일조가 있습니다.

数字と 単位(千から 一兆 まで)

수우지토 탄이(센카라 센마테)

숫자와 단위(천에서 일조까지)

千 센 천	二千 니센 이천	三千 산젠 산천	四千 욘센 사천	五千 고센 오천
六千 로쿠센 육천	七千 나나센 칠천	八千 핫센 팔천	九千 큐우센 구천	一万 이찌만 일만
十万 쥬우만 십만	二十万 니쥬우만 이십만	三十万 산쥬우만 삼십만	四十万 욘쥬우만 사십만	五十万 고쥬우만 오십만
六十万 로쿠쥬우만 육십만	七十万 나나쥬만 칠십만	八十万 하찌쥬만 팔십만	九十万 큐우쥬만 구십만	百万 햐쿠만 백만
八百万 하찌햐쿠만 팔백만	千万 센만 천만	五千万 고센만 오천만	一億 이찌오쿠 일억	一兆 이찌 죠우 일조

08. 韓国の お金、日本の お金の 単位は 何が ありますか？

칸코쿠노 오카네, 니혼노 오카네노 탄이와 나니가 아리마스카?

한국의 돈, 일본의 돈의 단위는 무엇이 있습니까？

はい、韓国の お金の 単位は 一圓、五圓、十圓、五十圓、百圓、五百圓の 六つの コインが あり、千圓、五千圓、一万圓、五万圓の 4種類の 紙幣が あります。

하이, 칸코쿠노 오카네노 탄이와 이찌원, 고원, 쥬우원, 고쥬우원, 햐큐원, 고햐쿠원노 뭇쯔노 코인가 아리, 센원, 오센원, 이찌만원, 고만원노 욘 슈루이노 시헤이가 아리마스.

네, 한국의 돈의 단위는 일원, 오원, 십원, 오십원, 백원, 오백원의 6가지의 동전이 있고 천원, 오천원, 만원, 오만원의 4종류의 지폐가 있습니다.

はい、日本の お金の 単位は 1円、5円、10円、50円、100円、500円の 六つの コインが あり、千円、五千円、一万円の 3種類の 紙幣が あります。

하이, 니혼노 오카네노 탄이와 이찌엔, 고엔, 쥬우엔, 고쥬우엔, 햐큐엔, 고햐쿠엔노 뭇쯔노 코인가 아리, 센엔, 오센엔, 이찌만엔노 산슈루이노 시헤이가 아리마스.

네, 일본의 돈의 단위는 일엔, 오엔, 십엔, 오십엔, 백엔, 오백엔의 6가지의 동전이 있고 천엔, 오천엔, 만엔의 3종류의 지폐가 있습니다.

韓国、日本の 貨幣 単位

캉코규, 니혼노 카헤이 탄이

한국, 일본 화폐의 단위

一圓 이찌원 일원	五圓 고원 오원	十圓 쥬우원 십원	五十圓 고쥬원 오십원	百圓 햐쿠원 백원	五百圓 고햐쿠원 오백원	千圓 센원 천원	五千圓 고센원 오천원	一万圓 이찌만원 일만원	五万圓 고만원 오만원
1円 이찌엔 일엔	5円 고엔 오엔	10円 쥬우엔 십엔	50円 고쥬엔 오십엔	100円 햐쿠엔 백엔	500円 고햐쿠엔 오백엔	千円 센엔 천엔	5千円 고센엔 오천엔	一万円 이찌마엔 일만엔	-

09. 材料 計量、重さの 測定 単位を 調べましょう！

자이료우 케이료우, 오노사노 소쿠테이 탄이오 시라베마쇼우！

재료 계량, 무게의 측정 단위를 알아봅시다！

はい、材料計量 単位は 体積、重さ、数量、長さ、温度が あり、重さの 測定 単位は グラム、キログラム、オンス、パウンド、CCが あります。

하이, 자이료우 케이료우 탄이와 타이세키, 오모사, 스우료우, 나가사, 온도가 아리, 오모사노 소쿠테이 탄이와 그라무, 키로 그라무, 온스, 파운도, 시시가 아리마스.

네, 부피, 무게, 수량, 길이, 온도가 있고, 무게의 측정단위는 램, 온스, 파운드, 씨씨가 있습니다.

材料計量、重さの 測定 単位
자이료우 게이료우, 오모사노 소쿠테이 탄이

재료계량, 무게의 측정 단위

高さ	体積	長さ	数量	温度
타카사	타이세키	나가사	스우료우	온도
높이	부피, 체적	길이	수량	온도
重さ	グラム	キログラム	オンス	パウンド
오모사	그라무	키로그라무	온스	파운도
무게	그램(g)	킬로그램(kg)	온스	파운드

10. 固有 数詞 接続する 単位の 名詞は 何が ありますか?
코유우 스우시 세쯔조쿠스루 탄이노 메이시와 나니가 아리마스카?

고유 수사에 접속하는 위의 명사는 무엇이 있습니까?

はい、単位 名詞は 冊、個、名、着、枚が あります。
하이, 탄이 메이시와 사쯔, 고, 메이, 쟈쿠, 마이가 아리마스.

네, 단위명사는 권, 개, 명, 벌, 장이 있습니다.

固有 数詞 接続する 単位の 名詞
코유우 스우시 세쯔조쿠스루 탄이노 메이시

고유 수사에 접속하는 단위의 명사

~冊(本、ノート)	~杯(茶、酒、コーヒー)	~通(手紙、書類)	~枚(写真、名刺、はがき、ハンカチ、紙)
~사쯔(홍, 노-토)	~바이(오챠, 사케, 코-히-)	~쯔우(데가미, 쇼류이)	~마이(샤신, 메이시, 하가키)
~권(책, 노트)	~잔(차, 술, 커피)	~통(편지, 서류)	한 장(사진, 명함, 엽서, 손수건, 종이)

~カップ(コップ) (牛乳、ジュース) ~카프(콥프)(큐뉴우쥬-스)	~本(酒、ビール) ~봉(사케、비-루)	~種類(果物) ~슈루이(쿠다모노)	~皿(料理) ~사라(료우리)
~컵(우유, 쥬스)	~병(술, 맥주)	~종류(과일)	~접시(요리)
~個(みかん、りんご) ~고(미캉, 링고)	~匹(魚) ~피키(사카나)	~羽(鳥) ~와(도리)	~頭(牛、馬) ~토우(우시, 우마)
~개(귤, 사과)	~한마리(생선)	~한마리(새)	~한마리(소, 말)
~軒(家) ~켄(이에)	~束(花束) ~타바(하나타바)	~粒(米) ~쯔부(코메)	~錠(薬) ~죠우(쿠스리)
~채(집)	~다발(꽃다발))	~알(쌀)	~정(약)
~順序 ~준죠	~台(自転車)自動車、 ~다이(지덴샤), 지도우샤	~隻(船) ~세키(후네)	~株(木) ~카부(기)
~순서	~대(자전거, 자동차)	~척(배)	~그루(나무)
~箱(タバコ) ~하코(타바코)	~回(回数) ~카이(카이스우)	~足(靴、靴下) ~소쿠(쿠쯔, 쿠쯔시다)	~着(洋服、服) ~쟈쿠(요우후쿠, 후쿠)
~갑(담배)	~번(횟수)	~켤레(신발, 양말)	~벌(양복, 옷)

11. 固有 数詞 接続する 単位 名詞の 表現は どう しますか?
코유우 스우시 세쯔조쿠스루 탄이 메이시노 효우겐와 도우 시마스카?

고유 수사에 접속하는 단위명사의 표현은 어떻게 합니까?

はい、パン、お菓子、料理の 本が 一冊、水、コーヒー、茶、酒が 2杯、レモン、り
んご、三個、タオル、紙 4枚、牛乳、ジュース、5カップが あり、毎日 朝 8時
から 午後 5時まで 20種類の パンを 作って います.

하이, 팡, 오카시, 료우리노 혼가 잇사쯔, 미즈, 코-히, 오챠, 사케와 니하이, 레몬, 린고와 산코, 타오루 카미 욘 바이, 규우뉴우 쥬-스 고 캇푸가 아리 마이니찌 아사 하찌지 카라 고고 고지마데 니쥬우 슈루이노 팡오 쯔쿳테 이마스.

네, 빵, 과자, 요리 책이 한권, 물, 커피, 차, 술이 2잔, 레몬, 사과, 3개, 수건, 종이 4장 우유, 쥬스, 5컵이 있으며, 매일 아침 8시부터 오후 5시까지 20종류의 빵을 만들고 있 습니다.

12. 時刻 単位は 何が ありますか?

지코쿠 탄이와 나니가 아리마스카?

시각 단위는 무엇이 있습니까?

はい、時刻 単位は 秒、分、時間、日、週、月、年が あります。

하이, 지코쿠 탄이와 보우, 분, 지칸, 니찌, 슈우, 가쯔, 넨가 아리마스.

네, 시각 단위는 초, 분, 시간, 일, 주, 월, 년이 있습니다.

時刻の 単位

지코쿠노 탄이

지코쿠노 탄이

秒 보우	分 분	時間 지칸	日 니찌	～泊～日 ～하쿠～니찌
초	분	시간	일	～박～일
週 슈우	～週日 ～슈우이찌	月 가쯔	～個月 ～카게쯔	年 넨
주	～주일	월	～개월	년

13. 位置、角度、形態は 何が ありますか?

이찌, 카쿠도, 케이죠우와 나니가 아리마스카?

위치와 각도는 무엇이 있습니까?

はい、位置、角度、形態は 東、西、南、北、上、中、下、横、前、後ろ、左、右が あります。

하이, 이찌, 카쿠도, 케이죠우와 히카시, 니시, 미나미, 키타, 우에, 쥬우, 시타, 요코, 마에, 우시로, 히다리, 미기가 아리마스.

네, 위치와 각도는 동, 서, 남, 북, 상, 중, 하, 옆, 전, 후, 좌, 우가 있습니다.

位置、角度、形態
이찌, 카쿠도, 케이죠우

위치, 각도, 형태

東 히가시 동	西 니시 서	南 미나미 남	北 키타 북
右 미기 오른쪽	左 히다리 왼쪽	右手 미기테 오른손	左手 히다리테 왼손
前 마에 좌	後ろ 우시로 우	中 나카 왼손	間 아이다 사이
上 우에 위	中 쥬우 중	下 시다 아래	横 요코 옆

色を読みましょう!
いろ　　よ

이로오 요미 마쇼우!

색을 읽어 봅시다!

日本語 製パン 実務会話

第4課

色を 読み ましょう!
이로오 요미 마쇼우!

색을 읽어 봅시다!

01. 色の 種類は 何が ありますか?
이로노 슈루이와 나니가 아리마스카?

색깔의 종류는 무엇이 있습니까?

はい、色の 種類は 白色、黒色、黄色、赤色、茶色、オレンジ色、青色、金色、レインボー色、紫色、桃色が あります。

하이, 이로노 슈루이와 시로이로, 쿠로이로, 키이로, 아카이로, 쟈이로, 오렌지이로, 아오이로, 킨이로, 레이보
-이로, 무라사키이로, 모모이로가 아리마스.

네, 흰색, 검정색, 황색, 적색, 자색, 오렌지색, 청색, 금색, 무지개색, 보라색, 복숭아색이 있습니다.

色の 種類
이로노 슈루이

색깔의 종류

白色 시로이로	黒色 쿠로이로	黄色 키이로	赤色 아카이로
백색	검정색	노란색	빨간색
茶色 쟈이로	オレンジ色 오렌지이로	カーキ色 카-키이로	肌色 히후이로
갈색	오렌지색	카키색	피부색

青色 아오이로 청색	緑色 미도리이로 녹색	空色 소라이로 하늘색	水色 미즈이로 물색
金色 깅이로 금색	銀色 긴이로 은색	灰色 하이이로 회색	玉色 타마이로 옥색
レインボー色(虹色) 레인보-이로 무지개색	ピンク色 핑크이로 핑크색	桃色 모모이로 복숭아색	紫色 무라사끼이로 보라색
藍色 아이이로 남색	紺青色 콘죠우이로 감청색(남색)	空色 소라이로 하늘색	海色 우미이로 바다색
淡い色 아와이로 엷은색	透明色 토우메이이로 투명한색	濃い色 코이이로 짙은색	薄い色 우스이이로 얇은색

02. あなたは 何色が 好きですか?

아나타와 나니이로가 스키데스카?

당신은 무슨 색을 좋아합니까?

はい、私は 緑色、金色、ピンク色、紫色、黄色が 好きです。

하이, 와타쿠시와 미도리이로, 킨이로, 핑크이로, 무라사키이로, 키이로가 스키데스.

네, 저는 녹색, 금색, 핑크색, 보라색, 황색을 좋아합니다.

03. 虹の 色は 何が ありますか?

니지노 이로와 나니가 아리마스카?

무지개의 색깔은 무엇이 있습니까?

はい、虹の 色は 赤色、オレンジ色、黄色、黄色、青色、藍色、紫色が あります。

하이, 니지노 이로와 아카이로, 오렌지이로, 키이로, 미도리이로, 아오이로, 아이이로, 무라사키 이로가 아리마스.

네, 무지개의 색깔은 빨간색, 주황색, 노란색, 초록색, 파란색, 남색, 보라색이 있습니다.

04. 白色の 材料は 何が ありますか?
하큐쇼쿠노 자이료우와 나니가 아리마스카?
흰 색깔의 재료는 무엇이 있습니까?

はい、白色の 材料は 小麦粉、生クリーム、牛乳、卵白、砂糖、シュガーパウダーが あります。
하이, 하큐쇼쿠노 자이료우와 코무기코, 나마쿠리-무, 규우뉴우, 란바쿠, 사토우, 슈가-파우다-가 아리마스.
네, 백색의 재료는 밀가루, 생크림, 우유, 달걀흰자, 설탕, 슈가파우더가 있습니다.

05. 黄色の 材料は 何が ありますか?
키이로노 자이료우와 나니가 아리마스카?
황색의 재료는 무엇이 있습니까?

はい、黄色の 材料は 卵黄、バター、栗、アーモンド 粉末が あります。
하이, 키이로노 자이료우와 란오우, 바타-, 쿠리, 아-몬도 훈마쯔가 아리마스.
네, 황색의 재료는 노른자, 버터, 밤, 아몬드 분말이 있습니다.

06. 黄色の 果物は 何が ありますか?
키이로노 쿠다모노와 나니가 아리마스카?
황색의 과일은 무엇이 있습니까?

はい、黄色の 果物は オレンジ、レモン、みかん、バナナが あります。
하이, 키이로노 쿠다모노와 오렌지, 레몬, 미칸, 바나나가 아리마스.
네, 황색의 과일은 오렌지, 레몬, 밀감, 바나나가 있습니다.

07. 赤色の 材料は 何が ありますか?
아카이로노 자이료우와 나니가 아리마스카?
적색의 재료는 무엇이 있습니까?

はい、赤色の 材料は 小豆、ソーセージ、ザクロが あります。
하이, 아카이로노 자이료우와 아즈키, 소-세-지, 자쿠로가 아리마스.
네, 적색의 재료는 팥, 소시지, 석류가 있습니다.

08. 赤色の 果物は 何が ありますか?

아카이로노 쿠다모노와 나니가 아리마스카?

적색의 과일은 무엇이 있습니까?

はい、赤色の 果物は イチゴ、トマト、チェリーが あります。

하이, 아카이로노 쿠다모노와 이찌고, 토마토, 체리가 아리마스.

네, 적색의 과일은 딸기, 토마토, 체리가 있습니다.

09. 青色の 材料は 何が ありますか?

아오이로노 자이료우와 나니가 아리마스카?

청색의 재료는 무엇이 있습니까?

はい、青色の 材料は 枝豆、パセリ、アンジェリカ、青ピーマンが あります。

하이, 아오이로노 자이료우와 에다마메, 파세리, 안제리카, 아오피-만가 아리마스.

네, 청색의 재료는 완두콩, 파슬리, 안젤리카, 청피망이 있습니다.

10. 青色の 果物は 何が ありますか?

아오이로노 쿠다모노와 나니가 아리마스카?

청색의 과일은 무엇이 있습니까?

はい、青色の 果物は メロン、マスカット、キューイが あります。

하이, 아오이로노 쿠다모노와 메론, 마스캇토, 큐-이가 아리마스.

네, 청색의 과일은 멜론, 청포도, 큐이가 있습니다.

11. 緑色の 材料は 何が ありますか?

료쿠쇼쿠노 자이료우와 나니가 아리마스카?

녹색의 재료는 무엇이 있습니까?

はい、緑色の 材料は 枝豆、パセリ、緑茶 粉末が あります。

하이, 료쿠쇼쿠노노 자이료우와 에다마메, 파세리, 료쿠차 훈마쯔가 아리마스.

네, 녹색의 재료는 완두콩, 파슬리, 녹차 분말이 있습니다.

12. 黒色の 材料は 何が ありますか?

쿠로이로노 자이료우와 나니가 아리마스카?

흑색의 재료는 무엇이 있습니까?

はい、黒色の 材料は 黒胡麻、黒オリーブ、黒豆、黒パンが あります。

하이, 쿠로이로노 자이료우와 쿠로고마, 쿠로오리-브, 쿠로마메, 쿠로팡가 아리마스.

네, 흑색의 재료는 검정깨, 흑 올리브, 검정콩, 검정 빵이 있습니다.

13. 紫色の 材料は 何が ありますか?

무라사키이로노 자이료우와 나니가 아리마스카?

자색의 재료는 무엇이 있습니까?

はい、紫色の 材料は ワイン、紫芋、チェリー、ザクロが あります。

하이, 무라사키 이로노 자이료우와 와인, 무라사키이모, 체리-, 자쿠로가 아리마스.

네, 자색의 재료는 포도주, 자색 고구마, 체리, 석류가 있습니다.

14. 黄金色の 材料は 何が ありますか?

코가네이로노 자이료우와 나니가 아리마스카?

황금색의 재료는 무엇이 있습니까?

はい、黄金色の 材料は パン、茶色 砂糖、キャラメル、南瓜が あります。

하이, 코가네이로노 자이료우와 팡, 쟈이로 사토우, 캬라메루, 카보차가 아리마스.

네, 황금색의 재료는 빵, 갈색 설탕, 캐러멜, 호박이 있습니다.

15. 茶色の 材料は 何が ありますか?

쟈이로노 자이료우와 나니가 아리마스카?

갈색의 재료는 무엇이 있습니까?

はい、茶色の 材料は チョコレート、ココアパウダー、コーヒー粉末が あります。

하이, 쟈이로노 자이료우와 초코레-토, 코코아파우다-, 코-히-훈마츠가 아리마스.

네, 갈색의 재료는 초콜릿, 코코아파우더, 커피 분말이 있습니다.

16. 茶色の パンは 何が ありますか?

쟈이로노 팡와 나니가 아리마스카?

갈색의 빵은 무엇이 있습니까?

はい、茶色の パンは 牛乳食パン、フランスパン、餡パン、ブリオッシュ、ドーナツが あります。

하이, 쟈이로노 팡와 규우뉴우 쇼쿠팡, 후란스팡, 안팡, 부리옷슈, 도–나쯔가 아리마스.

네, 갈색의 빵은 우유식빵, 프랑스빵, 앙금빵, 브리오슈, 도우넛이 있습니다.

17. 黒色の パンは 何が ありますか?

쿠로이로노 팡와 나니가 아리마스카?

흑색의 빵은 무엇이 있습니까?

はい、黒色の パンは ライ麦パン、ドイツパン、ロシアパンが あります。

하이, 쿠로이로노 팡와 라이무기팡, 도이쯔팡, 로시아팡가 아리마스.

네, 흑색의 빵은 호밀빵, 독일빵, 러시아빵이 있습니다.

18. 白色の パンは 何が ありますか?

시로이로노 팡와 나니가 아리마스카?

백색의 빵은 무엇이 있습니까?

はい、白色の パンは 蒸しパン、餃子まんじゅう、餡まんが あります。

하이, 시로이로노 팡와 무시팡, 교–자만쥬우, 안만가 아리마스.

네, 백색의 빵은 찐빵, 만두, 호빵이 있습니다.

あじ　ごみ　かお　おんど　ごかん　ひょうげん
味、五味、香り、温度、五感を 表現
して みましょう!

아지, 고미, 카오리, 온도, 고감오 효겐시테 미마쇼우!

맛, 오미, 향, 온도, 오감을 표현해 봅시다!

日本語 製パン 実務会話

第**5**課

味、五味、香り、温度、五感を 表現して みましょう！

아지, 고미, 카오리, 온도, 고감오 효겐시테 미마쇼우!

맛, 오미, 향, 온도, 오감을 표현해 봅시다!

01. 味の 表現は 何が ありますか?

아지노 효우겐와 나니가 아리마스카?

맛의 표현은 무엇이 있습니까?

はい、味の 表現は 甘い、苦い、おいしい、まずいが あります。

하이, 오아지노 효우겐와 아마이, 니카이, 오이시이, 마즈이가 아리마스.

네, 맛의 표현은 달다, 쓰다, 맛있다, 맛없다가 있습니다.

02. あなたは どんな 味が 好きですか?

아나타와 돈나 아지가 스키데스카?

당신은 어떤 맛을 좋아합니까?

はい、私は 甘い、甘酸っぱい、辛い 味が 好きです。

하이, 와타쿠시와 아마이, 아마슷파이, 카라이 아지가 스키데스.

네, 저는 단맛, 달고 시큼한 맛, 매운맛을 좋아합니다.

03. あなたは どんな 味が 嫌いですか?

아나타와 돈나 아지가 키라이 데스카?

당신은 어떤 맛이 싫습니까?

はい、私は 苦い、渋い、脂っこい 味が 嫌いです。

하이, 와타쿠시와 니가이, 시부이, 아부라코이 아지가 키라이데스.

네, 저는 쓴맛, 떫은맛, 느끼한 맛을 싫어합니다.

味の 表現
아지노 효우겐

맛의 표현

甘い 아마이	苦い 니카이	塩い 슷빠이	辛い 카라이
달다	쓰다	짜다	맵다
酸っぱい 슷빠이	渋い 시부이	淡白い 탄바쿠이	脂っこい 아부랏코이
시다	떫다	담백	느끼하다
薄い 우스이	濃い 코이	薩張 삿빠리	すきっと する 스킷토스루
싱겁다	진하다	산뜻하다	시원하다
円やか 마루야가	爽やか 사와야가	香ばしい 코우바시이	辛く、塩て 苦い 카라쿠, 숫빠쿠테 니가이
순하다	신선하다	고소하다	맵고, 짜고, 쓰다
美味しい 오이시이	不味い 마즈이	小味 코아지	薄く さっぱり おいしい 우스쿠 삿빠리 오이시이
맛있다	맛없다	감칠맛	싱겁고 산뜻하며 맛있다

04. 食べ物の 五味は 何が ありますか?
타베모노노 고미와 나니가 아리마스카?

음식물의 오미는 무엇이 있습니까?

はい、食べ物の 五味は 甘味、辛味、塩味、苦味、酸味が あります。
하이, 타베모노노 고미와 아마미, 카라미, 시오미, 니가미, 산미가 아리마스.

네, 음식물의 오미는 단맛, 매운맛, 소금맛, 쓴맛, 신맛이 있습니다.

05. 甘い、苦い、塩い、辛い 味の 食べ物は 何が ありますか?
아마이, 니가이, 쑷빠이, 카라이 아지노 타베모노와 나니가 아리마스카?

달고, 쓰고, 짜고, 매운 맛의 음식은 무엇이 있습니까?

はい、甘い 味の 食べ物は 果物、蜂蜜、砂糖、苦い 味の 韓方薬、桔梗、人参、塩い 味の 塩、塩辛、みそ、辛い 味の キムチ、唐辛子、コチュジャンが あります。

하이, 아마이 아지노 타베모노와 쿠다모노, 하찌미쯔, 사토우, 쓴맛의 칸포우쇼우세이, 키쿄우, 닌징, 숏파이 아지노 시오, 시오카라, 미소, 카라이 아지노 키무찌, 토우카라시, 코쥬잔가 아리마스.

네, 단맛의 음식은 과일, 꿀, 설탕, 쓴맛의 한약, 도라지, 인삼, 짠맛의 소금, 젓갈, 소금, 된장, 김치, 고추, 고추장이 있습니다.

06. 酸っぱい、渋い、淡白い、脂っこい 味の 食べ物は 何が ありますか?

숫파이, 시부이, 탄파쿠이, 아브라코이, 아지노 타베모노와 나니가 아리마스카?

시고, 떫고, 담백하고, 기름진 맛의 음식은 무엇이 있습니까?

はい、酸っぱい 味の 食べ物は レモン、ザクロ、酢、渋い 味の 柿、トマト、ナス、淡白い 味の、ご飯、豆乳、雑煮 脂っこい 味の サムギョプサル、羊肉、チーズが あります。

항, 숫파이 아지노 타베모노와 레몬, 자쿠로, 스, 시부이 아지노, 카키, 토마토, 가지, 탄파쿠이 아지노, 고항, 도우뉴우, 조우니, 아브라코이 아지노 사무겨프사루, 요우니쿠, 찌-즈가 아리마스.

네, 신맛의 음식은 레몬, 석류, 식초, 떫은 맛의 감, 토마토, 가지, 담백한 맛의 밥, 두유, 떡국, 기름진 맛의 삼겹살. 양고기, 치즈가 있습니다.

07. おいしい 食べ物、まずい 食べ物は 何が ありますか?

오이시이 타베모노, 마즈이 타베모노와 나니가 아리마스카?

맛있는 음식, 맛없는 음식은 무엇이 있습니까?

はい、おいしい 食べ物は パン、ケーキ、果物、チョコレート、アイスクリームが あって、まずい 食べ物 焦げた 物、半煮え物、二番煎じ 物が あります。

오이시이 타베모노와 팡, 케-키, 쿠다모노, 초코레-토, 아이스쿠리-무가 앗테, 마즈이 타베모노와 코게다 모노, 한니에모노, 니방센지 모노가 아리마스.

맛있는 음식은 빵, 케이크, 과일, 초콜릿, 아이스크림이 있고, 맛없는 음식은 탄 것, 덜 익은 것, 재탕 음식이 있습니다.

味の 表現
아지노 효우겐

맛의 표현

風味 후미	薄味 우스아지	濃味 코이아지	香ばしいい味 코우바시이 아지
풍미	연한 맛	진한 맛	고소한 맛
固い味 카타이 아지	柔わらかい味 야와라카이 아지	ふかふか味 후카후카 아지	きつい味 키쯔이 아지
딱딱한 맛	부드러운 맛	폭신폭신 맛	너무 진한 맛
小味 코아지	並み味 나미아지	特別な味 토쿠베쭈나 아지	ひりひりした味 히리히리시타 아지
감칠 맛	보통 맛	특별한 맛	아린 맛
熱い味 아쯔이 아지	冷たい味 쯔메타이 아지	ざらざらした味 자라 자라시타 아지	めちゃからい味 메챠 카라이 아지
뜨거운 맛	차가운 맛	까칠까칠한 맛	자극적인 매운맛

08. 風味が 香ばしいい味、薄味、濃味の 食べ物は 何が ありますか?

후미가 코우바시이 아지, 우스아지, 코이아지노 타베모노와 나니가 아리마스카?

풍미가 고소한 맛, 연한 맛, 진한 맛의 음식은 무엇이 있습니까?

はい、風味が 香ばしいい 味の 食べ物は ごま、ごま油、ピーナッツ、胡桃、薄味は 若芽スープ、貝汁、水キムチ、濃味の 食べ物は キムチチゲ、みそチゲ が あります。

하이, 후우미가 코우바시이 아지노 타베모노와 고마, 고마유, 피-낫쯔, 쿠루미, 우스아지와 와카메스-프, 카이지루, 미즈키무찌, 코이아지노 타베모노와 키무찌 찌게, 미소찌게가 아리마스.

네, 풍미가 고소한 맛의 음식은 깨, 참기름, 땅콩, 호두, 연한 맛은 미역국, 조개국, 물김치, 진한 맛은 김치찌개, 된장찌개가 있습니다.

09. 食べ物 香りの 表現は 何が ありますか?

타베모노 카오리노 효우겐와 나니가 아리마스카?

음식 향기의 표현은 무엇이 있습니까?

はい、香ばしい 香り、臭 香り、口当のよい 香り、風味 豊か 香り、さわやか 香り、磯の 香り、アルコール 香り、青臭い 香り、生臭い 香り、焦げた 香りが あります。

하이, 코우바시이 카오리, 쿠사카오리, 쿠찌아타리노 요이 카오리, 후우미 유타카 카오리, 사와야카 카오리, 이소노 카오리, 아루코-루 카오리, 아오쿠사 카오리, 나마쿠사 카오리, 코게타 카오리가 아리마스.

네, 고소한 향기, 구린 냄새 향기, 입맛내는 향기, 풍미 풍부한 향기, 상쾌한 향기, 해변가 향기, 알코올 향기, 풋 냄새 향기, 비린 냄새 향기, 태운 냄새 향기가 있습니다.

食べ物 香りの 表現
타베모노 카오리노 효우겐

음식 향기의 표현

香ばしい 香り	臭い 香り	口当のよい 香り	風味豊か 香り	さわやか 香り
코우바시이 카오리	쿠사이 카오리	쿠찌아타리노요이카오리	후우미유타카 카오리	사와야카 카오리
고소한 향기	구린 냄새 향기	입맛내는 향기	풍미 풍부한 향기	상쾌한 향기
磯の 香り	アルコール香り	青臭い 香り	生臭い 香り	焦げた 香り
이소노 카오리	아루코-루 카오리	아오쿠사이 카오리	나마구사이 카오리	코게타 카오리
해변가 향기	알코올 향기	풋 냄새 향기	비린 냄새 향기	태운 향기

10. 食べ物 温度の 表現は 何が ありますか?
타베모노 온도노 효우겐와 나니가 아리마스카?

음식물 온도의 표현은 무엇이 있습니까?

はい、熱い、温い、冷たい、生温い、アツアツい、適当 温度が あります。
하이, 아쯔이, 누루이, 쯔메타이, 나마누루이, 아쯔아쯔이, 테키토우 온도가 아리마스.

네, 뜨겁다, 미지근하다, 차갑다, 미지근하다, 뜨겁다, 적당한 온도가 있습니다.

温度 表現
온도 효우겐

온도 표현

熱い	温い	冷たい
아쯔이	누루이	쯔메타이
뜨겁다	미지근하다	차갑다

生温い 나마누루이	アツアツい 아쯔아쯔이	適当 温度 테키토우 온도
미지근하다	뜨겁다	적당한 온도

11. 熱い、冷たい 食べ物は 何が ありますか?

아쯔이, 쯔메타이 타베모노와 나니가 아리마스카?

뜨거운, 차가운 음식물은 무엇이 있습니까?

はい、熱い 食べ物は ホットコーヒー、ラーメン、サムゲタンが あって、冷たい 食べ物は アイスクリーム、シャーベット、ムース、氷が あります。

하이, 아쯔이 타베모노와 홋토코-히-, 라-멘, 사무게탄가 앗테, 쯔메타이 타베모노와 아이스쿠리-무, 샤-벳토, 무스, 코오리가 아리마스.

네, 뜨거운 음식은 뜨거운 커피, 라면, 삼계탕이 있고, 차가운 음식은 아이스크림, 셔벗, 무스케이크, 얼음이 있습니다.

12. 食べ物の 五感は 何ですか?

타베모노노 고칸와 난데스카?

음식물의 오감은 무엇입니까?

はい、食べ物の 五感は 視覚、聴覚、嗅覚、触覚、味覚で 美味しい 料理を 味わうと 意味です。

하이, 타베모노노 고칸와 시카쿠, 죠우카쿠, 큐우카쿠, 쇼카쿠, 미카쿠데, 오이시이 료우리오 아지와우토 이우 이미데스.

네, 음식물의 오감은 시각, 청각, 후각, 촉각, 미각으로 맛있는 요리를 맛보는 의미입니다.

13. 食べ物の 五感は なぜ 重要ですか?

타베모노노 고칸와 나제 쥬우요우데스카?

음식물의 오감은 왜 중요합니까?

はい、五感は 食べ物の 味を 決める から 重要です。

하이, 고우칸와 타베모노노 아지오 키메루 카라 쥬우요우데스.

네, 오감은 음식물의 맛을 정하기 때문에 중요합니다.

五感

코칸

오감

視覚	聴覚	嗅覚	触覚	味覚
시카쿠	죠우카쿠	큐우카쿠	쇼카쿠	미카쿠
시각	청각	취각	촉각	미각

14. 食品の 表示で 重要な 内容は 何ですか？

쇼쿠힌노 효오지데 쥬우요우나 나이요우와 난데스카?

식품의 표시에 중요한 내용은 무엇입니까?

はい、重要な 内容は 栄養成分、原産地、賞味 期限、消費 期限です。

하이, 쥬우요우나 나이요우와 에이요우세이분, 겐산찌, 쇼우미 키겐, 쇼우히 키겐데스.

네, 중요한 내용은 영양성분, 원산지, 유통기한, 소비기한입니다.

食品の 表示

쇼쿠힝노 효우지

식품 표시

栄養 成分	糖分	脂質	タンパク質
에이요우 세이분	토우분	시시쯔	탄파쿠시쯔
영양성분	당분	지질	단백질
賞味期限	消費期限	原産地	国産
쇼미 기간	쇼히 기간	겐산찌	코쿠산
유통기한	소비기한	원산지	국산
外国産	機能性 食品	有機 野菜	無添加 食品
카이코쿠산	키노우세이 쇼쿠힝	유우키 야사이	무텐카 쇼쿠힌
외국산	기능성식품	유기 채소	무첨가 식품

動物の 種類、スポーツの
どうぶつ しゅるい
種類、身体の 表現、病気の 種類は
しゅるい しんたい ひょうげん びょうき しゅるい
何が ありますか?
なに

도우부쯔노 슈루이, 스포–쯔노 슈루이, 신타이노 효우겐, 뵤우키노 슈루이와 나니가

아리마스카?

동물의 종류, 스포츠의 종류, 신체의 표현, 병의 종류는

무엇이 있습니까?

日本語 製パン 実務会話

第6課

動物の 種類、スポーツの 種類、身体の 表現、病気の 種類は 何が ありますか?

도우부쯔노 슈루이, 스포-쯔노 슈루이, 신타이노 효우겐, 보우키노 슈루이와 나니가 아리마스카?

동물의 종류, 스포츠의 종류, 신체의 표현, 병의 종류는 무엇이 있습니까?

01. **動物の 種類は 何が ありますか?**

도우부쯔노 슈루이와 나니가 아리마스카?

동물의 종류는 무엇이 있습니까?

はい、鼠、牛、虎、兔、辰、蛇、馬、羊、猿、鶏、犬、豚が あります。

하이, 네쯔미, 우시, 토라, 우사키, 타쯔, 헤비, 우마, 히쯔지, 사루, 니와토리, 이누, 부타가 아리마스.

네, 쥐, 소, 호랑이, 토끼, 용, 뱀, 양, 원숭이, 닭, 개, 돼지가 있습니다.

02. **あなたは どんな 動物が 好きですか?**

아나타와 돈나 도우부쯔니가 스키데스카?

당신은 무슨 동물을 좋아합니까?

はい、私は 犬、猫、鳥、兔、ペンギンが 好きです。

하이, 와타쿠시와 이누, 네코, 토리, 우사기, 펜킨가 스키데스.

네, 저는 개, 고양이, 새, 토끼, 펭귄을 좋아합니다.

03. **あなたは どんな 動物が 嫌いですか?**

아나타와 돈나 도우부쯔니가 키라이데스카?

당신은 무슨 동물을 싫어합니까?

はい、私は 鼠、蛇、豚が 嫌いです。
하이, 와타쿠시와 네즈미, 헤비, 부타가 키라이데스.

네, 저는 쥐, 뱀, 돼지를 싫어합니다.

動物の 種類
도우부쯔노 슈루이

동물의 종류

鼠	牛	虎	兎
레즈미	우시	토라	우사기
쥐	소	호랑이	토끼
辰 / 竜	蛇	馬	羊
다쯔 / 료우	헤비	우마	히쯔지
용	뱀	말	양
猿	鶏	犬	豚
사루	니와토리	이누	부타
원숭이	닭	개	돼지
猫	カメレオン	ペンギン	コアラ
네고	카메레온	펜긴	코아라
고양이	카멜레온	펭귄	코알라
ゴリラ	キリン	カンガルー	熊
고리라	키린	캉가루-	쿠마
고릴라	기린	캥거루	곰
ライオン	象	パンタ	キツネ
라이온	조우	팬다	키쯔네
사자	코끼리	판다	여우
ラクダ	ヤギ	鳥	ダチョウ
라쿠다	야기	토리	다죠우
낙타	염소	새	타조

04. スポーツの 種類は 何が ありますか?
스포-쯔노 슈루이와 나니가 아리마스카?

스포츠의 종류는 무엇이 있습니까?

はい、スポーツの 種類は 野球、サッカー、バレーボール、バスケットボール、
ゴルフ、卓球、水泳、ボーリングが あります。

하이, 스포-쯔노 슈루이와 야큐우, 삿카ー, 바레-보-루, 바스켓토보-루, 코르프, 탓큐우, 스이에이, 보-링그
가 아리마스.

네, 스포츠의 종류는 야구, 축구, 배구, 농구, 골프, 탁구, 수영, 볼링이 있습니다.

05. あなたは どんな スポーツが 好きですか?

아나타와 돈나 스포-쯔가 스키데스카?

당신은 어떤 스포츠를 좋아하나요?

はい、私は サッカー、卓球、散歩が 好きです。

하이, 와타쿠시와 삿카ー, 탓큐우, 산포가 스키데스.

네, 저는 축구, 탁구, 산책을 좋아합니다.

06. あなたは どんな スポーツが 嫌いですか?

아나타와 돈나 스포-쯔가 키라이데스카?

당신은 무슨 스포츠를 싫어합니까?

はい、私は ビリヤード、空手、ボクシングが 嫌いです。

하이, 와타쿠시와, 비리-야토, 카라테, 보쿠싱그가 키라이데스.

네, 저는 당구, 공수도, 복싱을 싫어합니다.

スポーツの 種類
스포-쯔노 슈루이

스포츠의 종류

野球 야큐우	サッカー 삿카ー	バレーボール 바레-보-루	バスケットボール 바스켓토 보-루
야구	축구	배구	농구
ゴルフ 코루프	卓球 탓큐우	ビリヤード 비리야ー도	バドミントン 바도민톤
골프	탁구	당구	배드민턴

ラグビー （フットボール） 라구비-(풋트보-루)	ボクシング 보쿠신구	柔道 쥬우도우	剣道 켄도우
럭비 / 풋볼	복싱	유도	검도
水泳 스이에이	プロレスリング 푸로레스린구	相撲 스모우	マラソン 마라손
수영	프로 레슬링	일본씨름	마라톤
テコンドー 테콘도-	空手 카라테	弓道 큐우도우	ボーリング 보-링구
태권도	공수도	궁도	볼링

07. 身体の 表現は 何が ありますか?

신타이노 효우겐와 나니가 아리마스카?

신체의 표현은 무엇이 있습니까?

はい、身体の 表現は 頭、胸、腹、手、足が あります。

하이, 신타이노 효우겐와 아타마, 무네, 하라, 테, 아시가 아리마스.

네, 신체의 표현은 머리, 가슴, 배, 손, 발이 있습니다.

08. 身体を 頭から つま先まで 順序で 表現して 下さい。

신타이오 아타마카라 쯔마사키마데 쥰조데 효우겐시테 쿠다사이.

신체를 머리부터 발끝까지 순서로 표현해 주십시오.

はい、頭、額、目、眉毛、鼻、口、歯、舌、首、腕、腰、手、腹、指、足、爪が あります。

하이, 아타마, 히타이, 메, 마유게, 하나, 쿠찌, 하, 시타, 쿠비, 우데, 코시, 테, 하라, 유비, 아시, 쯔메가 아리마스.

네, 머리, 이마, 눈, 눈썹, 코, 입, 이빨, 혀, 목, 어깨, 허리, 손, 배, 손가락, 발, 손톱이 있습니다.

09. お腹が 一杯ですか?

오나카가 잇파이 데스카?

배가 가득 부릅니까?

はい、私は おいしい 食べ物を たくさん 食べて お腹が 一杯です。

하이, 와타쿠시와 오이시이 타베모오 타쿠산 타베테 오나카가 잇파이데스.

네, 저는 맛있는 음식을 많이 먹어 배가 부릅니다.

10. 手の 具合は いかがですか?

테노 구아이와 이카가데스카?

손의 상태는 어떤지요?

はい、オーブンから パンを 取り出して 手に やけどを しました。

하이, 오-분카라 판오 토리다시테 테니 야케도우 시마시타.

네, 빵을 오븐에서 꺼내면서 손에 화상을 입었습니다.

11. 足は 痛いですか?

아시와 이타이데스카?

다리가 아픕니까?

はい、今日は 歩き すぎて 足が 痛いです。

하이, 쿄우와 아루키 스기테 아시가 이타이데스.

네, 오늘은 너무 많이 걸어서 다리가 아픕니다.

身体 表現

신타이 효겐

신체 표현

頭	額	目	眉毛
아타마	히타이	메	마유게
머리	이마	눈	눈썹
鼻	頬	口	歯
하나	호오	쿠찌	하
코	뺨 / 볼	입	이빨
舌	首	喉	腕 / 肩
시타	구비	노도	우데 / 카타
혀	목	목구멍	팔 / 어깨

胸 / 乳房 むね / にゅうぼう 무네 / 뉴우보우	背中 せいなか 세나카	腰 こし 코시	肘鉄 ひじ 히지
가슴 / 유방	등	허리	팔꿈치
手 테	肋骨 ろっこつ 롯코쯔	腹 / おなか はら 하라 / 오나카	臍 へそ 헤소
손	갈비뼈	배	배꼽
手首 てくび 테쿠비	指 ゆび 유비	お尻 しり 오시리	肛門 こうもん 코우몬
손목	손가락	엉덩이	항문
内もも / 太もも うち / ふと 우찌모모 / 후토모모	足 あし 아시	膝 ひざ 히자	性器 せいき 세이키
허벅지	다리	무릎	성기
足首 あしくび 아시쿠비	足指 あしゆび 아시유비	爪先 つまさき 쯔마사키	爪 つめ 쯔메
발목	발가락	발가락끝	손톱 / 발톱

12. 病気の 種類は 何が ありますか?

보우키노 슈루이와 나니가 아리마스카?

병의 종류는 무엇이 있습니까?

はい、病気の 種類は 疲労、風邪、頭痛、食中毒、胃腸炎、インフルエンザが あります。

하이, 보우키노 슈루이와 히로우, 가제, 즈쯔우, 쇼쿠쥬우도쿠, 이죠우엔, 인후루엔자가 아리마스.

네, 병의 종류는 피로, 감기, 두통, 식중독, 위장염, 독감이 있습니다.

13. あなたの 健康 状態は どうですか?

아나타노 켄코우 죠우타이와 도우데스카?

당신의 건강 상태는 어떤지요?

はい、私は とても 元気です。

하이, 와타시와 토테모 겐키데스.

네, 저는 매우 건강합니다.

14. あなたの 体の 調子は どうですか?

아나타노 카라다노 죠우시와 도우데스카?

당신의 몸의 상태는 어떻습니까?

はい、私は 体が 疲れて 風邪を ひいて 頭が 痛いです。

하이, 와타쿠시와 카라다가 쯔카레데 카제오 히이테 아타마가 이타이데스.

네, 저는 몸이 피로하여 감기에 걸려 머리가 아픕니다.

15. 食中毒が 発病すると 体は どう なりますか?

쇼쿠쥬우도쿠가 핫쁘뵤우스루토 카라다와 도우 나리마스카?

식중독이 발병하면 몸은 어떻게 됩니까?

はい、体に 嘔吐、下痢、腹痛、頭痛、呼吸 困難や 麻痺が 発生じます。

하이, 카라타니 오우토, 게리, 하라이타, 즈쯔우, 코큐우 콘난야 마히가 핫세이시마스.

네, 몸에 구토, 설사, 복통, 두통, 호흡곤란과 마비가 발생합니다.

16. パン屋の 食中毒の 発生 原因は 何が 有りますか?

팡야노 쇼쿠쥬우도쿠 핫세이노 겐인와 나니가 아리마스카?

빵집의 식중독 발생 원인은 무엇이 있습니까?

はい、食中毒の 発生 原因は 賞味期限 経過の パンと クリームと 材料、汚れた 環境、個人衛生 管理の 不足 などが あります。

하이, 쇼쿠쥬우도쿠 핫세이노 겐인와 쇼우미키겐 케이카노 팡토 쿠리-무토 자이료우, 요고레타 칸쿄우, 코진에이세이 칸리노 후소쿠 나도가 아리마스.

네, 식중독 발생 원인은 유통기한 경과 빵과 크림과 재료, 오염 환경, 개인위생 관리의 미숙 등이 있습니다.

病気 種類
보우키 슈루이

병의 종류

疲労 히로우 피로	風邪 카제 감기	インフルエンザ 인후루엔자 독감	熱 네쯔 열
頭痛 즈쯔우 두통	腹痛 후쿠쯔우 복통	生理痛 세이리쯔우 생리통	胃腸炎 이죠우엔 위장염
火傷 야케도 화상	傷口 키즈구찌 상처	打撲傷 다보쿠쇼우 타박상	骨折 콧세쯔 골절
嘔吐 오우토 쿠토	消化不良 쇼우카후료우 소화불량	下痢 게리 설사	呼吸 困難 코큐우 콘란 호흡곤란
食中毒 쇼쿠쥬우도쿠 식중독	糖尿病 토우뇨오뵤우 당뇨병	熱射病 넷샤뵤우 열사병	肝炎 칸엔 간염
貧血 힌케쯔 빈혈	低血圧 테이케쯔아쯔 저혈압	高血圧 코우케쯔아쯔 고혈압	かゆみ/じんましん 가유미/진마신 가려움증/두드러기
痛い 이타이 아프다	ときどき 痛い 토키도키 이타이 가끔 아프다	ずっと 痛い 즛토 이타이 계속 아프다	するとい 痛い 스루토이 이타이 지속적으로 아프다

第7課

だい第**7**か課

製^{せい}パン会^{かいしゃ}社、パン製^{せいぞうこうじょう}造工場の 組^{そしき}織を
知^しって おきましょう!

세이팡 카이샤, 팡 세이죠우 코우죠우노 소시키오 싯테 오키마쇼우!

제빵회사, 빵 제조 공장의 조직을 알아봅시다!

日本語　製パン　実務会話

第**7**課

製パン会社、パン製造工場の 組織を 知って おきましょう!

세이팡 카이샤, 팡 세이죠우 코우죠우노 소시키오 싯테 오키마쇼우!

제빵회사, 빵 제조 공장의 조직을 알아봅시다!

01. 製パン 会社の 組織は どう なりますか?

세이팡 카이샤노 소시키와 도우 나리마스카?

제빵회사의 조직은 어떻게 되나요?

はい、製パン会社の 組織は 会長、社長、代表 取締役、専務理事、常務理事、取締役、営業部長、生産部長、営業部、生産部、販売部に 分かれます。

하이, 세이팡 카이샤노 소시키와 카이죠우, 샤쵸우, 다이효우 토리시마리쇼우세이, 센무리지, 죠우무리지, 토리시마리약쿠, 에이쿄우부쵸우, 세이산부쵸우, 에이교우부, 세이산부, 한바이부니 와카레마스.

네, 제빵회사의 조직은 회장, 사장, 대표 취재역, 전무이사, 상무이사, 이사, 영업부장, 생산부장, 영업부, 생산부, 판매부로 나뉘어집니다.

製パン 会社の 組織

세이팡 카이샤노 소시키

제빵회사의 조직

会長	社長 / 代表 取締役	専務理事	常務理事
카이죠우	샤죠우 / 다이효우 토리시마리야쿠	센무리지	죠우무리지
회장	사장 / 대표 취재역	전무이사	상무이사
取締役	営業部	生産部	販売部
토리시마리야쿠	에이교우부	세이산부	한바이부
이사	영업부	생산부	판매부

02. 製パン 生産 工場の 組織は どう なりますか?

세이팡 세이산 코우죠우노 소시키와 도우 나리마스카?

제빵 생산공장의 조직은 어떻게 되나요?

はい、製パン 生産工場の 組織は 総工場長、副工場長、製パン部、製菓部、成形担当、生地担当、オーブン担当、ペストリーパイ製造担当、製菓担当、ドーナツ担当、サンドイッチ担当、包装担当、販売担当、バリスタ/ブランチ担当、洗浄担当、実習生に 分かれます。

하이, 세이팡 세이샨코우죠우노 소시키와 소우코우죠우, 후쿠코우죠우, 세이팡부, 세이카부, 세이게이탄토우, 키지탄토우, 오-븐탄토우, 페스토리-파이세이죠우 탄토우, 세이카탄토우, 도-넛 탄토우, 산도위찌탄토우, 호우소우탄토우, 한바이탄토우, 바리스타/브란찌 탄토우, 센죠우탄토우, 짓슈우세이니 와카레마스.

네, 제빵생산공장의 조직은 총공장장, 부공장장, 제빵부, 제과부, 성형담당, 반죽담당, 오븐담당, 페이스트리-파이제조담당, 제과담당, 도넛담당, 샌드위치담당, 포장담당, 판매담당, 커피, 브런치 담당, 세척담당, 실습생으로 나누어집니다.

製パン 会社の 組織
세이팡 카이샤노 소시키

제빵회사의 조직

総工場長	副工場長	製パン部	製菓部
소우코우죠우	후쿠코우죠우	세이팡부	세이카부
총공장장	부공장장	제빵부	제과부
成形担当	生地担当	オーブン担当	ペストリーパイ製造担当
세이게이탄토우	키지탄토우	오-븐탄토우	페스토리-파이세이죠우탄토우
성형담당	반죽담당	오븐담당	페이스트리, 파이담당
製菓担当	ドーナツ担当	サンドイッチ担当	包装担当
세이카탄토우	도-나쯔탄토우	산도잇찌탄토우	호우소우탄토우
제과담당	도넛담당	샌드위치담당	포장담당
販売担当	バリスタ / ブランチ担当	洗浄担当	実習生
한바이탄토우	바리스타 / 브란찌탄토우	센죠우탄토우	짓슈우세이
판매담당	바리스타 / 브런치담당	세척담당	실습생

03. パン 材料の 選択 保管の 動作 用語は 何が ありますか?

팡 자이료우노 센타쿠 호칸노 도우사 요우고 나니가 아리마스카?

빵 재료의 선택 보관의 동작 용어는 무엇이 있습니까?

はい、パン 材料の 選択 保管の 動作 用語は 選びます、選択します、計量します、選別います、洗います、運搬します、保管します、手入れしますが あります。

하이, 팡 자이료우노 센타쿠호칸노 도우사요우와 에라비마스, 센타쿠시마스, 게이료우시마스, 센베쯔시마스, 아라이마스, 운판시마스, 호칸시마스, 테이레시마스가 아리마스.

네, 빵 재료의 선택보관 과정의 동작 용어는 고릅니다, 선택합니다, 계량합니다, 진열합니다, 확인합니다, 선별합니다, 씻습니다, 운반합니다, 보관합니다, 손질합니다가 있습니다.

材料の 選択 保管の 動作 用語
자이료우노 센타쿠 호칸노 도우사 요우고

재료의 선택보관 동작 용어

選びます 에라비마스	選択します 센타쿠시마스	計量します 케이료우시마스	陳列します 찐레쯔시마	確認します 카쿠닌시마스
고릅니다	선택합니다	계량합니다	진열합니다	확인합니다
選別います 센베쯔시마스	洗います 아라이마스	運搬します 운판시마스	保管します 호칸시마스	手入れします 테이레시마스
선별합니다	씻습니다	운반합니다	보관합니다	손질합니다

材料の 手入れ 動作 用語
자이료우노 테이레 도우사 요우고

재료의 손질 동작 용어

篩に かけます 후루이니 카케마스	粉を 振ます 코나오 후리마스	粉を 塗ります 코나오 누리마스	洗います 아라이마스
체질을 합니다	가루를 뿌립니다	가루를 칠합니다	씻습니다
皮を むきます 카와오 무키마스	切ります 기리마스	厚切りに します 아쯔키리니 시마스	細かく 切ります 코마카쿠 키리마스
껍질을 벗깁니다	자릅니다	두껍게 자릅니다	작게 자릅니다

輪切りします 와키리시마스	角切りします 카쿠키리시마스	薄切りします 우스키리시마스	微塵切りします 미진키리시마스
둥글게 자릅니다	각으로 자릅니다	얇게 자릅니다	잘게 자릅니다
丸切りします 마루키리시마스	離します 하나시마스	摑むます 쯔가무마스	取ります 도리마스
통으로 자릅니다	놓습니다	잡습니다	집습니다

04. パン 材料の 手入れの 動作 用語は 何が ありますか?

팡 자이료우노 테이레노 도우사요우고와 나니가 아리마스카?

빵 재료의 손질의 과정 동작 용어는 무엇이 있습니까?

材料の 手入れの 動作 用語

자이료우노 테이레노 도우사 요우고

재료의 손질의 동작 용어

漬け 込みます 쯔게 코미마스	濃度を 付けます 노우도우 쯔게마스	柔らかく します 야와라카쿠 시마스	取り 除ぎます 토리 노조기마스
담급니다	농도를 냅니다	부드럽게 합니다	없앱니다 / 제거합니다
装飾します 소우죠쿠시마스	捏ねます 코네마스	混ぜます 마제마스	クリームを 混ぜます 크리-무 오 마제마스마스
장식합니다	반죽하다 / 이기다	섞습니다	크림을 섞습니다
混ぜ 合わせます 마제아 와세마스마스	練り 合わせます 네리 아와세마스	上に かけます 우네니 카케마스	擦り つけます 코리 쯔게마스
한데 섞습니다	고루고루 섞이도록 이깁니다	위에 뿌립니다	비벼됩니다 / 문지릅니다
縛ります 시바리마스	漉します 코시마스	付(附)けます 쯔게마스	作ります 쯔쿠리마스
묶습니다	거릅니다 / 여과합니다	냅니다 / 붙입니다	만듭니다
たたきます 타타키마스	飯を 炊くきます 메시오 타키마스	すりつぶします 스리쯔부시마스	絞り出します 시보리다시마스
두드립니다	밥을 짓습니다	갈아 으깹니다	짜냅니다

伸ばします 노바시마스	練りを 作ります 네리오 쯔쿠리마스	泡を 立てます 아와오 타테마스	溶かします 토카시마스
늘어폅니다	끈기를 만듭니다	거품을 냅니다	녹입니다
漬けます 쯔케마스	研(磨)きます 토키마스	汁を 出します 시루오 다시마스	濾します 코시마스
담급니다	갈아줍니다	국물을 냅니다	거릅니다
盛り入れます 모리이레마스	計かります 하카리마스	測かります 하카리마스	分けります 와케마스
담습니다	측정합니다	잽니다	나눕니다

05. 加熱の 動作 用語は 何が ありますか?
카네쯔노 도우사 요우고와 나니가 아리마스카?

가열의 동작 용어는 무엇이 있습니까?

はい、加熱の 動作 用語は 炒めます、煮ます、沸騰させします、揚げます、蒸します、焼きます、燻製します、茹でますがあります.

하이, 카네쯔노 도우사 요우고와 이타메마스, 니마스, 훗토우 사세마스, 아게마스, 무시마스, 야키마스, 쿤세이시마스, 유데마스가 아리마스.

네, 가열의 과정 동작 용어는 볶습니다, 조립니다, 끓입니다, 튀깁니다, 찜니다, 굽습니다, 훈제합니다, 삶습니다가 있습니다.

加熱の 動作 用語
카네쯔노 도우사 요우고

가열의 동작 용어

熱湯に 浸けます 넷토우니 쯔게마스	煮詰めます 니쯔메마스	炒めます 이타메마스	煮ます 니마스
열탕에 담급니다	바삭 조립니다	기름에 볶습니다/지집니다	익혀 삶습니다 끓입니다 / 조립니다
液体で 煮ます 에키타이데 니마스	沸騰させします 훗토우사세마스	揚げます 아게마스	油で 揚げます 아브라데 아게마스스
액체로 삶습니다	끓입니다	튀깁니다	기름으로 튀깁니다

火を 通します 히오 토우시마스	蒸します 무시마스	蒸し 焼きます 무시 야키마스	焼きます 야키마스
불을 통하게 합니다	삶습니다	찜구이 합니다	굽습니다
ローストします 로스트 시마스	焼き 色を 付けます 야키 이로오 쯔게마스	燻製します 쿤세이시마스	茹でます 유데마스
로스트 합니다	구운 색을 냅니다	훈제합니다	데칩니다
暖めます 아타메마스	湯煎します 유센스마스	沸かします 와카시마스	液体で 茹でます 에끼타이데 유데마스
덥힙니다	중탕합니다	끓입니다	액체로 삶습니다
火を つけます 히오 쯔케마스	火を 消します 히오 케시마스	強火に します 쯔요비니 시마스	中火に します 쥬우비니 시마스
불을 붙입니다	불을 끕니다	강한 불로 합니다	중간 불로 합니다
弱火に します 요와비니 시마스	焼き 物です 야키 모노데스	揚げ 物です 아게 모노데스	茹で ものです 유데 모노데스
약불로 합니다	구운 것입니다	튀긴 것입니다	삶은 것입니다
炒り 物です 이리 모노데스	生物です 나마 모노데스	生き 物です 이키 모노데스	蒸した 物です 무시타 모노데스
볶은 것입니다	생것입니다	살아 있는 것입니다	찐 것입니다

06. パン 製造 過程の 仕上げの 動作 用語は 何が ありますか?

팡 세이조우 카테이노 시아게노 도우사 요우고와 나니가 아리마스카?

빵 제조 과정의 마무리의 동작 용어는 무엇이 있습니까?

はい、仕上げの 動作 用語は 冷(冷)やします、固めます、仕上げます、盛り出します、振り掛けます、飾ざります、包装しますが あります。

하이, 시아게노 도우사 요우고와 히야시마스, 카타메마스, 시아게마스, 모리타시마스, 후리카케마스, 카자리마스, 호우소우시마스가 아리마스.

네, 마무리의 동작용어는 식힙니다, 굳힙니다, 마무리합니다, 올립니다, 뿌립니다, 장식합니다, 포장합니다가 있습니다.

パン製造 過程の 仕上げの 動作 用語
팡세이조우 카테이노 시아게노 도우사 요우고

빵 제조 과정의 마무리의 동작 용어

冷(冷)やします	剥がします	合わせます	固めます	味を つけます
히(사마)야시마스	하카시마스	아와세마스	카타메마스	아지오 쯔케마스
식힙니다	벗깁니다	합칩니다	굳힙니다	맛을 냅니다
仕上げます	盛り 出します	振り 掛けます	飾ります	包装します
시와게마스	모리 다시마스	후리 카케마스	카자리마스	호우소우시마스
마무리 합니다	담아냅니다	뿌립니다 / 끼얹습니다	장식합니다	포장합니다

07. パン製造 過程の 動作 用語は 何が ありますか?

팡 세이조우 카테이노 도우사 요우고와 나니가 아리마스카?

빵 제조 과정의 동작 용어는 무엇이 있습니까?

はい、パン製造 過程の 動作 用語は 計量します、ミキシングします、発酵します、分割します、成型します、焼きます、揚げます、蒸します、冷やします、仕上げます、飾ります、包装しますが あります。

하이, 팡 세이조우 카테이노 도우사 요우고와 케이료우시마스, 믹싱그시마스, 핫코우시마스, 분카쯔시마스, 세이케이시마스, 쇼우세이마스, 아케마스, 무시마스, 히야시마스, 시아게마스, 카카리마스, 호우소우시마스가 아리마스.

네, 빵 제조 과정의 마무리의 동작 용어는 계량합니다, 믹싱합니다, 발효합니다, 분할합니다, 성형합니다, 굽습니다, 튀김니다, 찜니다, 식힙니다, 마무리합니다, 장식합니다, 포장합니다가 있습니다.

パン製造 過程の 動作 用語
팡 세이조우 카테이노 도우사 요우고

빵 제조 과정의 동작 용어

計量します	ミキシングします	発酵します	分割します
케이료우시마스	미키싱크시마스	핫코우시마스	분카쯔시마스
식힙니다	벗깁니다	합칩니다	굳힙니다
成型します	焼きます	揚げます	蒸します
세이케이시마스	야키마스	아게마스	무시마스
맛을 냅니다	굽습니다	튀깁니다	찝니다
煮ます	茹でます	いためます	暖めます
니마스	유데마스	이타메마스	아타타메마스
삶습니다 / 끓입니다	데칩니다	볶습니다	덥힙니다
冷やします	湯煎します	合わせます	固めます
히야시마스	유센시마스	아와세마스	카타메마스
식힙니다	중탕합니다	합칩니다	굳힙니다
仕上げます	作ります	味を つけます	盛り 出します
시와게마스	쯔쿠리마스	아지오 쯔케마스	모리 다시마스
마무리합니다	만듭니다	맛을 냅니다	담아내다
溶かします	泡を 立てます	漬けます	濾します
토카시마스	아와오 타테마스	쯔케마스	코시마스
녹입니다	거품을 냅니다	담급니다	거릅니다
振り 掛けます	冷まします	混ぜます	捨てます
후리 카케마스	사마시마스	마제마스	스테마스
뿌립니다 / 끼얹습니다	식힙니다	섞습니다	버립니다

08. パン製造 過程の 動作は どう 表現しますか？
팡 세이조우 카테이노 도우사와 도우 효우겐시마스카?

빵 제조 과정의 동작은 어떻게 표현합니까?

はい、さつまいも、栗、パンは 焼いて、ドーナツ、トンカツ、チキンは 揚げます。
하이, 사쯔마이모, 쿠리, 빵와 야이테, 도-나쯔, 톤카쯔, 찌킨와 아게마스.
네, 고구마, 밤, 빵은 굽고, 도넛, 돈가스, 통닭은 튀깁니다.

09. 卵、まんじゅう、トウモロコシは 蒸して、タコ、肉は 煮ます。
타마고, 만쥬우, 토우모로코시와 무시테, 타코, 니쿠와 니마스.
달걀, 찐빵, 옥수수는 삶고, 문어, 고기 수육은 삶습니다.

10. ブロッコリー、カボチャ、ナスは 茹で、トッポッキ、ごま、スパケッティは いためます。
부롯코리-, 카보차, 나스와 유데, 톳뽓키, 고마, 스파켓티와 이타메마스.
브로콜리, 호박, 가지는 데치고, 떡볶이, 깨, 스파케티는 볶습니다.

11. ピザ、スープ、ご飯は 暖めで、麺、みそ汁は 冷やして 食べます。
피자, 스-프, 고항와 아타타메데, 멘, 미소시루와 히야시테 타베마스.
피자, 수프, 밥은 덥히고, 면, 된장국은 식혀서 먹습니다.

12. チョコレートを 湯煎しで 生クリームと 混ぜ ガナッシュを 作ります。
초코레-토우오 유센시테 나마크리-무토 마제 가낫슈오 쯔쿠리마스.
초콜릿을 중탕하여 생크림에 섞어 가나슈를 만듭니다.

13. 小麦粉、そば粉、米粉を こねで うどん、パン、もちの 生地を 作ります。
코무기코, 소바코, 코메코오 코네데 우동, 팡, 모찌노 키지오 쯔쿠리마스.
밀가루, 메밀가루, 쌀가루를 이겨서 우동, 빵, 떡의 반죽을 만듭니다.

14. なべ、フライパン、まないたは 洗い、ご飯、もち米の 飯、麦飯を 炊きます。
나베, 후라이판, 마나이타와 아라이, 고항, 모찌코메노 메시, 무기메시오 타키마스.
냄비, 후라이팬, 도마는 씻고, 쌀밥, 찹쌀밥, 보리밥을 짓습니다.

15. 洋梨、レモン、ピーナッツの 皮を むきます。
요우나시, 레몬, 피-낫쯔노 카와오 무키마스.
서양배, 레몬, 땅콩의 껍질을 벗깁니다.

16. 林檎、玉葱、ババナの 皮をむき、イチゴ、チェリー、チョコレート を 飾ります。

링고, 타마네기, 바바나노 카와오 무키, 이찌고, 체리-, 초코레-토우 카자리마스.

사과, 양파, 바나나의 껍질을 벗기고, 딸기, 체리, 초콜릿을 장식합니다.

17. パン、生地、桃、紙を 切り、キムチ、チゲに 味を 付けます。

팡, 키지, 모모, 카미오 키리, 키무찌, 찌게니 아지오 쯔케마스.

빵, 반죽, 복숭아, 종이를 자르고, 김치, 찌개에 맛을 냅니다.

18. ジャガイモの 皮を むき、大蒜、生姜、葱を 磨り潰します。

쟈카이모노 카와오 무키, 닌니쿠, 쇼우가, 네기오 스리 쯔부시마스.

감자껍질을 벗기고, 마늘, 생강, 파를 갈아 으깹니다.

19. おかず、料理、汁を 作り、刺身、パジョンは 皿に 盛り出します。

오카즈, 료우리, 시루오 쯔쿠리, 사시미, 파죤와 사라니 모리다시마스.

반찬, 요리, 국을 만들고. 생선회, 파전은 접시에 담아냅니다.

20. 卵、生クリーム、バター は 泡立て、水、茶、コーヒーは 沸かします。

타마고, 나마쿠리-무, 바타-와 아와타테, 미즈, 챠, 코-히-와 와카시마스.

달걀, 생크림, 버터의 거품을 내고, 물, 차, 커피는 끓입니다(데웁니다).

21. キュウリ、めんたいを たたき、牛乳、調味料と ソースを 合わせ レモン、パセリを 振り 掛けます。

큐리, 멘타이오 타타키, 큐우뉴우, 죠우미료우토 소-스오 아와세 레몬, 파셀리오 후리 카케마스.

오이, 명태를 두드리고, 우유, 조미료와 소스를 섞고, 레몬, 파슬리를 뿌립니다.

しょくひん ざいりょう しゅるい なに
食品 材料の 種類は 何が ありますか?

쇼쿠힌 자이료우노 슈루이와 나니가 아리마스카?

식품 재료의 종류는 무엇이 있습니까?

日本語 製パン 実務会話

食品 材料の 種類は 何が ありますか?

쇼쿠힌 자이료우노 슈루이와 나니가 아리마스카?

식품 재료의 종류는 무엇이 있습니까?

01. 調理 材料の 種類は 何が ありますか?

죠우리 자이료우노 슈루이와 나니가 아리마스카?

조리 재료의 종류는 무엇이 있습니까?

はい、調理の 材料は アーモンド、アロエ、ウーロン茶、オリーブオイル、胡瓜、
クレソン、ココア、サクランボ、焼酎、蕎麦、白菜、マーガリン、味噌、柚が あります。

하이, 죠리노 자이료우와, 아-몬도, 아로에, 우-롱차, 오리-브 오이루, 큐우리, 크레숀, 코코아, 사쿠란보, 쇼우쥬우, 소바, 하쿠사이, 마-가린, 미소, 유즈가 아리마스.

네, 재료의 종류는 아몬드, 알로에, 우롱차, 올리브오일, 오이, 크레송, 코코아, 체리, 소주, 메밀, 배추, 마가린, 된장, 유자가 있습니다.

調理 材料

죠우리 자이료우

조리 재료

アーモンド 아-몬도	小豆 아즈키	赤ワイン 아카와인	赤カブ 아카가브	アボカド 아보카도	アサリ 아사리
아몬드	팥	적포도주	자색 순무	아보카도	바지락
アスパラガス 아스파라가스	アーティ チョーク 아-티쵸-크	アロエ 아로에	アワビ 아와비	アンズ 안즈	アンチョビ 안쵸비
아스파라거스	아티초크	알로에	전복	살구	안초비

イカ 이카 **오징어**	イチゴ 이찌고 **딸기**	イチジク 이찌지쿠 **무화과**	ウイスキー 위스키- **위스키**	ウーロン茶 우-론차 **우롱차**	ウナギ 우나기 **장어**
ウメ 우메 **매실**	うるち米 우루찌고메 **멥쌀**	エダマメ 에다마메 **풋콩**	エビ 에비 **새우**	大麦 오오무기 **겉보리**	オール スパイス 오-루 스파이스 **올 스파이스**
オレンジ 오렌지 **올리브 오일**	オリーブ オイル 오리-브 오이루 **오렌지**	カブ 카브 **순무**	カボチャ 카포챠 **호박**	カリフラワ- 카리후라와- **콜리플라워**	カリン 카린 **모과**
カレイ 카레이 **가자미**	かんぴょう 칸뾰우 **박고지**	オレガノ 오레가노 **오레가노**	寒天 칸텐 **한천**	キウイ フルーツ 키이 후루-쯔 **키위**	きな粉 키나코 **콩가루**
キャビア 캬비아 **캐비어**	キャベツ 캬벳쯔 **양배추**	牛肉 큐우니쿠 **소고기**	牛乳 큐우뉴우 **우유**	キュウリ 큐우리 **오이**	キンカン 킨칸 **금귤**
ギンナン 긴난 **은행**	葛 쿠즈 **칡**	クランベリ 크란베리- **크랜베리**	クリ 쿠리 **밤**	クルミ 쿠루미 **호두**	グレープ フルーツ 크레-프 후루-쯔 **자몽**
クレソン 크레송 **크레송**	黒砂糖 쿠로사토우 **흑설탕**	黒豆 쿠로마메 **검은콩**	桑の実 쿠와노미 **오디**	ケール 케-루 **케일**	玄米 겐마이 **현미**
紅茶 코우차 **홍차**	コーヒー 코-히- **커피**	ココア 코코아 **코코아**	ココナツ 코코나쯔 **코코넛**	ゴボウ 고보우 **우엉**	ゴマ 고마 **참깨**
コマツナ 코마쯔나 **소송채**	小麦 코무기 **밀**	コンニャク 콘냐크 **곤약**	コンブ 콘부 **다시마**	サクランボ 사쿠란보 **체리**	ザクロ 자쿠로 **석류**
サケ 사케 **연어**	雑穀米 잣코쿠코메 **잡곡밥**	サツマイモ 사쯔마이모 **고구마**	サトイモ 사토이모 **토란**	サバ 사바 **고등어**	サンザシ 산자시 **산사나무**

山椒 サンショウ 산쵸우 산초	サンチュ 산츄 상추	サンマ 산마 꽁치	シイタケ 시이타케 표고버섯	ジャガイモ 쟈가이모 감자	春菊 シュンギク 슌기쿠 쑥갓
ジュンサイ 쥰사이 순채 / 순나물	ショウガ 쇼우가 생강	焼酎 ショウチュウ 쇼우쥬우 소주	醤油 ショウユ 쇼우유 간장	食塩 ショクエン 쇼쿠엔 소금	食用菊 ショクヨウキク 쇼쿠료우키쿠 국화
白ワイン しろ 시로와인 백포도주	ジャガイモ 쟈가이모 감자	タマネギ 타마네기 양파	酢 す 스 식초	スイカ 스이카 수박	スズキ 스즈키 농어
スターフルーツ 스타-후루-쯔 스타프루트	澱粉 でんぷん 덴분 전분	スモモ 스모모 자두	セージ 세-지 세지	セリ 세리 미나리	セロリ 세로리 셀러리
ソバ 소바 메밀	ソラマメ 소라마메 잠두콩	タイ 타이 도미	ダイコン 다이콘 무	ダイズ 다이즈 콩	タイム 타이무 타임
タケノコ 타게노코 죽순	タコ 타코 문어	タチウオ 타찌우오 갈치	タピオカ 타피오카 타피오카	鶏卵 けいらん 케이란 계란	タマネギ 타마네기 양파
鱈 タラ 타라 대구	鱈こ タラ 타라코 대구알	タンポポ 탄포포 민들레	チーズ 찌-즈 치즈	チコリー 체리- 체리	チャービル 챠-비루 차빌
テングサ 텐구사 한천	トウガラシ 도우카라시 고추	冬瓜 トウガン 토우간 동아	豆苗 トウミョウ 도우쵸우 미꾸라지	トウモロコシ 도우모로코시 옥수수	トマト 토마토 토마토
ドリアン 도리안 두리안	鶏肉 けいにく 토리니쿠 닭고기	トンブリ 톤부리 덮밥	ナシ 나시 배	納豆 なっとう 낫토우 낫토	夏ミカン なつ 나쯔미칸 여름 귤
トリュフ 토류후 트러플	ナツメグ 나쯔메그 육두구	ナメコ 나메코 해삼	日本酒 にほんしゅ 니혼슈 일본술	ニラ 니라 부추	ニンジン 닌진 당근
ニンニク 닌니쿠 마늘	ネギ 네기 파	海苔 のり 노리 김	パイナップル 파이낫푸르 파인애플	白菜 ハクサイ 하쿠사이 배추	バジル 바지루 바질

パセリ 파세리	バター 바타-	ハチミツ 하찌미쯔	パッション フルーツ 팟션 후루-쯔	バナナ 바나나	パパイア 파파이야
파슬리	버터	꿀	패션프루트	바나나	파파야
パプリカ 파프리카	ハマグリ 하마구리	ピーナッツ 피-나쯔	ピーマン 피-망	ビール 비-루	ピスタチオナッツ 피스타찌오낫쯔
파프리카	대합	땅콩	피망	맥주	피스타치오넛
ヒラメ 히라메	ビワ 비와	フグ 후구	豚肉 부타니쿠	ブドウ 부도우	冬イチゴ 후유 이찌코
광어	비파	복어	돼지고기	포도	겨울딸기
ブルーベリー 브루-베리-	ペカンナッツ 페카낫쯔	ホウレンソウ 호우렌소우	ホタテ貝 호타테가이	マーガリン 마-가린	マグロ 마구로
블루베리	피칸넛	시금치	가리비	마가린	참치
マスタード 마스타-도	マッシュルーム 맛슈루-무	マツタケ 마쯔타케	松の実 마쯔노미	マンゴー 망고-	ミカン 미칸
겨자	버섯	송이버섯	잣	망고	귤
みそ 미소	ミネラル ウォーター 미네라루 워터	ミョウガ 묘우가	ミント 민토	ムール貝 무-루가이	麦茶 무기차
된장	생수	양하	민트	홍합	보리차
キャベツ 갸베쯔	メロン 메론	もち米 모찌고메	モモ 모모	モヤシ 모야시	山いも 야마이모
양배추	멜론	찹쌀	복숭아	콩나물	고구마
ヨーグルト 요-구루토	羊肉 요유니쿠	ヨモギ 요모기	ライム 라이무	ユズ 유즈	ラッキョウ 랏교우
요구르트	양고기	쑥	라임	유자	락교
緑茶 료쿠차	リンゴ 링고	レーズン 레-즌	レタス 레타스	レモン 레몬	砂糖 사토우
녹차	사과	건포도	상추	레몬	설탕

02. いろいろな 材料を 混ぜて おいしい 料理を 作ります。

이로이로나 자이료우오 마제테 오이시이 료우리오 쯔쿠리마스.

여러 가지 재료를 섞어 맛있는 요리를 만듭니다.

03. アーモンド粉末で アーモンドクリーム、小豆で 餡を 作ります。

아-몬도 훈마쯔데 아-몬도 쿠리-무, 아즈키데 안오 쯔쿠리마스.

아몬드분말로 아몬드 크림, 팥으로 앙금을 만듭니다.

04. 料理の 材料 砂糖は 甘み、みそで 味噌汁を 作り、醤油で 味を 出し、野菜で サラダを 作ります。

료우리노 자이료우 사토우와 아마미, 미소데 미소지루오 쯔쿠리, 쇼우유데 아지오 다시, 야사이데 사라다오 쯔쿠리마스.

요리의 재료 설탕은 단맛을, 된장으로 된장국을 만들고, 간장으로 맛을 내고 야채로 샐러드를 만듭니다.

05. お米、麦は ご飯で 食べ小麦粉で パン、お菓子、麺を 作ります。

오코메, 무기와 고한데 타베, 코무기코데 팡, 오카시, 멘오 쯔쿠리마스

쌀, 보리는 밥으로 먹고, 밀가루로 빵, 과자, 국수를 만듭니다.

06. 製パンの 材料は 何が ありますか?

세이팡노 자이료우와 나니가 아리마스카?

제빵의 재료는 무엇이 있습니까?

はい、製パンの 材料は 小麦粉、水、イースト、塩、砂糖類、油脂類、卵、牛乳、乳製品、イーストフード、膨張剤、乳化剤、凝固剤、チョコレート、洋酒、モルトシロップ、食品添加物、果物加工品、ナッツ類、ハーブ、スパイス、嗜好食品、肉 加工類、魚 加工類が あります。

하이, 세이팡노 자이료우와 코무기코, 미즈, 이-스토, 시오, 사토우루이, 유시루이, 타마고, 규우뉴우, 뉴우세이힌, 이스-토후-도, 보우쬬우자이, 뉴우카자이, 교우코자이, 초코레-토, 요우슈, 모루토시롯푸, 쇼쿠힌 텐카부쯔, 쿠다모노, 카코우힌, 낫쯔루이, 하-부, 스파이스, 시코우 쇼쿠힌, 니쿠 카코우루이, 사카나 가코우루이가 아리마스.

네, 제빵의 재료는 밀가루, 물, 이스트, 소금, 설탕류, 유지류, 달걀, 우유, 유제품, 이스트푸드, 팽창제, 유화제, 응고제, 초콜릿, 양주, 몰트 시럽, 식품첨가물, 과일과 가공품, 견과류, 허브, 스파이스, 기호식품, 육가공류, 생선 가공류가 있습니다.

製パンの 材料
세이팡노 자이료우

제빵의 재료

小麦粉 코무기코	水 미즈	イースト 이-스토	塩 시오	砂糖 사토우
밀가루	물	이스트	소금	설탕
油脂類 유시루이	卵 타마고	牛乳 큐우뉴우	乳製品 뉴우세이힌	イーストフード 이-스토후-도
유지류	달걀	우유	유제품	이스트푸드
膨張剤 보우쬬우자이	乳化剤 뉴우카자이	凝固剤 교우코자이	チョコレート 초코레-토	洋酒 요우슈
팽창제	유화제	응고제	초콜릿	양주
モルト シロップ 모루토 시롯프	食品 添加物 쇼쿠힌 텐카부쯔	果物 쿠다모노	果物 加工品 쿠다모노 카코우힌	ナッツ類 낫쯔루이
몰드시럽	식품첨가물	과일	과일가공품	넛류
ハーブ 하-브	スパイス 스파이스	嗜好 食品 시코우 쇼쿠힌	肉 加工類 니쿠 카코우루이	魚 加工類 사카나 가코우루이
허브	향신료	기호식품	육가공류	생선 가공류

07. 穀類の 種類は 何が ありますか?
코쿠루이노 슈루이와 나니가 아리마스카?

곡류의 종류는 무엇이 있습니까?

はい、穀類は 小麦、ライ麦、麦、米、玄米、もち米、玉蜀黍、蕎麦、オート麦(エンバク)、黍、粟、オートミール、鳩麦が あります。

하이, 코쿠루이와 코무기, 라이무키, 무키, 코메, 겐마이, 모찌코메, 토우모로코시, 소바, 오-토무키, 키비, 아와, 오토미루, 하토무키가 아리마스.

네, 곡류는 밀, 호밀, 보리, 쌀, 현미, 찹쌀, 옥수수, 메밀, 수수, 좁쌀, 메밀, 귀리, 조, 피, 기장, 오트밀, 율무가 있습니다.

穀類の 種類
코쿠루이노 슈루이

곡류의 종류

小麦	ライ麦	麦	米	玄米
코무기	라이무기	무기	코메	겐마이
밀가루	호밀	보리	쌀	현미
もち米	玉蜀黍	蕎麦	オート麦	黍
모찌코메	도우모로코시	소바	오-토무기	키비
찹쌀	옥수수	메밀	귀리	수수
粟	オートミール	鳩麦	エンバク	
아와	오-토미-루	하토무기	엔바쿠	
조 / 좁쌀	오트밀	율무	귀리	

08. 豆類の 種類は 何が ありますか?
마메루이노 슈루이와 나니가 아리마스카?

두류의 종류는 무엇이 있습니까?

はい、豆類は 豆、小豆、緑豆、豌豆、隠元豆が あります。
하이, 마메루이와 마메, 아즈키, 료쿠토우, 엔도우, 인겐마메가 아리마스.

네, 두류는 콩, 팥, 녹두, 완두, 강낭콩이 있습니다.

豆類の 種類
마메루이노 슈루이

두류의 종류

豆	小豆	緑豆	豌豆	隠元豆
마메	아즈키	료쿠토우	엔도우	인겐마메
콩	팥	녹두	완두콩	강낭콩

09. 芋類の 種類は 何が ありますか?
이모루이노 슈루이와 나니가 아리마스카?

서류의 종류는 무엇이 있습니까?

はい、芋類の 種類は 薩摩芋、じゃが芋、里芋、キャッサバ、蓮根が あります。

하이, 이모루이노 슈루이와 사쯔마이모, 쟈가이모, 사토이모, 캬사바, 렌콘가 아리마스.

네, 서류의 종류는 고구마, 감자, 토란, 카사바, 연근이 있습니다.

芋類の 種類
이모루이노 슈루이

가루류의 종류

薩摩芋 사쯔마이모	じゃが芋 쟈가이모	里芋 사토이모	キャッサバ 캇사바	蓮根 렌콘
고구마	감자	토란	카사바	연근

10. 粉類の 種類は 何が ありますか?
코나루이노 슈루이와 나니가 아리마스카?

가루류의 종류는 무엇이 있습니까?

はい、粉類の 種類は 小麦粉、ライ麦粉、麦粉、トウモロコシ粉、米粉、そば粉、オート麦粉、葛粉、澱粉が あります。

하이, 코나루이노 슈루이와 코무키코, 라이무키코, 무키코, 토우모로코시코, 코메코, 소바코, 오-토무키코, 쿠즈코, 덴분가 아리마스.

네, 곡류의 종류는 밀가루, 호밀가루, 보리가루, 옥수수가루, 쌀가루, 메밀가루, 귀리가루, 칡가루, 전분이 있습니다.

粉類の 種類
코나루이노 슈루이

가루류의 종류

小麦粉 코무기코	ライ麦粉 라이무기코	麦粉 무기코	米粉 코메코	もち米粉 모찌코메코
밀가루	호밀	보리	쌀	현미
玉蜀黍粉 도우모로코시코	蕎麦粉 소바코	オート麦粉 오-토무기코	葛粉 쿠즈코	澱粉 덴분
찹쌀	옥수수	메밀	귀리	전분

11. 卵類の 種類は 何が ありますか?

타마코루이노 슈루이와 나니가 아리마스카?

달걀류의 종류는 무엇이 있습니까?

はい、卵類の 種類は 卵、鶏卵、卵白、卵黄、卵白粉末、うずらの 卵、アヒルの 卵、駝鳥卵が あります。

하이, 타마코노 슈루이와 타마코, 케이란, 란파쿠, 란오우, 란파쿠훈마쯔, 우즈라노 타마코, 아비루노 타마코, 타쵸우란가 아리마스.

네, 달걀류의 종류는 달걀, 계란, 흰자, 노른자, 흰자 분말, 메추리알, 오리알, 타조알이 있습니다.

卵類の 種類

타마코루이노 슈루이

달걀의 종류

卵 타마코	鶏卵 게이란	卵白 란파쿠	卵黄 란오우
달걀	계란	흰자	노른자
卵白 粉末 란파쿠 훈마쯔	うずらの 卵 우즈라노 타마코	アヒルの 卵 아히루노 타마코	駝鳥卵 타쵸우란
흰자 분말	메추리알	오리알	타조란

12. 乳製品と 水の 種類は 何が ありますか?

뉴우세이힌토 미즈노 슈루이와 나니가 아리마스카?

유제품과 물의 종류는 무엇이 있습니까?

はい、乳製品と 水の 種類は 乳製品、牛乳、脱脂粉乳、生クリーム、チーズ、ヨーグルト、アイスクリーム、水、水道水、蒸留水、天然水が あります。

하이, 뉴우세이힌도 미즈노 슈루이와 뉴우세이힌, 규우뉴우, 닷시훈뉴우, 나마크리-무, 찌-즈, 요-구루토, 아이스크리-무, 미즈, 스이도우스이, 죠우류우스이, 텐넨스이가 아리마스.

네, 유제품과 물의 종류는 유제품, 우유, 탈지분유, 전지분유, 생크림, 치즈, 요구르트, 아이스크림, 물, 수돗물, 증류수, 천연수가 있습니다.

乳製品と 水の 種類
뉴우세이힌토 미즈노 슈루이

유제품과 물의 종류

乳製品	牛乳	脱脂粉乳	全脂粉乳
뉴우세니힌	큐우뉴우	닷시훈뉴우	젠지훈뉴우
유제품	우유	탈지분유	전지분유
生クリーム	チーズ	ヨーグルト	アイスクリーム
나마크리-무	찌-즈	요-구루토	아이스크리-무
생크림	치즈	요구르트	아이스크림
水	水道水	蒸留水	天然水
미즈	스이도우스이	죠우류우스이	텐넨스이
물	수돗물	증류수	천연수

13. イーストと 膨張剤の 種類は 何が ありますか?
이-스토토 보우죠우자이노 슈루이와 나니가 아리마스카?

이스트와 팽창제의 종류는 무엇이 있습니까?

はい、イーストと 膨張剤の 種類は イースト、生イースト、ドライイースト、インスタントイースト、冷凍イースト、イーストフード、膨張剤は ベーキングパウダー、ベーキングソーダ、イスパダ、アンモニアが あります。

하이, 이-스토토 보우죠우자이노 슈루이와 이-스토, 나마이-스토, 도라이이-스토, 인스탄토이-스토, 레이토우 이-스토, 이즈토 후-도, 보우죠우자이와 베-킹그파우다, 베-킹그소-다, 이스파다, 암모니아가 아리마스.

네, 이스트과 팽창제의 종류는 이스트, 생이스트, 드라이이스트, 인스턴트이스트, 냉동이스트, 이스트푸드, 팽창제는 베이킹파우더, 베이킹소다, 이스파우더, 암모니아가 있습니다.

イーストと 膨張剤の 種類
이-스토토 보우죠우자이노 슈루이

이스트와 팽창제의 종류

イースト 이-스토 이스트	生イースト 나마이-스토 생이스트	ドライイースト 도라이-이스토 드라이이스트	インスタントイースト 인스탄토 이-스토 인스턴트이스트
冷凍イースト 레이토우 이-스토 냉동이스트	イーストフード 이-스토후-도 이스트푸드	膨張剤 보우죠우자이 팽창제	ベーキングパウダー 베-킹그파우다- 베이킹파우더
ベーキングソーダ 베-킹그소-다 베이킹소다	イスパダ 이스파다 이스파우더	アンモニア 안모니아 암모니아	重曹 쥬우소우 중조

14. 乳化剤と 凝固剤、チョコレートの 種類は 何が ありますか?
뉴우카자이토 쿄우코자이, 초코레-토노 슈루이와 나니가 아리마스카?

유화제와 응고제, 초콜릿의 종류는 무엇이 있습니까?

はい、乳化剤の 種類は 乳化剤が あり、凝固剤の 種類は ゼラチン、寒天、カラギンナン、ナパージュがあり、チョコレートの 種類は クーベルチュールチョコレート、ミルクチョコレート、ホワイトチョコレートが あります。

하이, 뉴우카자이노 슈루이와 유카자이가 아리, 쿄우코자이노 슈루이와 제라찐, 칸텐, 카라긴난, 나파-주가 아리, 쵸코레-토노 슈루이와 쿠-베르 츄-루 초코레-토, 미루쿠 초코레-토, 화이토초코레-토가 아리마스.

네, 유화제의 종류는 유화제가 있고 응고제의 종류는 젤라틴, 한천, 카라기난, 나파주가 있고, 초콜릿의 종류는 쿠베르츄르 초콜릿, 밀크 초콜릿, 화이트 초콜릿이 있습니다.

乳化剤と 凝固剤、チョコレートの 種類
뉴우카자이토 쿄우코자이, 초코레-토노 슈루이

유화제와 응고제, 초콜릿의 종류

乳化剤 뉴우카자이 유화제	凝固剤 쿄우코자이 응고제	ゼラチン 제라찐 젤라틴	寒天 칸텐 한천

カラギンナン 카라긴난	ナパージュ 나-파쥬	チョコレート 쵸코레-토	クーベルチュール チョコレート 쿠-베루츄-루 쵸코레-토
카라기난	나파주	초콜릿	쿠베르추르초콜릿
ミルクチョコレート 미루쿠 쵸코레-토	ホワイトチョコレート 호와이토 쵸코레-토	カカオバター 카카오 바타-	ココア- 코코아
밀크초콜릿	화이트초콜릿	카카오버터	코코아

15. ナッツ類の 種類は 何が ありますか?

낫쯔루이노 슈루이와 나니가 아리마스카?

넛류의 종류는 무엇이 있습니까?

はい、ナッツ類の 種類は アーモンド、胡桃、栗、ピーナッツ、ピスタチオ、ヘーゼルナッツ、ピーカン、マカダミアナッツ、ココナッツ、カシューナッツ、ブラジルナッツ、銀杏、松の実が あります

하이, 낫쯔루이노 슈루이와 아-몬도, 쿠루미, 쿠리, 피-낫쯔, 피스타찌오, 헤-제루낫쯔, 피-칸, 마-카다미아낫쯔, 코코낫쯔, 카슈-낫쯔, 부라지루낫쯔, 긴난, 마쯔노미가 아리마스.

네, 넛류의 종류는 아몬드, 호두, 밤, 땅콩, 피스타찌오, 헤이즐넛, 피칸, 마카다미아넛, 코코넛, 캐슈넛, 브라질넛, 은행, 잣이 있습니다.

ナッツ類の 種類

낫쯔루이노 슈루이

넛류의 종류

アーモンド 아-몬도	胡桃 쿠루미	栗 쿠리	ピーナッツ 피-낫쯔
아몬드	호두	밤	땅콩
ピスタチオ 피스타찌오	ヘーゼルナッツ 헤-제루낫쯔	ピーカン 페-칸	マカダミアナッツ 마카 다미아낫쯔
피스타치오	헤이즐넛	피칸	마카다미아넛
ココナッツ 코코낫쯔	カシューナッツ 카슈-낫쯔	ブラジル ナッツ 브라지루 낫쯔	松の実 마쯔노 미
코코넛	캐슈넛	브라질넛	잣

16. 果物の 種類は 何が ありますか?

쿠다모노노 슈루이와 나니가 아리마스카?

과일의 종류는 무엇이 있습니까?

はい、果物の 種類は　林檎、梨、西洋梨、葡萄、桃、苺、柿、みかん、オレンジ、グレフフルーツ、紫桃、杏子、ざくろ、キウイ、メロン、マンゴー、パイナップル、レモン、ライム、アボカド、バナナ、チェリー、ココナッツ、いちじく、クランベリー、グースベリー、オリーブ、チェリー、ファンションフルーツ、パパイヤ、山苺が あります。

하이, 쿠다모노노 슈루이와 링고, 나시, 세이요우나시, 부도우, 모모, 이찌고, 카키, 미칸, 오렌지, 그레프후르-쯔, 스모모, 안즈, 자쿠로, 키우이, 메론, 만고-, 파이낫푸루, 레몬, 라이무, 아보카도, 바나나, 체리-, 코코낫쯔, 이찌지쿠, 쿠란베리-, 구-스베리, 오리-브, 화선후루쯔, 파파이야, 야마이찌고가 아리마스.

네, 과일의 종류는 사과, 배, 서양배, 포도, 복숭아, 딸기, 감, 귤, 오렌지, 자몽, 자두, 살구, 석류, 키위, 멜론, 망고, 파인애플, 모과, 레몬, 라임, 아보카도, 바나나, 체리, 코코넛, 크랜베리, 무화과, 구스베리, 리치, 올리브, 파파야, 패션프루트, 파파야, 산딸기가 있습니다.

果物の 種類

쿠타모노노 슈루이

과일의 종류

林檎 링고	梨 나시	柿 카키	桃 모모	葡萄 부도우
사과	배	감	복숭아	포도
苺 이찌고	洋梨 요우나시	みかん 미칸	オレンジ 오렌지	グレフ フルーツ 그레프 후루-쯔
딸기	서양배	귤	오렌지	자몽
紫桃 스모모	杏子 안즈	石榴 자쿠로	キウイ 키우이	メロン 메론
자두	살구	석류	키위	멜론
マンゴー 망고-	枇杷 비와	木瓜 카린	レモン 레몬	ライム 라이무
망고	비파	모과	레몬	라임

無花果 이찌지쿠 무화과	バナナ 바나나 바나나	パイナップル 파이낫푸루 파인애플	ココナッツ 코코낫쯔 코코넛	チェリ- 체리- 체리
クランベリー 크란베리- 크랜베리	グースベリー 라-즈베리- 라즈베리	ブルーベリ- 부루-베리 블루베리	カシス(クロスグリ) 카시스(쿠로시구리) 카시스	山苺 야마 이찌고 산딸기
さくらんぼ 사쿠란보 버찌	オリーブ 오리-브 올리브	アボカド 아보카도 아보카도	西瓜・水瓜 스이카 수박	真桑瓜 마쿠와우리 참외
梅 우메 매실	プラム 프라무 서양자두	柚 유즈 유자	金柑 킨칸 금귤	すだち 스다찌 귤(초)
マンゴー 망고- 망고	マンゴ スチン 망고 스틴 망고스틴	パパイヤ 파파이야 파파야	パッション フルーツ 파션후루-쯔 패션프루트	スターフルーツ 스타-후르-쯔 스타프루트

17. 飲み物の 種類は 何が ありますか?

노미모노노 슈루이와 나니가 아리마스카?

음료의 종류는 무엇이 있습니까?

はい、飲み物の 種類は 緑茶、玄米緑茶、抹茶、紅茶、ほうじ茶、麦茶、人参茶、コーヒー、アメリカーノ、ミルクティー、カフェラテ、オレンジ ジュース、リンゴ ジュース、イチゴ ジュース、トマトジュース、水、ミネラルウォータ、氷水、熱湯、サイダー、コーラ、牛乳、ココアが あります。

하이, 노미모노노 슈루이와 료쿠차, 겐마이료쿠차, 맛차, 코우차, 호우지차, 무기차, 닌진차, 겐마이료쿠차, 코-히-, 아메리카노, 미르크티-, 카훼라테, 미즈, 미네라루워-타, 코오리미즈, 아쯔유, 사이다-, 코-라, 규우뉴우, 코코아가 아리마스.

네, 음료의 종류는 녹차, 현미녹차, 말차, 홍차, 홍차, 호지차, 보리차, 인삼차, 커피, 아메리카노, 밀크티, 카페라테, 오렌지쥬스, 사과쥬스, 딸기쥬스, 토마토쥬스, 물, 천연수, 얼음물, 뜨거운 물, 사이다, 콜라, 우유, 코코아가 있습니다.

飲み物の 種類
노미모노노 슈루이

음료의 종류

緑茶	玄米 緑茶	抹茶	紅茶	ほうじ茶
료쿠챠	켄마이 료쿠챠	맛챠	코우챠	호우지챠
녹차	현미녹차	말차	홍차	보이차
日本茶	麦茶	ナツメ 生姜茶	人参茶	双和茶
니혼챠	무기챠	나쯔메 쇼우카챠	닌진챠	상화챠
일본차	보리차	대추 생강차	인삼차	쌍화차
コーヒ	アメリカーノ	ミルクティー	カフェラテ	カプチーノ
코-히-	아메리카-노	미루쿠티-	카훼라테	카프찌노
커피	아메리카노	밀크티	카페라테	카푸치노
オレンジ ジュース	リンゴ ジュース	イチゴ ジュース	トマト ジュース	梅ジュース
오렌지 쥬-스	링고 쥬-스	이찌고 쥬-스	토마토 쥬-스	우메 쥬-스
오렌지주스	사과주스	딸기주스	토마토주스	매실주스
水	ミネラル ウォータ	氷水	熱湯	ウーロン茶
미즈	미네라루 워-타	코오리미즈	아쯔유	우-론차
물	천연수	얼음물	뜨거운 물	우롱차
サイダー	コーラ	炭酸飲料	牛乳	ココア
사이다-	코-라	탄산 인료우	큐우뉴우	코코아
사이다	콜라	탄산음료	우유	코코아

18. お酒の 種類は 何が ありますか?
오사케노 슈루이와 나니가 아리마스카?

술의 종류는 무엇이 있습니까?

はい、お酒の 種類、醸造酒、蒸留酒、混成酒が あり、ワイン、マッコリ、ビール、シャンパン、焼酎、清酒、日本酒、梅酒、ウィスキー、ブランデー、ラム酒、キルシュ、キュラソが あります。

하이, 오사케노 슈루이와 죠우조우슈, 죠우류우슈, 콘세이슈가 아리, 와인, 맛코리, 비-루, 샨판, 쇼우쥬우, 세이슈, 니혼슈, 우메슈, 위스키- 브란디-, 라무슈, 키루슈, 큐라소가 아리마스.

네, 술의 종류는 양조주, 증류주, 혼성주가 있고, 와인, 막걸리, 맥주, 샴페인, 소주, 청주, 일본술, 매실주, 위스키, 브랜디, 키루슈, 큐라소가 있습니다.

お酒の 種類
오사케노 슈루이

술의 종류

酒 사케	醸造酒 죠우쇼우쥬	蒸留酒 죠우류우쥬	混成酒 콘세이쥬	ワイン 와인
술	양조주	증류주	혼합주	와인
マッコリ 맛코리	ビール 비-루	シャンパン 샨팡	焼酎 쇼우쥬우	清酒 세이슈
막걸리	맥주	샴페인	소주	청주
日本酒 니홍슈	ウィスキー 위스키-	ブランデー 부란디-	ラム酒 라무슈	キルシュ 키루슈
일본술	위스키	브랜디	럼주	키리슈
キュラソ 큐라소	テキーラ 테키-라	コナック 코낫쿠	クアントロ 쿠안토로	トリプルセック 토리푸루셋쿠
큐라소	테킬라	코냑	쿠앵트로	트리플 섹

19. ハブの 種類は 何が ありますか?
하부노 슈루이와 나니가 아리마스카?

허브의 종류는 무엇이 있습니까?

はい、ハブの 種類は ローズマリー、ミント、マゾラム、バジル、パセリディール、オレガノ、月桂樹、ブケガニ、シャフラン、セルビア、チャービル、チャビーブ、カパラム、コリアンダー、タラゴン、タイムが あります。

하이, 하부노 슈루이와, 로-즈마리-, 민토, 마조라무, 바지루, 데이-루 오레가노, 겟케이쥬, 부케가니, 샤후란, 세루비아, 챠비-루, 챠비-부, 카파라무, 코리안다-, 타라곤, 타이무가 아리마스.

네, 허브의 종류는 로즈마리, 민트, 마조람, 바질, 파슬리, 딜 오레가노, 월계수, 부케가니, 샤프란, 세루비아, 처빌, 차이브, 파슬리, 카퍼라임, 코리앤더, 타라곤, 타임이 있습니다.

ハブの 種類
하브노 슈루이

허브의 종류

ローズマリー 로-즈마리- 로즈마리	ミント 민토 민트	マゾラム 마조라무 마조람	バジル 바지루 바질
パセリ 파세리 파셀리	ディール 디-루 딜	オレガノ 오레가노 오레가노	月桂樹 겟케이쥬 월계수
セルビア 세루비아 세루비아	チャービル 차비-루 처빌	チャビーブ 차비-부 차비브	シャフラン 샤후란 샤프란
カパラム 카파라무 카퍼라임	コリアンダー 코리안다- 코리앤더	タラゴン 타라곤 타라곤	タイム 타이무 타임

20. 香辛料(スパイス)の 種類は 何が ありますか？
코우신료우(스파이스)노 슈루이와 나니가 아리마스카？

향신료(스파이스)의 종류는 무엇이 있습니까?

はい、香辛料の 種類は グローブ、ガラムマサラ、ミント、ガランガル、ネットメグ、マーホラム、マスティック、メイスベルベニ、バニラ、スナニス、オルスパイス、アニス、ヤン・グィビ、ケッパー、キャラウェイ、キャラモン、ホルスラディッシュ、ジュニファーベリー、パプリカ、こしょう、テメリックが あります。
하이, 코우신료우노 슈루이와 쿠로-부, 카라무 마사라, 민토, 가란가루, 넷토메구, 마-호라무, 마스티쿠, 메이스, 베루베니, 바니라, 스나니스, 오루 스파이스, 아니스, 얀 귀비산, 켓파-, 캬라웨이, 캬라몬, 호루스라딧슈, 쥬니화-베리-, 파푸리카, 코쇼우, 테메릿쿠가 아리마스.

네, 글로브, 가람마살라, 민트, 갈랑갈, 넛메그, 마홀람, 매스틱, 메이스 베르베니, 바닐라, 스나이니스, 올스파이스, 아니스, 양귀비씨, 케이퍼, 캐러웨이, 캐더몬, 홀스래디쉬, 주니퍼베리, 파프리카, 후추, 테메릭이 있습니다.

香辛料の 種類
こうしんりょう しゅるい

코우신료우노 슈루이

> **향신료의 종류**

グローブ	ガラムマサラ	ミント	ガランガル	ナッツメグ
쿠로-부	카라무마사라	민토	가란가루	낫쯔메구
글로브	**가람마살라**	**민트**	**갈랑갈**	**넛메그**
マーホラム	マスティック	メイス ベルベニ	バニラ	スナニス
마-호라무	마스티쿠	메이스 베루베니	바니라	스나니스
마홀람	**매스틱**	**메이스 베르베니**	**바닐라**	**스나아니스**
オル スパイス	アニス	ヤン・グィビ	ケッパー	キャラウェイ
오루 스파이스	아니스	얀귀비산	켓파-	캬라웨이
올스파이스	**아니스**	**양귀비씨**	**케이퍼**	**캐러웨이**
キャラモン	ホルスディシュ	ジュニファーベリ	パプリカ	こしょう
캬라몬	호루스 라디슈	쥬니화-베리-	파프리카	코쇼우
캐더몬	**홀스래디쉬**	**주니퍼베리**	**파프리카**	**후추**

21. 製パン 材料の 種類は 何が ありますか?
せい ざいりょう しゅるい なに

세이팡 자이료우노 슈루이와 나니가 아리마스카?

> **제빵 재료의 종류는 무엇이 있습니까?**

はい、製パン材料の 種類は 小麦、ライ麦、麦、米、トウモロコシ、キビ、アワ、蕎麦、ハトムギ、オート麦、豆類は 大豆、小豆、緑豆、エンドウ、インゲン豆、ピーナッツ、芋類は サツマイモ、ジャガイモ、里芋、キャッサバ、レンコン、粉類は 小麦粉、ライ麦粉、麦粉、トウモロコシ粉、米粉、そば粉、葛粉 油脂類は バター、マーガリン、ショートニング、ラード、食用油、パーム油、オリーブ油、ごま油 卵は 卵白、卵黄、卵白粉末、うずらの卵、アヒルの卵、乳製品は 牛乳、生クリーム、チーズ、ヨーグルト、アイスクリーム、水は 水道水、蒸留水、天然水、塩、イーストは 生イースト、ドライイースト、インスタント

イースト、冷凍イースト、イーストフード、乳化剤、モールドシロップ、膨張剤は　ベーキングパウダー、ベーキングソーダ、イスパダ、アンモニア、凝固剤は ゼラチン、寒天、カラギンナン、ナパージュ、チョコレートはクーベルチュールチョコレート、ミルクチョコレート、ホワイトチョコレート、洋酒、ラム酒、果物、ナッツ類、ハブ、スパイス　嗜好食品、緑茶、紅茶、コーヒが あります。

하이, 세이팡자이료우노 슈루이와 코무기, 라이무기, 무기, 코메, 토우모로코시, 소바, 오오토무기, 하토무기, 키비 아와 소하토무기, 마메루이와 다이즈, 아즈키, 료쿠토우, 엔도우, 인겐마메, 파~낫쯔, 이모루이와 사쯔마이모, 자가이모, 사토이모, 캬사바, 렌콘, 코나루이와 코쿠키코, 라이무기코, 무기코, 토우모로코시코, 코메코, 소바코, 쿠즈코, 유시와 바타~ 마~가린, 쇼~토닌구, 라~도, 쇼쿠요우유, 파~무유, 오리~부유, 고마유, 란와, 란, 시로미, 키미, 시로미, 난파쿠 훈마츠, 우즈라노 타마고, 아히루노 타마고, 뉴우세이힌의 규우뉴우, 나마쿠리~무, 짜~즈, 요~구루토, 아이스쿠리~무, 미즈와 미즈, 스이도우스이, 조우류우스이, 텐넨스이, 시오, 아~스토세이와 아~스토, 도라이아~스토, 인스탄토아~스토, 레이토우아~스토, 아~스토후~도, 뉴우카자이, 모~루도시롯푸, 보우쵸오자이와 베~킨구파우다~, 베~킨구소~다, 이스파다, 안모니아, 교오코자이와 제라찐, 칸텐, 카라긴난, 코우코자이와 제라찐, 칸텐, 카라긴난, 나파~주, 초코레~토, 쿠~베루쥬~루초코레~토, 미루쿠초코레~토, 요우슈, 라무슈, 쿠다모노, 낫쯔루이, 하브, 스파이스, 시코오쇼쿠힌 료쿠챠, 코우챠, 코~히가 아리마스.

네, 제빵의 재료는 밀, 호밀, 보리, 쌀, 옥수수, 메밀, 귀리, 율무, 수수, 조, 콩류는 대두, 팥, 녹두, 완두, 강낭콩, 땅콩, 서류는 고구마, 감자, 토란, 카사바, 연근, 가루류는 밀가루, 호밀가루, 보리가루, 옥수수가루, 쌀가루, 메밀가루, 칡가루, 유지는 버터, 마가린, 쇼트닝, 라드, 식용유, 팜유, 올리브유, 참기름, 달걀은 달걀, 흰자, 노른자, 흰자분말, 메추리알, 오리알, 유제품은 우유, 생크림, 치즈, 요구르트, 아이스크림, 물은 수돗물, 증류수, 천연수, 소금, 이스트는 생이스트, 드라이이스트, 인스턴트이스트, 냉동이스트, 이스트 푸드, 유화제, 몰드시럽, 팽창제는 베이킹파우더, 베이킹소다, 이스파우더, 암모니아, 응고제는 젤라틴, 한천, 카라기난, 광택제 나파주, 초콜릿은 쿠베르추르초콜릿, 밀크초코릿, 화이트초콜릿, 양주, 럼주, 과일, 견과류, 허브와 스파이스, 기호식품, 녹차, 홍차, 커피가 있습니다.

製パン 材料の 種類
세이팡 자이료우노 슈루이

제빵 재료의 종류

小麦	ライ麦	麦	米	トウモロコシ
코무기	라이무기	무기	코메	토우모로코시
밀	호밀	보리	쌀	옥수수

蕎麦 소바 메밀	オート麦 오-토무기 귀리	ハト麦 하토무기 율무	キビ 키비 수수	アワ 아와 조
豆類 마메루이 콩류	大豆 다이즈 대두	小豆 아즈키 팥	緑豆 로쿠토우 녹두	エンドウ豆 엔토우마메 완두
インゲン豆 인겐마메 강낭콩	ピーナッツ 피-낫쯔 땅콩	芋類 이모루이 서류	サツマイモ 사쯔마이모 고구마	ジャガイモ 쟈가이모 감자
里芋 사토이모 토란	キャッサバ 캇사바 카사바	レンコン 렌콘 연근	粉類 코나루이 가루류	小麦粉 코쿠키코 밀가루
ライ麦粉 라이무기코 호밀가루	麦粉 무기코 보리가루	トウモロコシ粉 도우모로코시코 옥수수가루	米粉 코메코 쌀가루	そば粉 소바코 메밀가루
葛粉 쿠즈코 갈분	油脂類 유시루이 유지류	バター 바타- 버터	マーガリン 마-가린 마가린	ショートニング 쇼-토닝구 쇼트닝
ラード 라드 라드	食用油 유시루이 식용유	パーム油 파-무유 팜유	オリーブ油 오리-브유 올리브유	ごま油 고마유 참기름
卵 타마코 달걀	卵白 란바쿠 흰자	卵黄 란오우 노른자	卵白 粉末 란바쿠 훈마쯔 흰자분말	うずらの卵 우즈라노 타마코 메추리알
アヒルの卵 아히루노 타마코 오리알	乳製品 뉴우세이힌 유제품	牛乳 규우뉴우 우유	生クリーム 나마크리-무 생크림	チーズ 찌-즈 치즈
ヨーグルト 요-구루토 요구르트	アイスクリーム 아이스크리-무 아이스크림	水 미즈 물	水道水 스이도우스이 수돗물	蒸留水 죠우류우스이 증류수
天然水 텐넨스이 천연수	塩 시오 소금	イースト 이-스토 이스트	生イースト 나마이스-토 생이스트	ドライ イースト 도라이 이-스토 드라이이스트

インスタントイースト 인스탄토이-스토 인스턴트이스트	冷凍イースト レイトウ 이-스토 냉동이스트	イーストフード 이-스토 후-드 이스트푸드	乳化剤 뉴우카자이 유화제	モールドシロップ 모-루도시롯프 몰트시럽
膨張剤 보우죠우자이 팽창제	ベーキングパウダー 베-킹그파우다- 베이킹파우더	ベーキングソーダ 베-킹그소-다 베이킹소다	イスパダ 이스파다 이스파우더	アンモニア 안모니아 암모니아
凝固剤 교우코자이 응고제	ゼラチン 제라찐 젤라틴	寒天 칸텐 한천	カラギンナン 카라긴난 카라기난	ナパージュ 나파-쥬 나파주
チョコレート 초코레-토 초콜릿	クーベルチュール チョコレート 쿠-베르츄르 초코레-토 쿠베르추르 초콜릿	ミルクチョコレート 미루쿠 초코레-토 밀크초콜릿	ホワイトチョコレート 호와이토 초코레-토 화이트초콜릿	洋酒 요우슈 양주
ブランデー 부란디- 브랜디	ラム酒 라무슈 럼주	果物 쿠다모노 과일류	ナッツ類 낫쯔루이 넛류	ハブ 하브 허브
スパイス 스파이스 향신료	嗜好食品 시코우쇼쿠닌 기호식품	緑茶 로쿠차 녹차	紅茶 코우차 홍차	コーヒ 코-히 커피

第**9**課^{だい}^か

パンを作る 材料の 使用 目的と
^{つく}　^{ざいりょう}　　^{しよう} ^{もくてき}

効果は 何ですか?
^{こうか}　^{なん}

팡오 쯔쿠루 자이료우노 시요우 모쿠테키토 코우카와 난데스카?

빵을 만드는 재료의 사용 목적과 효과는 무엇입니까?

日本語 製パン 実務会話

パンを作る 材料の 使用 目的と 効果は 何ですか?
팡오 쯔쿠루 자이료우노 시요우 모쿠테키토 코우카와 난데스카?

빵을 만드는 재료의 사용 목적과 효과는 무엇입니까?

01. パンを 作り 材料は 何が ありますか?
팡오 쯔쿠리 자이료우와 나니가 아리마스카?

빵을 만드는 재료는 무엇이 있습니까?

はい、パンを 作り 主材料は 小麦粉、水、イースト、塩が あります。
하이, 팡오 쯔쿠리 슈자이료우와 코무기코, 미즈, 이-스토, 시오가 아리마스.

네, 빵을 만드는 주재료는 밀가루, 물, 이스트, 소금이 있습니다.

パンの 主材料
팡노 슈자이료

빵의 주재료

小麦粉 코무기코	水 미즈	イースト 이-스토	塩 시오
밀가루	물	이스트	소금

02. 主材料の 使用 目的と 効果は 何ですか?
슈자이료우노 시요우 모쿠테키토 코우카와 난테스카?

주재료의 사용 목적과 효과는 무엇입니까?

1) はい、小麦粉(強力粉)は 製品の 構造と 骨格を 形成します。
하이, 코무기코(쿄우리키코)와 세이힌노 코우죠우토 콧카쿠오 케이세이시마스.

네, 밀가루(강력분)는 제품의 구조와 골격을 형성합니다.

2) 水は グルテンを 作り 材料の 分散剤として、生地 内の 酵素に 活性を
提供して 生地の 温度と 強度を 調節します。

미즈와 구루텐오 쯔쿠리 자이료우노 분산자이토 시테, 키지 나이노 코우소니 캇세이오 테이쿄우시테 키지노 온도토 쿄우도우오 죠우세쯔시마스.

물은 글루텐을 만들고 재료의 분산제로서, 반죽 내 효소에 활성을 제공하며, 반죽 온도와 강도를 조절합니다.

3) イーストは ミキシングした 生地が 発酵に より 炭酸ガスを 発生させ、
柔らかく 体積を 大きく します。

이-스토와 미키신구시타 키지가 핫코우니 요리 탄산가스오 핫세이사세, 야와라카쿠 타이세키오 오오키쿠시마스.

이스트는 믹싱한 반죽이 발효에 의해 탄산가스를 발생시켜 부드럽고 부피를 크게 합니다.

4) 塩は 風味を 高め、グルテンを 強化、イーストの 発酵を 抑えるなど
発酵 速度を 調節します。

시오와 후미오 타카메, 구루텐오 쿄우카, 이-스토노 핫코우오 오사에루나도 핫코우 소쿠도우 죠우세쯔시마스.

소금은 풍미를 높이고 글루텐의 강화, 이스트의 발효를 억제하는 등 발효 속도를 조절합니다.

03. パンを 作る 主材料 小麦粉の 役割は 何ですか?

팡오 쯔쿠루 슈자이료우 코무기코노 야쿠와리와 난데스카?

빵을 만드는 주재료인 밀가루의 역할은 무엇입니까?

はい、小麦粉は 一般的に 蛋白質 含有量の 多い 強力粉を 使用し、製品の
構造と 骨格を 形成します。

하이, 코무기코와 잇판테키니 탄파쿠시쯔 간유우료우노 오오이 쿄우리키코오 시요우시, 세이힌노 코우조우토 콧카쿠오 케이세이시마스.

네, 밀가루는 일반적으로 단백질 함량이 많은 강력분을 사용하며, 제품의 구조와 골격을 형성합니다.

04. 小麦粉の 特性は 何ですか?

무기코노 토쿠세이와 난데스카?

밀가루의 특성은 무엇입니까?

はい、製パン性に 優れた 小麦粉の 特性は たんぱく 質含量が 高く、生地に 弾力が あり、製品の 品質が 均一で、耐久性が あります。

하이, 세이팡세이니 스구레타 코무기코노 토쿠세이와 탄파쿠 시쯔간료우가 타카쿠, 키지니 단료쿠가 아리, 세이힌노 힌시쯔가 킨이쯔데, 타이큐우세이가 아리마스.

네, 제빵성이 좋은 밀가루의 특성은 단백질 함량이 높고, 반죽에 탄력성이 있으며, 제품의 품질이 균일하며, 내구성 있습니다.

05. イーストの 役割は 何ですか?

이스-토노 야쿠와리와 난데스카?

이스트의 역할은 무엇입니까?

はい、イーストは 生地の 膨張 作用や 香り 成分で ある アルコールや 有機酸を 生成し、物理性を 変化(熟成)させます。

하이, 이-스토와 키지노 보우쵸우 사요우야 카오리 세이분데 아루 아루코-루야 유우키산오 세이세이시, 부쯔리세이오 헨카(쥬쿠세이) 사세마스.

네, 이스트는 반죽의 팽창작용과 향기 성분인 알코올 및 유기산을 생성하며, 물리성을 변화(숙성)시킵니다.

06. イーストの 種類は 何が 有りますか?

이-스토노 슈루이와 나니가 아리마스카?

이스트의 종류는 무엇이 있습니까?

はい、イーストの 種類は 生イースト、ドライイースト、インスタントイースト、冷凍イーストの 4種類が あります。

하이, 이-스토노 슈루이와 나마이-스토, 도라이이-스토, 인스탄토이-스토, 레이토우이-스토노 욘 슈루이가 아리마스.

네, 이스트의 종류는 생이스트, 드라이이스트, 인스턴트이스트, 냉동이스트의 4종류가 있습니다.

07. イーストの 使用 目的は 何ですか?

이-스토노 시요우 모쿠테키와 난데스카?

이스트의 사용 목적은 무엇입니까?

はい、イーストの 使用 目的は ミキシングした 生地が イーストの 発酵に より 炭酸ガスを 発生させ、柔らかく 体積を 大きくする ためです。

하이, 이-스토노 시요우 모쿠테키와 미키신구시타 키지가 이-스토노 핫코우니 요리 탄산가스오 핫세이사세, 야와라카쿠 타이세키오 오오키구 스루 타메데스.

네, 이스트의 사용 목적은 믹싱한 반죽이 이스트의 발효에 의해 탄산가스를 발생시켜 부드럽고 부피를 크게 하기 위해서입니다.

08. イーストの 使用量は どの くらいですか?

이-스토노 시요우료우와 도노 쿠라이데스?

이스트의 사용량은 어느 정도입니까?

はい、生イーストの 使用量は 通常 3から 5パーセント 程度を 生地に 入れ、ドライイーストは 生イーストの 1/2、1/3を 使用するのが 標準です。

하이, 나마이-스토노 시요우료우와 쯔우죠우 산카라 고파-센토 테이도우 키지니 이레, 도라이이-스토와 나마이-스토노 이찌/니, 이찌/산오 시요우스루노가 효우쥰데스.

네, 생이스트의 사용량은 일반적으로 3~5% 정도를 반죽에 넣으며, 드라이이스트는 생이스트의 1/2, 1/3을 사용하는 것이 표준입니다.

09. 水の 役割は 何ですか?

미즈노 야쿠와리와 난데스카?

물의 역할은 무엇입니까?

はい、水は 他の 材料の 溶媒 または 分散剤 として 作用し、生地内の 酵素に 活性を 提供して 生地の 温度と 強度を 調節します。

하이, 미즈와 타노 자이료우노 요우바이 마타와 분산자이 토시테 시요우시, 키지나이노 코우소니 캇세이오 테이쿄우시테 키지노 온도토 쿄우도우오 죠우세쯔시마스.

물은 다른 재료의 용매 또는 분산제로 사용, 반죽 내 효소에 활성을 제공하며, 반죽 온도와 강도를 조절합니다.

10. 水の 使用 目的は 何ですか?

미즈노 시요우 모쿠테키와 난데스카?

물의 사용 목적은 무엇입니까?

はい、水は 小麦粉に 吸収されて グルテンを 作り、砂糖、塩、脱脂粉乳 などを 溶かして 生地に 分散を 良くし、澱粉を 水和させて 膨潤させます。

하이, 미즈와 코무기코니 큐우슈우사레테 구루텐오 쯔쿠리, 사토우, 시오, 닷시훈뉴우 나도우 토카시테 키지니 분산오 요쿠시, 덴분오 스이와 사세테 보우쥰사세마스.

네, 물은 밀가루에 흡수되어 글루텐을 만들며, 설탕, 소금, 탈지분유 등을 녹여서 반죽에 분산을 좋게 하며 좋은 전분을 수화시켜 팽윤시킵니다.

11. 水の 使用量は どの くらいですか?

미즈노 시요우료우와 도노 쿠라이데스카?

물의 사용량은 얼마입니까?

はい、製パンに 使用する 水の 量は 63~65% 程度で 亜硬水(50~110ppm)が 適して います。

하이, 세이팡니 시요우스루 미즈노 료우와 로쿠쥬우산카~로쿠쥬우고 파세토 테이도테, 아코우스이(고쥬우~ 하쿠쥬우피이피이에무)가 테키시테 이마스.

네, 제빵에 사용하는 물의 양은 63~65% 정도로 아경수(50~110ppm)가 적합합니다.

12. 塩の 役割は 何ですか?

시오노 야쿠와리와 난데스카?

소금의 역할은 무엇입니까?

はい、塩は 塩味を つけて イーストの 発酵を 抑えるなど 発酵 速度を 調節し、塩は 使用量が 多いと 発酵が 遅くなります。

하이, 시오와 시오아지오 쯔케테 이-스토노 핫코우오 오사에루나도 핫코우 소쿠도우 죠우세쯔시, 시오와 시요우료우가 오오이토 핫코우가 오소쿠 나리마스.

네, 소금은 짠맛을 내고 이스트의 발효를 억제하는 등 발효 속도를 조절하며, 소금은 사용량이 많으면 발효가 늦어지게 됩니다.

13. 塩の 使用 目的は 何ですか?

시오노 시요우 모쿠테키와 난데스카?

소금의 사용 목적은 무엇입니까?

はい、塩は パン中の 他の 材料と 作用して 風味を 高め、他の 材料の 味と 香りを 出します。

하이, 시오와 팡나카노 호카노 자이료우토 사요우시테 후우미오 타카메, 타노 자이료우노 아지토 카오리오 다시마스.

네, 소금은 빵 안의 다른 재료와 작용하여 풍미를 높이며, 다른 재료의 맛과 향을 냅니다.

14. 塩の 使用量は どの くらいですか?

시오노 시요우료우와 도노 쿠라이데스카?

소금의 사용량은 어느 정도입니까?

はい、塩は 通常 2% 以下を 使用し、グルテンを 強化して 発酵 速度を 調節します。

하이, 시오와 쯔우죠우 니파-센토 이카오 시요우시, 구루텐오 쿄우카시테 핫코우 소쿠도우 죠우세쯔시마스.

네, 소금은 보통 2% 이하를 사용하며, 글루텐을 강화시키고 발효 속도를 조절합니다.

パンを 作る 副材料の 使用 目的と 効果は 何ですか?

팡오 쯔쿠루 후쿠자이료우노 시요우 모쿠테키토 코우카와 난데스카?

빵을 만드는 부재료의 사용 목적과 효과는 무엇입니까?

日本語 製パン 実務会話

パンを 作る 副材料の 使用 目的と 効果は 何ですか?

팡오 쯔쿠루 후쿠자이료우노 시요우 모쿠테키토 코우카와 난데스카?

빵을 만드는 부재료의 사용 목적과 효과는 무엇입니까?

01. パンを 作る 副材料は 何が ありますか?

팡오 쯔쿠루 후쿠자이료우와 나니가 아리마스카?

빵을 만드는 부재료는 무엇이 있습니까?

はい、副材料は糖類、油脂類、卵、乳製品、イーストフード、モールド シロップ、果物、ナッツ類、乳化剤、洋酒、香辛料が あります。

하이, 후쿠자이료우와 토우루이, 유시루이, 타마고, 뉴우세이힌, 이－스토후－도, 모－루도 시롯푸, 쿠다모노, 낫쯔루이, 뉴우카자이, 요우슈, 코우신료우가 아리마스.

네, 부재료는 당류, 유지류, 달걀, 유제품, 이스트푸드, 몰트시럽, 과일, 넛류, 유화제가 있습니다.

副材料

후쿠자이료

부재료

糖類	油脂類	卵	乳製品
토우류이	유시루이	타마고	뉴우세이힝
당류	유지류	달걀	유제품
イーストフード	モールド シロップ	果物	ナッツ類
이－스토 후－도	모－루도 시롯프	쿠다모노	낫쯔루이
이스트푸드	몰트시럽	과일	넛류
乳化剤	洋酒	香辛料	副材料
뉴우카자이	요우슈	코우신료우	후쿠자이료
유화제	양주	향신료	부재료

1) 糖類は イーストが 発酵すると 栄養源に なり、甘みを 出し、製品の 良い色、香りを 出し、褐変反応や キャラメル化 作用で 皮色を 出します。

토우루이와 이-스토가 핫코우스루토 에이요우겐니 나리, 아마미오 다시, 세이힌노 이이 이로, 카오리오 다시, 캇펜 한노우야 캬라메루카 사요우데 카와이로오 다시마스.

당류는 이스트가 발효할 때 영양원이 되며 단맛을 내며, 제품의 좋은 색깔, 향을 내게 하며, 갈변반응과 캐러멜화 작용으로 껍질 색을 냅니다.

2) 卵は 栄養価を 高めて 製品の 風味を よくし、オーブンの 膨らみを よくして 皮の 色を よくします。

타마고와 에이요우카오 타카메테 세이힌노 후우미오 요쿠시, 오-분노 후쿠라미오 요쿠시테 카와노 이로오 요쿠시마스.

달걀은 영양가를 높이고 제품의 풍미를 좋게 하며, 오븐 부풀음을 좋게 하고 껍질 색깔을 좋게 합니다.

3) 油脂は 水分の 発酵と 老化を 防ぎ、独特の 味、香り、風味を 加えます。

유시와 스이분노 핫코우토 로우카오 후세기, 도쿠토쿠노 아지, 카오리, 후우미오 쿠와에마스.

유지는 수분의 발효와 노화를 방지하며, 독특한 맛, 향, 풍미를 첨가합니다.

4) 乳製品は 生地の pHを 落ちず、製品の 皮の 色や 味、香りを よくします。

뉴우세이힌와 키지노 피이에이찌오 오토즈쯔즈, 세이힌노 카와노 이로야 아지, 카오리오 요쿠 시마스.

유제품은 반죽의 pH를 떨어지지 않게 하며, 제품의 껍질의 색깔과 맛, 향을 좋게 합니다.

5) イーストフード(製パン改良剤)は 水の 硬さを 調節し、イーストの 栄養源と なって 窒素を 供給し、イーストの 活性を 高め ます。

이-스토후-도(세이팡 카이료우자이)와 미즈노 카타사오 쵸우세쯔시, 이-스토노 에이요우겐토 낫테 찟소오 쿄우큐우시, 이-스토노 캇세이오 타카메마스.

이스트푸드(제빵 개량제)는 물의 경도를 조절하며 이스트의 영양원이 되어 이스트에 질소를 공급하여 이스트의 활성을 높입니다.

6) 乳化剤は 保水力を 高め 製品の 保存性を よくします。

뉴우카자이와 호스이리키오 타카메 세이힌노 호존세이오 요쿠시마스.

유화제는 수분 보유력을 증가시키며 제품의 보존성을 좋게 합니다.

7) モルト シロップは イーストの 発酵を 促し、風味と 黄金褐色を 出し、 ソフトな 食感、老化を 遅らせます。

모루토 시롯푸와 이-스토노 핫코우오 우나카시, 후우미토 오오곤캇쇼쿠오 다시, 소후토나 숏칸, 로우카오 오쿠라세마스.

몰트 시럽은 이스트의 발효를 촉진시키고 풍미와 황금 갈색을 내고 부드러운 식감, 노화를 지연시킵니다.

8) ナッツ類は 製品の 味、質を 向上させます。

낫토루이니와 세이힌노 아지, 시쯔오 코우죠우사세마스.

넛류는 제품의 맛, 질을 향상시킵니다.

9) 果物類は 視覚的に 優秀で、味と 成分を 高め、栄養 供給、生命 活動を 調節します。

쿠다모노루이와 시카쿠테키니 유우슈우데, 아지토 세이분오 타카메, 에이요우 쿄우큐우, 세이메이 카쯔도우오 죠우세쯔시마스.

과일류는 시각적으로 우수하며 맛과 성분을 높여주며 영양공급, 생명 활동을 조절합니다.

10) 洋酒は 独特の 味と 香味を 与えて 商品の 価値を 高め、製品の 保管 保存性を 高めます。

요우슈와 도쿠토쿠노 아지토 코우미오 아타에테 쇼우힌노 카찌오 타카메, 세이힌노 호칸 호존세이오 타카메마스.

양주는 독특한 맛과 향미를 주며 상품의 가치를 증가시키며, 제품의 보관 저장성을 증대합니다.

11) 香辛料は 香り付け、匂い 消し、色付け、防腐剤 効果を 出します。

코우신료우노 카오리즈케, 니오이케시, 이로즈케, 호우후자이 코우카오 다시마스.

향신료는 향기를 부여, 냄새 제거, 색을 내며, 방부제 효과를 냅니다.

02. 糖類の 役割は 何ですか?

토우루이노 야쿠와리와 난데스카?

당류의 역할은 무엇입니까?

はい、糖類の 役割は イーストが 発酵すると 栄養源に なり、甘みを 出し、製品の 良い色、香りを 出し、褐変反応や キャラメル化 作用で 皮色を 出します。

하이, 토우루이노 야쿠와리와 이－스토가 핫코우스루토 에이요우겐니 나리, 아마미오 다시, 세이힌노 이이이로, 카오리오 다시, 캇펜한노우야 캬라메루카 사요우데 카와이로오 다시마스.

네, 당류의 역할은 이스트가 발효할 때 영양원이 되며 단맛을 내며, 제품의 좋은 색깔, 향을 내게 하며, 갈변반응과 캐러멜화 작용으로 껍질 색을 냅니다.

03. 糖類の 種類は 何が ありますか?

토우루이노 슈루이와 나니가 아리마스카?

당류의 종류는 무엇이 있습니까?

はい、糖類の 種類は、砂糖、蜂蜜、水あめ、異性化糖、グラニュ糖、黒糖、シュガーパウダー、オリゴ糖が あります。

하이, 토우루이노 슈루이와 사토우, 하찌미쯔, 미즈아메, 이세이카토우, 구라뉴토우, 코쿠토우, 슈가ー파우다ー, 오리고토우가 아리마스.

네, 당류의 종류는 설탕, 꿀, 물엿, 이성화당, 그래뉼당, 흑설탕, 슈가파우더, 올리고당이 있습니다.

04. 砂糖の 使用 目的は 何ですか?

사토우노 시요우 모쿠테키와 난데스카?

설탕의 사용 목적은 무엇입니까?

はい、砂糖は イーストの 発酵源で 0~7%を 分解し、味と 食感を 向上、生地を 柔らかくして 柔軟性 増大、老化遅延、保湿性を 高めます。

하이, 사토우와 이－스토노 핫코우겐데 레이~나나 파ー센토우 분카이시, 아지토 숏칸오 코우죠우, 키지오 야와라카쿠시테 쥬우난세이 조우다이, 로우카치엔, 호슈우세이오 타카메마스.

네, 설탕은 이스트의 발효원으로 0~7%를 분해하여, 맛과 식감을 향상, 반죽을 부드럽게 하고 유연성 증대 노화 지연, 보습성을 증가시킵니다.

05. 卵の 役割は 何ですか?

타마고노 야쿠와리와 난데스카?

달걀의 역할은 무엇입니까?

はい、卵は 栄養価を 高めて 製品の 風味を よくし、オーブンの 膨らみを
よくして 皮の 色を よくします。

하이, 타마고와 에이요우카오 타카메테 세이힌노 후우미오 요쿠시, 오-분노 후쿠라미오 요쿠시테 카와노
이로오 요쿠시마스.

네, 달걀은 영양가를 높이고 제품의 풍미를 좋게 하며, 오븐 부풀음을 좋게 하고 껍질
색깔을 좋게 합니다.

06. 卵の 使用 目的は 何ですか?

타마코노 시요우 모쿠데키와 난데스카?

달걀의 사용 목적은 무엇입니까?

はい、卵は 水分 供給剤の 役割をし、製品の 内相・色が 黄色で 味覚・
光沢・ 皮の色を 良くし、老化遅延・ 栄養価を 向上させます。

하이, 타마고와 스이분 쿄우큐우자이노 야쿠와리오시, 세이힌노 나이쇼우 이로가 키이로데 미카쿠, 코우타
쿠, 카와노 이로오 요쿠시 로우카찌엔 에이요우카오 코우죠우사세마스.

네, 달걀은 수분의 공급제 역할을 하며, 제품의 내상, 색상이 황색으로 미각 향상, 광
택 및 껍질 색을 좋게 하며, 노화 지연, 영양가를 향상을 시킵니다.

07. 卵の 成分は 何ですか?

타마코노 세이분와 난데스카?

달걀의 성분은 무엇입니까?

はい、卵の 水分は 卵白は 88パーセント、卵黄は 50パーセントを 持って
いて、水分 補給剤の 働きを します。

하이, 타마고노 스이분와 란바쿠와 하찌쥬우하찌 파-센토, 란오우와 고쥬우 파-센토우 못테이테, 스이분
호큐우자이노 하타라키오 시마스.

네, 달걀의 수분은 흰자는 88%, 노른자는 50%를 지니고 있어 수분 공급제의 역할을
합니다.

08. 油脂類の 種類は 何が ありますか?

유시루이노 슈루이와 나니가 아리마스카?

유지의 종류는 무엇이 있습니까?

はい、油脂類の 種類は バター、マーガリン、ショートニング、ラード、
食用油、オリーブ油 などを 使い、パンの 皮を 薄く 柔らかく します。

하이, 유시루이노 슈루이와 바타-, 마-가린, 쇼-토닌구, 라-도, 쇼쿠요우유, 오리-부유 나도우 쯔카이,
팡노 카와오 우스쿠 야와라카쿠 시마스.

네, 유지류는 버터, 마가린, 쇼트닝, 라드, 식용유, 올리브유 등을 사용하며, 빵의 껍질을
얇고 부드럽게 합니다.

09. 油脂の 役割は 何ですか?

유시노 야쿠와리와 난데스카?

유지의 역할은 무엇입니까?

はい、油脂は 水分の 発酵と 老化を 防ぎ、独特の 味、香り、風味を 加えます。

하이, 유시와 스이분노 핫코우토 로우카오 후세기, 도쿠토쿠노 아지, 카오리, 후우미오 쿠와에마스.

네, 유지는 수분의 발효와 노화를 방지하며, 독특한 맛, 향, 풍미를 첨가합니다.

10. 油脂の 使用 目的は 何ですか?

유시노 시요우 모쿠데키와 난데스카?

유지의 사용 목적은 무엇입니까?

はい、油脂は 生地の 流動性、伸展性を 良くし、ガス 温存性を 強め、パン
の 容積を 大きくする ともに 栄養価を 高めます。

하이, 시와 키지노 류우도우세이, 신텐세이오 요쿠시, 가스 호존세이오 쯔요메, 팡노 요우세키오 오오키쿠
스루토 토모니 에이요우카오 타카메마스.

네, 유지는 반죽의 유동성, 신전성을 좋게 하고 가스 보존성을 강하게 해 빵의 용적을
크게 함과 동시에 영양가를 높입니다.

11. 乳製品の 役割は 何ですか?

뉴우세이힝노 야쿠와리와 난데스카?

유제품의 역할은 무엇입니까?

はい、乳製品の 役割は 牛乳や 脱脂粉乳は 生地の pHを 落ず、製品の 皮の 色や 味、香りを よくします。

하이, 뉴우세이힌노 야쿠와리와 규우뉴우야 닷시훈뉴우와 키지노 피이에이찌오 오토즈, 세이힌노 카와노 이로야 아지, 카오리오 요쿠시마스.

네, 유제품은 우유나 탈지분유는 반죽의 pH를 떨어지지 않게 하며, 제품의 껍질의 색깔과 맛, 향을 좋게 합니다.

12. 乳製品の 種類は 何が ありますか?

뉴우세이힝노 슈루이와 나니가 아리마스카?

유제품의 종류는 무엇이 있습니까?

はい、乳製品は 牛乳、脱脂粉乳、チーズ、ヨーグルトなどが あります。

하이, 뉴우세이힌와 규우뉴우, 닷시훈뉴우, 찌-즈, 요-구루토 나도가 아리마스.

네, 유제품은 우유, 탈지분유, 치즈, 요구르트 등이 있습니다.

13. 脱脂粉乳の 役割は 何ですか?

닷시훈뉴노 야쿠와리와 난데스카?

탈지분유의 역할은 무엇입니까?

はい、脱脂粉乳の 役割は 皮の色、味と香り、栄養価を 向上、発酵を 調整し、グルテン 強化を させます。

하이, 닷시훈뉴노 야쿠와리와 카와노 이로, 아지토 카오리, 에이요우카오 코우죠우, 핫코우오 죠우세이시, 구루텐 쿄우카오 사세마스.

네, 탈지분유의 역할은 껍질 색, 맛과 향, 영양가를 향상, 발효를 조정하며 글루텐 강화를 시킵니다.

14. イーストフードの 役割は 何ですか?

이-스토 후-토노 야쿠와리와 난데스카?

이스트푸드의 역할은 무엇입니까?

はい、イーストフード(製パン 改良剤)は 水の 硬さを 調節し、イーストの
栄養源と なって 窒素を 供給し、イーストの 活性を 高めます。

하이, 이-스토후-도(세이팡 카이료우자이)와 미즈노 카타사오 죠우세쯔시, 이-스토노 에이요우겐토 낫테
찓소오 쿄우큐우시 이-스토노 캇세이오 타카메마스.

네, 이스트푸드(제빵개량제)는 물의 경도를 조절하며 이스트의 영양원이 되어 이스트에
질소를 공급하여 이스트의 활성을 높입니다.

15. イーストフードの 使用 目的は 何ですか?

이-스토 후-도의 시요우 모쿠데키와 난데스카?

이스트푸드의 사용 목적은 무엇입니까?

はい、イーストフードの 使用目的は 生地の pHを 調整(酸性リン酸 カル
シウム)し、生地の 物理性を 調節します。

하이, 이-스토후-도노 시요우 모쿠테키와 키지노 피이에이찌오 죠우세이(산세이린산 카루시우무)시, 키지
노 부쯔리세이오 죠우세쯔시마스.

네, 이스트푸드는 반죽의 pH를 조정(산성 인산칼슘)과 반죽의 물리성을 조절합니다.

16. 乳化剤の 役割は 何ですか?

뉴우카자이노 야쿠와리와 난데스카?

유화제의 역할은 무엇입니까?

はい、乳化剤は 保水力を 高め 製品の 保存性を よくします。

하이, 뉴우카자이와 호스이리키오 타카메 세이힌노 호존세이오 요쿠시마스.

네, 유화제는 수분 보유력을 증가시키며 제품의 보존성을 좋게 합니다.

17. モルト シロップの 役割は 何ですか?

뉴모루토 시롯프노 야쿠와리와 난데스카?

몰트 시럽의 역할은 무엇입니까?

はい、モルト シロップの 役割は、外堀に 水分、温度、酸素 を 作用して 発芽 させた もので、パン、クッキーなどに 0.5~1% 入れて 使います。

하이, 모루토 시롯푸노 야쿠와리와, 소토보리니 스이분, 온도, 산소오 사요우시테 하쯔가사세타 모노데, 팡, 쿳키- 나도니 레이텐 고~이찌 파-센토 이레테 쯔카이마스.

네, 몰트 시럽의 역할은 겉보리에 수분, 온도, 산소를 작용하여 발아시킨 것으로, 빵, 쿠키 등에 0.5~1% 넣어서 사용합니다.

18. モルト シロップの 種類は 何が ありますか?

모루토 시롯푸노 슈루이와 나니가 아리마스카?

몰트 시럽의 종류는 무엇이 있습니까?

はい、モルト シロップの 種類は 液状、粉末の 2種類が あります。

하이, 모루토 시롯푸노 슈루이와 에키죠우, 훈마쯔노 니슈루이가 아리마스.

네, 몰트시럽의 종류는 액상, 분말 2종류가 있습니다.

19. モルト シロップの 使用 目的は 何ですか?

모루토 시롯푸의 시요우 모쿠데키와 난데스카?

몰트 시럽의 사용 목적은 무엇입니까?

はい、モルト シロップの 使用 目的は イーストの 発酵を 促し、風味と 黄金褐色を 出し、ソフトな 食感、老化を 遅らせます。

하이, 모루토 시롯푸시요우 모쿠데키와 이-스토노 핫코우오 우나카시, 후우미토 오오곤캇쇼쿠오 다시, 소후토나 숏칸 로우카오 오쿠라세마스.

네, 몰트 시럽의 사용 목적은 이스트의 발효를 촉진시키고 풍미와 황금 갈색을 내고 부드러운 식감, 노화를 지연시킵니다.

20. ナッツ類の 種類は 何が ありますか?

낫쯔루이노 슈루이와 나니가 아리마스카?

넛류의 종류는 무엇이 있습니까?

はい、ナッツ類の 種類は アーモンド、クルミ、栗、ペカン、マカダミアナッツ、
ヘズルナッツ、松の実、ココナッツ、ピーナッツ、ピスタチオ などが あります。

하이, 낫쯔루이노 슈루이와 아-몬도, 쿠루미, 쿠리, 페칸, 마카다미아낫쯔, 헤즈루낫쯔, 마쯔노미, 코코낫쯔,
피-낫쯔, 피스타찌오 나도가 아리마스.

네, 아몬드, 호두, 밤, 피칸, 마카다미아넛, 헤이즐넛, 잣, 코코넛, 땅콩, 피스타치오 등이
있습니다.

21. ナッツ類の 使用 目的は 何ですか?

낫쯔루이의 시요우 모쿠데키와 난데스카?

넛류의 사용 목적은 무엇입니까?

はい、製品の 味の 質を 向上させます。

하이, 세이힌노 아지노 시쯔오 코우죠우사세마스.

네, 제품의 맛 질을 향상을 시킵니다.

22. 果物類の 使用 目的と 種類は 何が ありますか?

쿠타모노루이의 시요우 모쿠데키토 슈루이와 나니가 아리마스카?

과일류의 사용 목적은 무엇이 있습니까?

はい、果物類は 視覚的に 優秀で、味と 成分を 高め、栄養供給、生命活動を
調節し、りんご、梨、ぶどう、桃、スモモ、いちご、柿、ザクロ、バナナ、パイナッ
プル などが あります。

하이, 쿠다모노루이와 시카쿠테키니 유우슈우데, 아지토 세이분오 타카메, 에이요우쿄우큐우, 세이메이카쯔
도우오 죠우세쯔시, 린고, 나시, 부도우, 모모, 스모모, 이찌고, 카키, 자쿠로, 바나나, 파이낫푸루나도가 아
리마스.

네, 과일류는 시각적으로 우수하며 맛과 성분을 높여주며 영양공급, 생명 활동을 조절
하며, 사과, 배, 포도, 복숭아, 자두, 딸기, 감, 석류, 바나나, 파인애플 등이 있 습니다.

23. 洋酒の 使用 目的と 種類は 何ですか?

요우슈의 시요우 모쿠데키토 슈루이와 난데스카?

양주의 사용 목적은 무엇입니까?

はい、洋酒は 独特の 味と 香味を 与えて 商品の 価値を 高め、製品の 保管 保存性を 高めます。

하이, 요우슈와 도쿠토쿠노 아지토 코우미오 아타에테 쇼우힌노 카찌오 타카메, 세이힌노 호칸 호존세이오 타카메마스.

네, 양주는 독특한 맛과 향미를 주며 상품의 가치를 증가시키며, 제품의 보관 저장성을 증대합니다.

24. 洋酒の 種類は 何ですか?

요우슈노 슈루이와 난데스카?

양주의 종류는 무엇입니까?

はい、洋酒の 種類は コニャック、ブランデー、ウイスキー、ラム酒、キュラソー、キリシュ、クエントールが あります。

하이, 요우슈노 슈루이와 코냐쿠, 부란데-, 위스키-, 라무슈, 큐라소-, 키리슈, 쿠엔토-루토가 아리마스.

네, 양주의 종류는 코냑, 브랜디, 위스키, 럼주, 큐라소, 키리슈, 쿠앵트로가 있습니다.

25. バニラの 使用 目的と 種類は 何ですか?

바니라의 시요우 모쿠데키토 슈루이와 난데스카?

바닐라의 사용 목적은 무엇입니까?

はい、バニラは 南アメリカの 熱帯 果実(バニラビーン)を 発酵させて 抽出した 液を 薄めた もので、パン、クッキーなどの 香り 付けに 使用し、約0.5%を 添加使用し、種類はバニラエッセンス、バニラオイルが あります。

하이, 바니라와 미나미아메리카노 넷타이 카지쯔(바니라 비-인)오 핫코우사세테 쥬우슈쯔시타 에키오 우스메타 모노데, 팡, 쿳키-나도노 카오리쯔케니 시요우시, 쇼우세이 레-텐고 파-센토오 텐카시요우시, 슈루이와 바니라엣센스, 바니라오이루가 아리마스.

네, 바닐라는 남아메리카 열대과실(바닐라 빈)을 발효시켜 추출한 액을 희석한 것으로 빵, 케이크, 쿠키 등의 향기를 내는 데 사용하며 0.5% 정도를 첨가하여 사용하며 종류는 바닐라 에센스, 바닐라 오일이 있습니다.

26. バニラの 使用 目的と 種類は 何ですか?

바니라의 시요우 모쿠데키토 슈루이와 난데스카?

바닐라의 사용 목적은 무엇입니까?

はい、香辛料の 香り 付けを して匂い 消し、色付けを し、防腐剤 効果を
出し、種類は シナモン、オール スパイス、ショウガなどが あります。

하이, 코우신료우노 카오리쯔케오 시테 니오이 케시, 이로 즈케오 시, 보우후자이 코우카오 다시, 슈루이니
와 시나몬, 오-루스파이스, 쇼우가나도가 아리마스.

네, 향신료의 향기를 부여하고 냄새 제거, 색을 내며, 방부제 효과를 내며, 종류는 계피,
올 스파이스, 생강 등이 있습니다.

製パン 機械は 何が ありますか?
せい　　　きかい　　なに

세이팡 키카이와 나니가 아리마스카?

제빵 기계는 무엇이 있습니까?

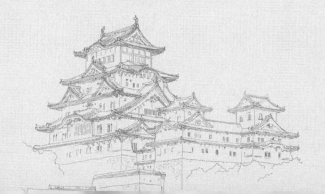

日本語 製パン 実務会話

第11課
か

製パン 機械は 何が ありますか？
せい　　　　　　　　きかい　　　　　なに

세이팡 키카이와 나니가 아리마스카?

제빵 기계는 무엇이 있습니까?

---

01. 製パン 機械は 何が ありますか？
　　　せい　　　　　きかい　　　　なに

세이팡 키카이와 나니가 아리마스카?

제빵 기계는 무엇이 있습니까?

はい、製パン 機械は 秤、作業台、ミキサー、発酵室、分割機、成型機、モルダー、
　　　　せい　　　　きかい　はかり さぎょうだい　　　　　　　はっこうしつ ぶんかつき せいけいき

パイロラ、冷蔵庫、冷凍庫、急速冷凍庫、オーブン、フライヤー、スライサー、蒸
　　　　　れいぞうこ れいとうこ きゅうそくれいとうこ　　　　　　　　　　　　　　　　　　　　　む

し器、ガスこんろ、包装機、製氷機、ラッカー、流し台 などが あります。
き　　　　　　　　ほうそうき せいひょうき　　　　　　　　　なが　　だい

하이, 세이팡 키카이와 하카리, 사교우다이, 미키사-, 오븐, 핫코우시쯔, 분가쯔키, 세이게이키, 모루다-,
파이로라, 레이조우코, 레이토우코, 규우소쿠레이토우코, 오-븐, 후라이야-, 스라이사-, 무시키, 가스곤로,
호우소우키, 세이효우키, 락카-, 나카시다이 나도가 아리마스.

네, 제빵 기계는 저울, 믹서, 작업대, 발효실, 분할기, 성형기, 몰더, 파이롤러, 냉장고,
냉동고, 급속냉동고, 오븐, 튀김기, 슬라이서, 찜기, 가스곤로, 포장기, 제빙기, 선반,
싱크대 등이 있습니다.

製パン 機械
せい　　　きかい

세이팡 키카이

제빵 기계

秤 はかり	作業台 さぎょうだい	ミキサー	発酵室 はっこうしつ	分割機 ぶんかつき
하카리	사교우다이	미키사-	핫코우시쯔	분가쯔키
저울	작업대	믹서	발효실	분할기
成型機 せいけいき	モルダー	パイロラ	冷蔵庫 れいぞうこ	冷凍庫 れいとうこ
세이게이키	모루다-	파이로라	레이조우코	레이토우코
성형기	몰더	파이롤러	냉장고	냉동고

急速冷凍庫 큐우소쿠레이토우코	オーブン 오-븐	フライヤー 후라이야-	スライサー 스라이사-	蒸し器 무시키
급속냉동고	오븐	튀김기	슬라이서	찜기
ガスゴンロ 가스곤로	包装機 호우소우키	製氷機 세이효우키	ラッカー 랏카-	流し台 나가시다이
가스곤로	포장기	제빙기	선반	싱크대

02. ミキサーは 何を 作り、重要 事項は 何ですか?

미키사-와 나니오 쯔쿠리, 쥬우요우 지코우와 난데스카?

믹서는 무엇을 만들고 중요사항은 무엇입니까?

はい、ミキサーは 生地を 作り、重要 事項は 温度、時間です。

하이, 미키사-와 키지오 쯔쿠리, 쥬우요우 지코우와 온도, 지칸데스.

네, 믹서는 반죽을 만들고 중요사항은 온도, 시간입니다.

03. 発酵室の 使用は 何が 重要ですか?

핫코우시쯔 시요우와 나니가 쥬우요우데스카?

발효실의 사용은 무엇이 중요합니까?

はい、発酵室は パン生地を 発酵させる 機械で、温度、湿度、時間管理が 重要
です。

하이, 핫코우시쯔와 팡 키지오 핫코우사세루 키카이데, 온도, 시쯔도, 지칸칸리가 쥬우요우데스.

네, 발효실은 빵 반죽을 발효시키는 기계로 온도, 습도, 시간 관리가 중요합니다.

04. 分割機で 何を しますか?

분카쯔키데 나니오 시마스카?

분할기는 무엇을 합니까?

はい、分割機で 生地を 分割します。

하이, 분카쯔키데 키지오 분카쯔시마스.

네, 분할기로 반죽을 분할합니다.

05. 成型機で 何を しますか?
세이케이키데 나니오 시마스카?

성형기로 무엇을 합니까?

はい、成型機で 生地を 成型します。
하이, 세이케이키데 키지오 세이케이시마스.

네, 성형기로 반죽을 성형합니다.

06. 冷蔵庫、冷凍庫、急速 冷凍庫で 何を しますか?
레이조우코, 레이토우코, 큐우소쿠 레이토우코데 나니오 시마스카?

냉장고, 냉동고, 급속냉동고 무엇을 합니까?

はい、材料、生地を 冷蔵、冷凍します。
하이, 자이료우, 키지오 레이조우, 레이토우시마스.

네, 재료, 반죽을 냉장, 냉동합니까?

07. オーブンの 種類は 何が ありますか?
오븐노 슈루이와 나니가 아리마스카?

오븐의 종류는 무엇이 있습니까?

はい、オーブンの 種類は テグオーブン、コンバックションオーブン、ロータリーオーブン、マイクロオーブンが あります。
하이, 오븐노 슈루이와 테구 오-븐, 콘밧쿠숀 오-븐, 로-타리- 오-븐, 마이쿠로 오-븐가 아리마스.

네, 오븐의 종류는 데크 오븐, 컨백션 오븐, 로타리 오븐, 마이크로 오븐이 있습니다.

オーブンの 種類
오-븐노 슈루이

오븐의 종류

テグオーブ 테그오-븐	コンバックション オーブン 콘밧쿠션오-븐	ロータリーオーブン 로-타리-오-븐	マイクロオーブン 마이크로오-븐
데크 오븐	컨백션 오븐	로타리 오븐	마이크로 오븐

08. オーブンの 使用は 何が 重要ですか?

오-분노 시요우와 나니가 쥬우요우데스카?

오븐의 사용은 무엇이 중요합니까?

はい、オーブンは パンを 焼く 機械で、温度、時間が 重要です。

하이, 오-분와 판오 야쿠 키카이데 온도, 지칸가 쥬우요우데스.

네, 오븐은 빵을 굽는 기계로 온도, 시간이 중요합니다.

09. フライヤー、蒸し器で 何にを 作りますか?

후라이야-, 무시키데 나니오 쯔쿠리마스카?

튀김기, 찜기로 무엇을 만듭니까?

はい、フライヤーで ドーナツを 作り、蒸し器で 蒸しパンを 作ります。

하이, 후라이야데 도-나쯔오 쯔쿠리, 무시키데 무시판오 쯔쿠리마스.

네, 튀김기로 도넛을 만들고, 찜기로 찐빵을 만듭니다.

10. 製パン 小道具は 何が ありますか?

세이팡 코도우구와 나니가 아리마스카?

제빵 소도구는 무엇이 있습니까?

はい、製パン 小道具は ボール、はさみ、めんぼう、ゴム杓子、木の杓子、泡立てき、天板、シリコンマット、絞り袋、スパチュラ、ハケ、天板型、販売トレー、バスケット、ワゴン、棚、カートが あります。

하이, 세이팡 코도우구와 보-루, 하사미, 멘보우, 고무샤쿠시, 키노샤쿠시, 아와타테기, 텐반, 시리콘맛토, 시보리부쿠로, 스파츄라, 하케, 텐반카타, 한바이토레-, 바스켓토, 와곤, 타나, 카-토가 아리마스.

네, 볼, 가위, 밀대, 고무주걱, 나무주걱, 거품기, 철판, 실리콘 매트, 짤주머니, 스패출러, 붓, 철판 틀, 판매 쟁반, 바구니, 쟁반, 선반, 카드가 있습니다.

11. 製パンの 製造 作業に 必ず 必要な 小道具は 何が ありますか?

세이팡노 세이조우 사교우니 카나라즈 히쯔요우나 코도우구와 나니가 아리마스카?

빵 제조 작업에 반드시 필요한 소도구는 무엇이 있습니까?

はい、製パンの 製造 作業に 必ず 必要な 小道具は ハケ、カード、秤、温度計、篩、綿棒、手粉、手袋、天板、タイマーが あります。

하이, 세이팡노 세이조우 사교우니 카나라즈 히쯔요우나 코도우구와, 하케, 카-도, 하카리, 온도게이, 후루이, 멘보우, 테코나, 테부쿠로, 텐반, 타이마-가 아리마스.

네, 빵제조 작업에 반드시 필요한 소도구는 붓, 카드, 저울, 온도계, 체, 밀대, 덧가루, 장갑, 철판, 시계가 있습니다.

製パン 小物

세이팡 코모노

제빵 소도구

ボール	はさみ	綿棒	ゴム篦	木篦
보-루	하사미	멘보우	고무헤라	키헤라
볼	가위	밀대	고무 주걱	나무 주걱
泡立て器	天板	シリコン マット	天板型	絞り袋
아와타데키	텐반	시리콘 맛토	텐반카타	시보리 후쿠로
거품기	철판	실리콘 매트	철판 틀	짤주머니
スパチュラ	チョコレート用品	ハケ	カード	小型秤
스파츄라	초코레-토 요우힝	하케	카-도	코가타 하카리
스패츌러	초콜릿 용품	붓	카드	소형 저울
計量カップ	カップ	温度計	湿度計	モルド
게이료우 캇프	캇프	온도게이	시찌도게이	모루도
계량컵	컵	온도계	습도계	몰드
ラッピング	販売トレー	バスケット	タイマー	缶切
랏핑그	한바이 토레-	바스켓토	타이마-	칸키리
포장(래핑)	판매 쟁반	바구니	시계	통조림 따개
アメ細工類	ワゴン	棚	裏漉し	専用カート類
아메사이쿠루이	와곤	타나	우라고시	센요우 카-토루이
설탕 공예품	쟁반	선반	거름망	전용 카드류
篩	小麦粉篩	洗浄用 ラック	鍋	銅鍋
후루이	코무키코 후루이	센죠우요우 락크	나베	도우나베
체	밀가루 체	세척용 랙	냄비	동냄비

フライパン 후라이팡	まないた 마나이타	やかん 야칸	ナイフ 나이프	フォーク 훠-쿠
프라이팬	도마	주전자	칼	포크
ステンレス ボール 스텐레스 보-루	皿 사라	茶碗 차완	小さじ スプン 코사지 스픈	ひしゃく 히샤쿠
스테인리스 볼	접시	밥그릇	작은 숟가락	국자
はし 하시	はさみ 하사미	ソース缶 소-스칸	手粉 容器 테코나 요우키	手袋 테부쿠로
젓가락	가위	소스통	덧가루 용기	장갑
かご 카고	しおれ 시오레	スクープ 스쿠-푸	杓子鍋用 小品 샤쿠지나베 요우 쇼우힌	網 아미
바구니	뒤집개	스쿱(삽)	국자 냄비용 소품	그물
ステンレス 製品類 스텐레스 세이힝루이	あみ類 아미루이	乾き物 카와키모노	ミキシング ボール 믹싱그 보-루	調理用 スプーン 죠우리요우 스픈
스텐레스 제품류	거름망 류	건조 도구	믹싱 볼	조리용 스푼

せい　　　てぃぎ　　なん
製パンの 定義は 何ですか?

세이팡노 테이키와 난데스까?

제빵의 정의는 무엇입니까?

日本語 製パン 実務会話

製パンの 定義は 何ですか?
세이팡노 테이키와 난데스까?
제빵의 정의는 무엇입니까?

01. 製パンの 定義は 何ですか?
세이팡노 테이키와 난데스까?

제빵의 정의는 무엇입니까?

はい、パンは 小麦粉を 主体として イースト、水、塩 などの 主材料(副材料)を 入れて ミキシング(生地)して 発酵させ、成形して 高温(200℃)で 焼いた(揚げ物、蒸し物) 物を パンと 言います。

하이, 팡와 코무기코오 슈타이토시테 이-스토, 미즈, 시오 나도노 슈자이료(후쿠자이료우)오 이레테 미키신구(키지)시테 핫코우사세, 세이케이시테 코우온(니햐쿠도)데 야이타 모노(아게타 모노, 무시모노)오 팡토 이이마스.

네, 빵은 밀가루를 주체로 하여 이스트, 물, 소금 등 주재료(부재료)를 넣고 믹싱(반죽)하여 발효시키고 성형하여 고온(200℃)에서 구워낸(튀긴 것 찐 것) 것을 빵이라 합니다.

02. 良い パンは 何ですか?
이이 팡와 난데스카?

좋은 빵은 무엇입니까?

はい、良い パンは オーブン内で 生地の 中心 温度が 96℃ 以上で 澱粉が 糊化に なって 柔らかく、消化しやすく、食べても 飽きない ものです。

하이, 이이 팡와 오-분나이데 키지노 쥬우신 온도가 큐우쥬우로쿠도 이죠우데 덴푼가 고-카니 낫데 야와라카쿠, 쇼우카 시야스쿠, 타베테모 아키나이 모노데스.

네, 좋은 빵은 오븐 안에서 반죽의 중심온도가 96℃ 이상으로 전분이 호화(알파화)가 되어 부드럽고 소화가 잘되며 먹어도 질리지 않는 것입니다.

はい、良いパンは 老化が 遅く、香味、色が よい 栄養的に 優秀な ものです。
하이, 이이 팡와 로우카가 오소쿠, 코우미, 이로가 요이 에이요우테키니 유슈나 모노데스.
네, 좋은 빵은 노화가 늦고 향미, 색이 좋은 양적으로 우수한 것입니다.

03. パンの 語源は 何ですか?
팡노 고겐와 난데스카?
빵의 어원은 무엇입니까?

はい、パンの 語源は ラテン語の Pains、ポルチュガル語の Paoから 生まれました。
하이, 팡노 고겐와 라텐고노 페인즈, 포루츄카루고노 파오카라 우마레마시타.
빵의 어원은 라틴어 Pains, 포르투갈어 Pao란 단어에서 생겨났습니다.

04. パンは 色色 国では 何と 言いますか?
팡와 이로이로 쿠니데와 난토 이이마스카?
빵은 여러 나라에서는 어떻게 말합니까?

はい、パンは 英語で Bread、スペイン語で Pan、フランス語で Pain、オランダ語
で Brood、ドイツは Brot、中国語で 麺包、日本語で パン、韓国語で パンです。
하이, 팡와 에이고데 부렛도, 스페인고데 파안, 후란스고데 파에인, 오란다고데 부루우도, 도이쯔데 부로토,
쥬우고쿠고데 멘화아, 니혼고데 빵, 칸코쿠데 빵데스.
네, 빵은 영어로는 Bread, 스페인어는 Pan, 프랑스어 Pain, 네덜란드어 Brood, 독일
Brot, 중국어 麺包, 일본어는 빵, 한국어도 빵입니다.

05. パンは どの ように して 作られたの でしょうか?
팡와 도노 요우니 시테 쯔쿠라레타노 데쇼우카?
빵은 어떻게 만들어졌을까요?

はい、パンは 今から 5千年 前の B.C. 4000年頃、原始人たちが 穀物を 砕
いて 生地を 作って 焼いた ことが 起源です。
하이, 팡와 이마카라 고셴넨 마에노 비시 욘셴넨고로, 겐시진타찌가 코쿠모쯔오 히이테 키지오 쯔쿳테 야이
타 코토가 키겐데스.
네, 빵은 지금으로부터 5천 년 전인 B.C. 4000년경 원시인들이 곡물을 갈아서 반죽을 만
들어 구워낸 것이 기원입니다.

06. 無発酵 パンの 起源は 何ですか?

무핫코우 팡노 키겐와 난데스카?

무발효 빵의 기원은 무엇입니까?

はい、無発酵 パンは 現在の 西南アジア、インド、北アフリカ、イスラム圏の
主食で ある「ナン」に 似た パンです?

하이, 무핫코우 팡와 겐자이노 세이난아지아, 인도, 키타아후리카, 이스라무켄노 슈우쇼쿠데 아루 "난"니 니타 빵데스.

무발효빵은 현재의 서남아시아 인도, 북아프리카, 이슬람권의 주식인 "난"과 비슷한 빵입니다.

07. 起源の パンは 何ですか?

키겐노 팡와 난데스카?

기원의 빵은 무엇입니까?

はい、起源の パンは ギャレットで 世界 最古の パンです。

하이, 키겐노 팡와 갸렛토데 세카이 사이코우노 팡데스.

네, 기원의 빵은 가렛트로 세계에서 제일 오래된 빵입니다.

08. ギャレット パンは どの ように して 作られましたか?

갸렛토 팡와 도노요우니 시테 쯔쿠라레마시타카?

가렛트빵은 어떻게 만들어졌습니까?

はい、紀元前 3500年 前、小麦粉 だけで 練って 焼いた ものです。

하이, 키겐젠 산젠고햐쿠넨마에, 코무기코 다케데 넷테 야이타 모노데스.

네, 기원전 3,500년 전, 밀가루만으로 반죽하여 구운 것입니다.

09. 韓国の 西洋の パンの 伝来は いつですか?

칸코쿠노 세이요우노 빵노 덴라이와 이쯔데스카?

한국의 빵의 전래는 언제입니까?

はい、韓国の 西洋の パンの 伝来は 大韓帝国の 末期の 1,890年、密入国
に した 宣教師(神父) たちが 初めて 伝わった という 説が あるが、正確
な 文献記録は 残って いないです。

하이, 칸코쿠노 세이요우노 빵노 덴라이와 다이칸테이코쿠 마쯔노 센핫파쿠큐우쥬우넨, 미쯔뉴우코쿠시타 센쿄오시(신부)타치가 하지메테 쯔타왓타 토이우 세쯔가 아루가, 세이카쿠나 분칸키로쿠와 노콧테 이나이데스.

네, 한국의 서양 빵(과자)의 전래는 구한말인 1,890년 비밀리에 입국한 선교사(신부)들이 처음으로 전해졌다는 설이 있으나 정확한 문헌 기록은 남아있지 않습니다.

10. 韓国の 西洋の パンは いつ 初めて 作りましたか?

칸코쿠노 세이요우노 팡와 이쯔 하지메테 쯔쿠리마시타카?

한국의 서양의 빵은 언제 처음 만들었나요?

はい、韓国で 最初の パンは 宣教師 たちが 炭火で 焼いて パンを 作ったが、
それが ウランと 同じだ という ことで「ウラン餅」と 呼ばれたと いいます。

하이, 칸코쿠데 사이쇼노 팡와 센쿄오시 타치가 스미비데 야이테 팡오 쯔쿳타가, 소레가 우란토 오나지토 이우 코데토 「우란모찌」토 요바레타토 이이마스.

네, 우리나라의 최초의 빵은 선교사들이 숯불을 피워 구워서 빵을 만들었는데 그것이 우랑과 같다 하여 "우랑떡"이라 불린 것이라고 합니다.

11. 世界 パンの 発展 歴史を 要約 して みましょう!

세카이 팡노 핫텐노 레키시오 요우야쿠 시테 미마쇼우!

세계 빵의 발전역사를 요약해 봅시다!

はい、メソポタミア 文明の パン→ エジプト時代の パン→ ギリシャ 時代の
パン→ ローマ時代の パン→ 17世紀の パン→ 18世紀の パン→ 19世紀
の パン→ 現代の パンの 順序で 発展しました。

하이, 메소포타미아 분메이노 팡 → 에지푸토 지다이노 팡 → 기리샤 지다이노 팡 → 로-마 지다이노 팡→ 쥬우나나 세이키노 팡 → 쥬우하찌 세이키노 팡 → 쥬우큐우 세이키노 팡 → 겐다이노 팡노 쥰조데 핫텐시마시타.

네, 메소포타미아빵→ 이집트 시대의 빵→ 그리스 시대의 빵→ 로마 시대의 빵→ 17세기빵→ 18세기의 빵→ 19세기의 빵→ 현대의 빵의 순서로 발전하였습니다.

12. パンは いつ 出来ましたか?

팡와 이쯔 데키마시타카?

빵은 언제 생겼습니까?

はい、パンは メソポタミア 文明で 生まれました。

하이, 팡와 메소포타미아 분메이데 우마레마시타.

네, 빵은 메소포타미아 문명에서 생겼습니다.

13. エジプト 時代は パンは どの ように 発展しました?

에지푸토 지다이니 팡와 도노 요우니 핫텐 시마시타카?

이집트 시대에 빵은 어떻게 발전하였습니까?

はい、エジプト 時代は メソポタミア 文明で 伝来し 発酵パンが 生まれました。

하이, 에지푸토니 메소포타미아 분메이데 덴라이시 핫코우팡가 우마레마시타.

네, 이집트로 전래되어 발효빵이 생겨났습니다.

14. ギリシャ 時代の パンは どの ように 発展しましたか?

그리샤 지다이니 팡와 도노 요우니 핫텐시마시타카?

그리스 시대의 빵은 어떻게 발전하였습니까?

はい、ギリシャ 時代の パンは 果物 添加パンが できました。

하이, 기리샤 지다이노 팡와 쿠다모노 텐카 팡가 데키마시타.

네, 그리스 시대의 빵은 과일 첨가빵이 만들어졌습니다.

15. ローマ時代の パンは どの ように 発展しましたか?

로-마지다이노 팡와 도노 요우니 핫텐시마시타카?

로마 시대의 빵은 어떻게 발전하였습니까?

はい、ローマ時代は パンの 商業化 されました。

하이, 로-마지다이와 팡노 쇼우교우카 사레마시타.

네, 로마 시대는 빵의 상업화가 되었습니다.

16. 17世紀の パンは どの ように 発展しましたか?

쥬우나나 세이키노 팡와 도노 요우니 핫텐 시마시타카?

17세기의 빵은 어떻게 발전하였습니까?

はい、17世紀は ヨーロッパで ビール酵母が 発見され 酵母パンが 作られました。

하이, 쥬우나나 세이키와 요-롯파데 비-루 코우보가 핫켄사레 코우보팡가 쯔쿠라레마시타.

네, 유럽에서 17세기 유럽에서 맥주효모가 발견되어 효모 빵이 만들어졌습니다.

17. 18世紀の パンは どの ように 発展しましたか?

쥬우하찌 세이키노 팡와 도노 요우니 핫텐 시마시타카?

18세기의 빵은 어떻게 발전하였습니까?

はい、18世紀に パンが 膨らむ 原因の 発見と 蒸気、石油、ガスを 利用した 製粉工場が できました。

하이, 쥬우하찌세이키니 팡가 후쿠라무 겐인노 핫켄토 죠우키, 세키유, 가스오 리요우시타 세이훈 코우죠우가 데키마시타.

네, 18세기에 빵이 부푸는 원인 발견과 증기, 석유, 가스를 이용한 제분공장이 생겨났습니다.

18. 19世紀の パンは どの ように 発展しましたか?

쥬우큐우세이키노 팡와 도노 요우니 핫텐시마시타카?

19세기의 빵은 어떻게 발전하였습니까?

はい、19世紀に イースト 工場が できました。

하이, 쥬우큐우세이키니 이-스토 코우죠우가 데키마시타.

네, 19세기 시대에 이스트 공장이 생겨났습니다.

19. 19世紀の パンは どの ように 発展しましたか?

쥬우큐우세이키노 팡와 도노 요우니 핫텐시마시타카?

19세기의 빵은 어떻게 발전하였습니까?

はい、19世紀の パンは、フランスで 機械式 生地の 発明、石油と ガスを
利用した オーブン、イーストの 産業化に なりました。

하이, 쥬우큐우 세이키노 팡와 후란스데 키카이시키 키지노 하쯔메이, 세키유토 가스오 리요우시타 오-분,
이-스토노 산교우카니 나리마시타.

네, 19세기의 빵은 프랑스에서 기계식 반죽기 발명, 석유와 가스를 이용한 오븐, 이스
트의 산업화가 되었습니다.

20. 現代の パンは どの ように 発展しましたか？

겐다이노 팡와 도노 요우니 핫텐시마시타카?

현대의 빵은 어떻게 발전하였습니까?

はい、現代の パンは 健康パン、天然 発酵 パンを 作って 提供して おります。

하이, 겐다이노 팡와 켄코우팡, 텐넨 핫코우 팡오 쯔쿳테 테이쿄우시테 오리마스.

네, 현대는 건강빵, 천연 발효빵을 만들어 제공하고 있습니다.

製パンの 基本 科学は 何か

ありますか?

세이팡노 키혼 카가쿠와 나니가 아리마스까?

제빵의 기본 과학은 무엇이 있습니까?

日本語 製パン 実務会話

第13課

製パンの 基本 科学は 何か ありますか?

세이팡노 키혼 카가쿠와 나니가 아리마스까?

제빵의 기본 과학은 무엇이 있습니까?

---

01. パンの 基本 科学は 何か ありますか?

팡노 키혼 카카쿠와 나니가 아리마스카?

빵의 기본 과학은 무엇이 있습니까?

はい、25種類 基本 内容か あります。

하이, 니쥬우고슈루이 키혼 나이요우가 아리마스.

네, 25종류의 기본 내용이 있습니다.

パンを 作るのに 小麦粉を 使う 理由、グルテン、パンの 配合、パンの 膨張、パンの 香りの 発生、ベーカリーパーセント、材料の 超過 使用 範囲、パンを 作る 4つの 管理、代表的な パン 生地、ハード系と ソフト系の 生地の 違い、作り やすい パン、難しい パンの 違い、パンを 作る 順序、ミキシングの 目的、ミキシング 不足と ミキシングの 過多は 生地に 影響、生地 温度の 重要、ミキシング後 生地の 中の 化学的 変化、パンの 発酵、第1次発酵と 生地の 温度、第1次発酵の 重点 事項、生地の カット 技術、パンを 焼く 目的、ショックに よる 品質 改良法、パンに 香りが 発生する 原因、焼き パンを 冷やす 理由、パンの 老化、パンの 老化を 遅らせる 方法か あります。

팡오 쯔쿠루노니 코무키코우 쯔카우 리유, 구루텐, 팡노 하이고우, 팡노 보우죠우, 팡노 카오리노 핫세이, 베-카리- 파-센토, 자이료우노 죠우카 시요우 한이, 팡오 쯔쿠루 요쯔노 칸리, 다이효우테키나 빵 키지, 하-도케이토 소후토케이노 키지노 찌가이, 쯔쿠리 야스이 빵 무즈카시이팡노 찌가이, 팡오 쯔쿠루 쥰조, 미키신구노 모쿠테키, 미키신구부소쿠토 미키신구노 카타와 키지니 에이쿄우오, 키지노 온도노 쥬우요우, 미키신구고 키지노 나카노 카가쿠테키 헨카, 팡노 핫코우, 다이이찌지 핫코우토 키지노 온도, 다이이지핫코우노 쥬우텐지코우, 키지노 캇토 기쥬쯔, 팡오 쇼우세이 모쿠테키, 쇼쿠니 요루 힌시쯔 카이료우호우, 팡니 카오리가 핫세이스루 겐인, 야키팡오 히야스 리유우, 팡노 로우카, 팡노 로우카오 오쿠라세루 호우호우가 아리마스.

빵을 만드는 데 밀가루를 사용하는 이유, 글루텐, 빵의 배합, 빵의 팽창, 빵의 향의 발생, 베이커리 퍼센트, 재료의 초과 사용 범위, 빵을 만드는 4가지 관리, 대표적인 빵 반죽, 하드계와 소프트계 반죽의 차이, 만들기 쉬운 빵 어려운 빵의 차이, 빵을 만드는 순서, 믹싱의 목적, 믹싱 부족과 과다는 반죽에 영양, 반죽 온도의 중요, 믹싱 후 반죽의 안의 화학적 변화, 빵의 발효, 제1차 발효와 반죽의 온도, 제1차 발효의 중요사항, 반죽의 커팅 기술, 빵을 굽는 목적, 쇼크에 의한 품질 개량법, 빵에 향이 발생하는 원인, 구운 빵을 식히는 이유, 빵의 노화, 빵의 노화를 늦추는 방법이 있습니다.

パンの 基本 科学 25種類
팡노 키혼 카가쿠 니쥬우고슈루이

빵의 기본 과학 25종류

グルテン 구루텐	パンの 配合 팡노 하이고우	パンの 膨張 팡노 보우죠우	パンの 香り 팡노 카오리	ベーカリーパーセント 베이커리 파-센-토
글루텐	빵의 배합	빵의 팽창	빵의 향	베이커리 퍼센트
材料の 超過 使用 範囲 자이료우노 죠카 시요우 한이	パン 作り 4つの 管理 빵 쯔쿠리 요쯔노 칸리	代表的な パン 生地 다이효우 데키나 빵 키지	ハード系と ソフト系の 生地 하-토게이도 소프토게니노 키지	作り やすいパン、難しいパン 쯔쿠리 야스이 빵, 무스카시이 빵
재료의 초과 사용 범위	빵 만들기 4대 관리	대표적인 빵 반죽	하드계와 소프트계의 반죽	만들기 쉬운 빵, 어려운 빵
抜型 누키카타	細工用品 사이쿠 요우힝	皮むき 카와무키	玉子切り 타마고키리	チーズ切り 찌-즈키리
찍는 틀	세공용품	껍질 벗기기	달걀 자르는 것	치즈 자르는 것
肉用品 니쿠요우힝	ハサミ 하사미	缶切類 캉키루 루이	タイマー 타이마-	しゃく 샤쿠
고기용품	가위	통조림 자르는 류	시계	국자
計量カップ 게이료우캇프	温度計 온도게이	湿度計 시쯔도게이	濃度計 노우도게이	パンの 老化 팡오 로우카
계량컵	온도계	습도계	농도계	빵의 노화

02. パンを 作るのに 小麦粉を 使う 理由は 何ですか?

팡오 쯔쿠루노니 코무기코오 쯔카우 리유우와 난데스카?

빵을 만드는 데 밀가루를 사용하는 이유는 무엇입니까?

はい、パン 作りに 小麦粉を 使う 理由は 小麦粉 たんぱく質の グルテン 性質が パン 作りに 簡単で 適している からです。

하이, 빵 쯔쿠리니 코무기코오 쯔카우 리유우와, 코무기코 탄파쿠시쯔노 구루텐 세이시쯔가 팡 쯔쿠리니 칸탄데 테키시테이루 카라데스.

네, 빵 만들기에 밀가루를 사용하는 이유는 밀가루 단백질의 글루텐 성질이 빵 만들기에 쉽고 적합하기 때문입니다.

03. 小麦粉の 種類は どう やって 分かれますか?

코무기코노 슈루이와 도우얏테 와카레마스카?

밀가루의 종류는 어떻게 나누어집니까?

はい、小麦粉の タンパク質に よって 強力粉、中力粉、薄力粉に 分けられます。

하이, 코무기코노 탄파쿠시쯔니 욧테 쿄우리키코, 쥬우리키코, 하쿠리키코니 와케라레마스.

네, 밀가루의 단백질에 따라 강력분, 중력분, 박력분으로 나누어집니다.

04. パンを 作る グルテンは 何ですか?

팡오 쯔쿠루 구루텐와 난데스까?

빵을 만드는 글루텐은 무엇입니까?

はい、パンを 作る グルテンは 小麦粉の 中に 入っている たんぱく質の グルテニンと グリアジンが、水と 合わさると 堅く 団結して 形成します。

하이, 팡오 쯔쿠루 구루텐와 코무기코 나카니 하잇테이루 탄파쿠시쯔노 구루테닌토 구리아진가, 미즈토 아와사루토 카타쿠 단케쯔시테 케이세이 시마스.

네, 빵을 만드는 글루텐은 밀가루 속에 들어 있는 단백질인 글루테닌과 글리아딘이 물과 만나면 단단하게 뭉쳐서 형성합니다.

05. グルテンの 主要性質は 何ですか?

구루텐노 슈요우 세이시쯔와 난데스카?

글루텐의 주요 성질은 무엇입니까?

はい、グルテンは 小麦粉<small>こむぎこ</small>の たんぱく質<small>しつ</small>で グルテニン(伸展性<small>しんてんせい</small>)、グリアジン (粘着性<small>ねんちゃくせい</small>)に よって 伸展性<small>しんてんせい</small>、粘着性<small>ねんちゃくせい</small>の ある グルテン 組織<small>そしき</small>を 形成<small>けいせい</small>します。

하이, 구루텐와 코무기코 탄파쿠시쯔데 구루테닌(신텐세이) 구리아진(넨챠쿠세이)니 욧테 신텐세이, 넨챠 쿠세이노 아루 구루텐 소시키오 케이세이시마스.

네, 글루텐은 밀가루의 단백질로 글루테닌(신전성), 글리아딘(점착성)에 따라 신장성, 점착성이 있는 글루텐 조직을 형성합니다.

06. グルテンの 役割<small>やくわり</small>は 何<small>なん</small>ですか?

구루텐노 야쿠와리와 난데스카?

글루텐의 역할은 무엇입니까?

はい、グルテンは 水<small>みず</small>に 溶<small>と</small>けず、水<small>みず</small>を 吸収<small>きゅうしゅう</small>し、炭酸<small>たんさん</small>ガスを 守<small>まも</small>る 性質<small>せいしつ</small>が あり 膜<small>まく</small>を 作<small>つく</small>り イーストから 発生<small>はっせい</small>する 炭酸<small>たんさん</small>ガスを 捕集<small>ほしゅう</small>し 膨張<small>ぼうちょう</small>します。

하이, 구루텐와 미즈니 토케즈, 미즈오 큐우슈우시, 탄산가스오 마모루 세이시쯔가 아리 마쿠오 쯔쿠리 이-스토카라 핫세이스루 탄산가스오 호슈우시 팡노 키지오 보우죠우 시마스.

네, 물에 녹지 않고 물을 흡수하며 탄산가스를 지키는 성질이 있으며, 글루텐이 막을 만들어 이스트에서 발생하는 탄산가스를 포집하여 빵의 반죽을 팽창합니다.

07. パンの 配合<small>はいごう</small>は 何<small>なん</small>ですか?

팡노 하이고우와 난데스까?

빵의 배합은 무엇입니까?

はい、パンの 配合<small>はいごう</small>は 材料<small>ざいりょう</small>を 2個<small>にこ</small> 以上<small>いじょう</small>の 量<small>りょう</small>に よって 混合<small>こんごう</small>させる 比率<small>ひりつ</small>、重<small>おも</small>さです。

하이, 팡노 하이고우와 자이료우오 니코 이죠우노 료우니 욧테 콘고우사세루 히리쯔, 오모사데스.

네, 빵의 배합은 재료를 2개 이상 분량에 따라 혼합시키는 비율, 무게입니다.

08. パンの 種類<small>しゅるい</small>に よって、材料<small>ざいりょう</small>の 種類<small>しゅるい</small>と 配合量<small>はいごうりょう</small>が 違<small>ちが</small>います?

팡노 슈루이니 욧테 자이료우노 슈루이토 하이고우료우가 찌카이마스카?

빵의 종류에 따라 재료 종류와 배합량이 다릅니까?

はい、パンの 種類に よって、材料の 種類と 配合量が 違います。

하이, 팡노 슈루이니 욧테, 자이료우노 슈루이토 하이고우료우가 찌가이마스.

네, 빵의 종류에 따라 재료 종류와 배합량이 다릅니다.

09. 食パンの 材料と 砂糖の 比率は どうですか?

쇼쿠팡노 자이료우토 사토우노 히리쯔와 도우데스카?

식빵의 재료와 설탕 비율은 어떻습니까?

はい、食パンは 材料が 少なく 砂糖の 比率は 5~8%です。

하이, 쇼쿠팡와 자이료우가 스쿠나쿠 사토우노 히리쯔와 고~하찌 파-센토데스.

네, 식빵은 재료가 적으며 설탕 비율은 5~8%입니다.

10. 菓子パンの 材料と 砂糖の 比率は どうですか?

카시팡노 자이료우토 사토우노 히리쯔와 도우데스카?

과자빵의 재료와 설탕 비율은 어떻습니까?

はい、菓子パンは 材料が 多く 砂糖の 比率は 20% 以上です。

하이, 카시팡와 자이료우가 오오쿠 사토우노 히리즈와 니쥬우파-센토 이죠우데스.

과자빵은 재료가 많으며 설탕 비율은 20% 이상입니다.

11. 配合で 何を わかりますか?

하이코우데 나니오 와카리마스카?

빵의 배합으로 무엇을 알 수 있습니까?

はい、配合で パンの 製法、特徴、調和、技術者の 考え方、味が わかります。

하이, 하이고우데 팡노 세이호우, 토쿠쵸우, 죠우와, 기쥬쯔샤노 칸가에카타, 아지가 와까리마스.

네, 배합으로 빵의 제법, 특징, 조화, 기술자의 사고방식, 맛을 알 수 있습니다.

12. 配合表の 判断は 何ですか?

하이고우효우노 한단와 난데스카?

배합표의 판단은 무엇입니까?

はい、配合表の 判断は 材料 全体の 調和、ミキシング状態、生地の状態、生地の 発酵、製品の状態、パンの 硬さや 柔らかさを 把握 ことが できます。

하이, 하이고우효우노 한단와 자이료우 젠타이노 죠우와, 미키신구 죠우타이, 키지노 죠우타이, 키지노 핫코우, 세이힌노 죠우타이, 팡노 카타사야 야와라카사오 하아쿠 코토가 데키마스.

네, 배합표의 판단은 재료 전체의 조화, 믹싱 상태, 반죽 상태, 반죽 발효, 제품 상태, 빵의 딱딱함과 부드러움을 파악할 수 있습니다.

13. 配合表の 調節は 何ですか？

하이고우효우노 죠우세쯔와 난데스카?

배합표의 조절은 무엇입니까?

はい、配合表の 調節は 自分の 好み、配合の 科学性、味を 考えます。

하이, 하이고우효우노 죠우세쯔와 지분노 코노미, 하이고우노 카가쿠세이, 아지오 칸가에마스.

네, 배합표의 조절은 자신의 취향, 배합의 과학성, 맛을 생각합니다.

14. パンが 膨らむ 理由は 何ですか？

팡가 후쿠라무 리유우와 난데스카?

빵이 부풀어지는 이유는 무엇입니까?

はい、パンが 膨らむ 理由は イーストが 生地の 中で アルコール形成、炭酸ガスを 発生させ、高温で 焼成で 水蒸気の 膨張した グルテンが 包み 込む ことで 生地が 膨くらみます。

하이, 팡가 후쿠라무 리유우와 이-스토가 키지노 나카데 아루코-루 케이세이, 탄산가스오 핫세이사세, 코우온데 쇼우세이데 스이죠우키노 보우죠우오 시타 구루텐가 쯔쯔미코무 코토데 키지가 후쿠라미마스.

네, 빵이 부풀어 오르는 이유는 이스트가 반죽 속에서 알코올 형성, 탄산가스를 발생시켜, 고온에서 굽기로 수증기가 팽창한 글루텐이 감싸는 것으로 반죽이 부풀어 오릅니다.

15. パンの 膨張は 何ですか？

팡노 보우죠우와 난데스카?

빵의 팽창은 무엇입니까?

はい、パンの 膨張は 生地の 中で アルコール形成 作用、炭酸ガスを 包み 込む、オーブンで 高温から 水蒸気の 膨張に 膨れます。

하이, 팡노 보우죠우와 키지노 나카데 아루코-루 케이세이 사요우, 탄산가스오 쯔쯔미코미, 오-분데 코우온카라 스이죠우키노 보우죠우니 후쿠레마스.

네, 빵의 팽창은 반죽 속에서 알코올 형성 작용, 탄산가스를 감싸고 오븐에서 고온으로 수증기의 팽창으로 부풀어집니다.

16. パンの 香り 成分は どの ようにして 作られますか?

팡노 카오리 세이분와 도노 요우니 시테 쯔쿠라레마스카?

빵의 향기 성분은 어떻게 만들어집니까?

はい、パンの 香り 成分は 材料の 味、イーストの 発酵 中の 発生 成分、焼成 中の 反応 変化に より 作られます。

하이, 팡노 카오리 세이분와 자이료우노 아지, 이-스토노 핫코우 쥬우노 핫세이 세이분, 죠우세이 쥬우노 한노우 헨카니 요리 쯔쿠라레마스.

네, 재료의 맛, 이스트의 발효 중 발생 성분, 굽기 중의 반응 변화에 의해 만들어집니다.

17. ベーカリーパーセントで 配合 比較は どの ようになりますか?

베-카리-파-센토데 하이고우 히카쿠와 도노 요우니 나리마스카?

베이커리 퍼센트로 배합 비교는 어떻게 됩니까?

はい、ベーカリーパーセントで、配合 比較は 5種類の 生地が あります。

하이, 베-카리이파-센토데, 하이고우 히카쿠와 고슈루이노 키지가 아리마스.

네, 베이커리 퍼센트로 배합 비교는 5가지 반죽이 있습니다.

18. パンの 5種類の 生地は 何ですか?

팡노 고슈루이노 키지와 난데스카?

빵의 5종류의 반죽은 무엇입니까?

はい、5種類の 生地は 食パン生地、フランスパン生地、菓子パン生地、バターロール生地、ブリオッシュ 生地です。

하이, 고슈루이노 키지와 쇼쿠팡 키지, 후란스팡 키지, 카시팡 키지, 바타-로-루 키지, 부리옷슈 키지데스.

네, 5종류의 반죽은 식빵 반죽, 프랑스 빵 반죽, 과자빵 반죽, 버터롤 반죽, 브리오슈 반죽입니다.

パンの 5種類 配合 比較

팡노 고슈루이 하이코우 히카구

빵의 5종류 배합 비교

順序 쥰죠 순서	材料名 자이료우메이 재료명	食パン 쇼쿠빵 식빵(%)	フランスパン 후란스팡 프랑스빵(%)	菓子パン 카시빵 과자빵(%)	バターロール 바타-로-루 버터롤(%)	ブリオッシュ 부리오슈 브리오슈(%)
1	強力粉 쿄우리키코 강력분	100 햐쿠	0 레이	80~90 하찌쥬우~ 큐우쥬우	70~90 나나쥬우~ 큐우쥬우	80~90 하찌쥬우~ 큐우쥬우
2	中力粉 쥬우리키코 중력분	0 레이	100 햐쿠	10~30 쥬우~산쥬우	10~30 쥬우~산쥬우	10~20 쥬우~니쥬우
3	薄力粉 하쿠리키코 박력분	10~30 쥬우~산쥬우	0 레이	10~30 쥬우~산쥬우	10~30 쥬우~산쥬우	10~20 쥬우~니쥬우
4	生イースト 나마이-스토 생이스트	2~3 니~산	2~3 니~산	2~5 니~고	2~5 니~고	2~5 니~고
5	ドライイースト 도라이이-스토 드라이 이스트	0 레이	1~2 니~산	1 이찌	1 이찌	1~2 니~산
6	砂糖 사토우 설탕	5~8 고~하찌	0 레이	20~25 니쥬~니쥬고	10~15 쥬우~쥬우고	110~15 쥬우~쥬우고
7	バタ ショートニング 바타-쇼-토닌구 버터(쇼트닝)	3~5 산~고	0 레이	10~15 쥬우~쥬우고	20~25 니쥬우~니쥬우고	20~100 니쥬우~햐큐
8	脱脂粉乳 닷시훈뉴우 탈지분유	2~3 니~산	1~2 이찌~니	2~3 니~산	2~3 니~산	2~5 니~고

9	製パン 改良剤 세이팡카이료우자이 제빵개량제	1~2 이찌~니	1~2 이찌~니	1~2 이찌~니	1~2 이찌~니	3~5 산~고
10	モルトシロップ 모루토시롯푸 몰트시럽	0 레이	1~2 이지~니	3 산	1~2 이찌~니	1~2 이지~니
11	塩 시오 소금	2 니	1~2 이찌~니	0.9~1 레이텐규우~이찌	0.8~1 레이텐하찌~이찌	0.9~1 레이텐규우~이찌
12	鶏卵 케이란 달걀	0 레이	0 레이	10~20 쥬우~니쥬우	10~20 쥬우~니쥬우	10~100 쥬우하큐
13	水 미즈 물	65~70 로쿠쥬우고~나나쥬우	65~70 로쿠쥬우고~나나쥬우	68~72 로쿠쥬우하찌~나나쥬우니	65~60 로쿠쥬우고~로쿠쥬우	45~50 욘쥬우고~고쥬우
合計 고우케이 합계	-	190~223% 햐큐큐우~니하큐니쥬으	172~181% 햐큐나나쥬우니~햐큐하찌이찌	227.9~277% 니큐니쥬우나나텐규우~니하큐니쥬우나나	222.8~264% 니하큐니쥬우산텐산~니하큐니로쿠쥬욘	204.9~240% 니하큐욘텐규우~니하큐욘쥬우

19. 材料の 使用量に 問題が あると どう なりますか？
자이료우노 시요우료우니 몬다이가 아루토 도우 나리마스카?
재료의 사용량에 문제가 있으면 어떻게 됩니까?

はい、材料の 使用量に 問題が あると 生地を 作るのが 難しいく なります。
하이, 자이료우노 시요우료우니 몬다이가 아루토 키지오 쯔쿠루노가 무즈카시쿠 나리마스.
네, 재료 사용량에 문제가 생기면 반죽을 만들기가 어렵게 됩니다.

20. どんな 材料の 使用量を 守るの ですか？
돈나 자이료우노 시요우료우노 마모루 노데스카?
어떤 재료의 사용량을 지키는 것입니까？

はい、小麦粉、砂糖、塩、水、イースト、脱脂粉乳、卵、油脂など 使用量を 守る ことです。

하이, 코무기코, 사토우, 시오, 미즈, 이-스토, 닷시훈뉴우, 타마고, 유시 나도 시요우료우오 마모루 코토데스.

네, 밀가루, 설탕, 소금, 물, 이스트, 탈지분유, 달걀, 유지 등 사용량을 지키는 것입니다.

---

21. パンの 材料の 使用量は どの くらいですか?

팡노 자이료우노 시요우료우와 도노 쿠라이데스카?

빵의 재료의 사용량은 어느 정도입니까?

はい、材料の 砂糖の 使用量は 食パンは 5~10%、菓子パンは 20~25パーセント、塩は 2パーセント、脱脂粉乳は 2パーセント、卵のは 15パーセント、油脂は、15パーセントを 使用します。

하이, 자이료우노 사토우노 시요우료우와 쇼쿠파와 고~쥬우 파-센토, 카시팡와 니쥬우~니쥬우고 파-센토, 시오와 니파-센토, 닷시훈뉴우와 니파-센토, 타마고노 쥬우고 파-센토, 유시와 쥬우고 파-센토오 시요우시마스.

네, 재료의 사용량은 설탕의 배합이 식빵은 5~10%, 과자빵은 20~25%, 소금은 2%, 탈지분유는 2%, 계란은 15%, 유지는 15%를 사용합니다.

---

22. 代表的な パン生地は 何が ありますか?

다이효우테키나 팡키지와 나니가 아리마스카?

대표적인 빵 반죽은 무엇이 있습니까?

はい、代表的なパン生地は、食パン生地、ハード系(フランスパン)生地、フォカッチア生地、ライ麦生地、菓子パン生地、スイートロール生地、バターロール生地、ブリオシュ生地、デニッシュペーストリ生地、クロワッサン生地、発酵菓子 生地の 11種類の 生地があります。

하이, 다이효우테키나 팡키지와 쇼쿠팡키지, 하-도케이(후랑스빵)키지, 호카찌아키지, 라이무키키지, 카시팡키지, 스이-토로-루키지, 바타-로-루키지, 부리오슈키지, 데닛슈페-스토리키지, 쿠로왓상키지, 핫코우카시 키지노, 쥬우이찌 슈루이노 키지가 아리마스.

네, 대표적인 빵 반죽은 식빵 반죽, 하드계(프랑스빵) 반죽, 포카차 반죽, 호밀빵 반죽, 과자빵 반죽, 스위트롤 반죽, 버터롤 반죽, 브리오슈 반죽, 데니시 페이스트리 반죽, 크로와상 반죽, 발효과자 반죽 등 11가지의 반죽이 있습니다.

パン生地
팡 키지

빵 반죽

食パン生地 쇼쿠팡키지	ハード系(フランスパン)生地 하-도케이(후랑스팡) 키지	フォカッチア生地 호캇찌아 키지	ライ麦生地 라이무기키지
식빵 반죽	하드계(프랑스빵) 반죽	포카치아 반죽	호밀빵 반죽
菓子パン生地 카시팡 키지	スイートロール生地 스이-토로-루키지	バターロール生地 바타-로-루 키지	ブリオシュ生地 브리옷슈키지
과자빵 반죽	스위트롤 반죽	버터롤 반죽	브리오슈 반죽
デニッシュペーストリ生地 데니슈페-스토리키지	クロワッサン生地 크로왓상 키지	発酵菓子 生地 핫코우카시 키지	ドーナツ生地 도-나쯔키지
데니시 페이스트리 반죽	크로와상 반죽	발효과자 반죽	도넛 반죽

23. 食パン 生地は どんな 特徴が ありますか？
쇼쿠팡 키지와 돈나 토쿠쵸우가 아리마스카?

식빵 반죽은 어떤 특징이 있습니까?

はい、食パン 生地は 低配合で 淡白な 味で 生クリーム 添加など 柔らかくて 高級な 味です。
하이, 쇼쿠팡 키지와 테이하이고우데 탄파쿠나 아지데 나마쿠리-무 텐카나도 야와라카쿠테 코우큐우나 아지데스.

네, 식빵 반죽은 저배합의 담백한 맛으로 생크림 첨가 등 부드럽고 고급 맛입니다.

24. ハード系 生地(フランスパン)は どんな 特徴が ありますか？
하-도케-키지(후란스팡)와 돈나 토쿠쵸우가 아리마스카?

하드계 반죽(프랑스빵 반죽)은 어떤 특징이 있습니까?

はい、ハード系 生地(フランスパン)は 低配合で 小麦粉、水、イースト、塩で あっさり してます。
하이, 하-도케-키지(후란스팡)와 테이하이고(코무기코), 미즈, 이-스토, 시오데 앗사리 시테마스.

네, 하드계 반죽(프랑스 빵)은 저배합이며, 밀가루, 물, 이스트, 소금으로 담백합니다.

25. ポカッチア 生地は どんな 特徴が ありますか?

포캇찌아 키지와 돈나 토쿠죠우가 아리마스카?

포카치아 반죽은 어떤 특징이 있습니까?

はい、ポカッチア 生地は イタリアで オリーブオイルを 入れて 食事の 時に 食べる 平べったい パンです。

하이, 포캇찌아 키지와 이타리아데 오리-부오이루오 이레테 쇼쿠지노 토키니 타베루 헤이벳타이 팡데스.

네, 포카치아 반죽은 이탈리아에서 올리브 오일을 넣어 식사 때 먹는 납작한 빵입니다.

26. ライ麦パン 生地は どんな 特徴が ありますか?

라이무기빵 키지와 돈나 토쿠죠우가 아리마스카?

호밀빵 반죽은 어떤 특징이 있습니까?

はい、ライ麦粉を使用し、サワー種法で 作られて おり、食物 繊維が 多い パンです。

하이, 라이무기코오 시요우시, 사와-타네호우데 쯔쿠라레테 오리 쇼쿠모쯔센이가 오오이 팡데스.

네, 호밀 가루를 사용하며 사워종법으로 만들며 식이섬유가 많은 빵입니다.

27. 菓子パン 生地は どんな 特徴が ありますか?

카시팡 키지와 돈나 토쿠죠우가 아리마스카?

과자빵 반죽은 어떤 특징이 있습니까?

はい、菓子パン 生地は 砂糖 20パーセント、バター、卵の 使用量が 多い 高級 配合 パンで アンパン、クリームパン、そぼろパンが あります。

하이, 카시팡 키지와 사토우 니쥬우 파-센토, 바타-, 타마고노 시요우료우가 오오이 코우큐우 하이고우 빵데, 안빵, 쿠리-무빵, 소보로팡가 아리마스.

네, 과자빵 반죽은 설탕 20%, 버터, 달걀의 사용량이 많은 고급 배합빵으로 단팥빵, 크림빵, 소보로빵이 있습니다.

28. スイトロール 生地は どんな 特徴が ありますか?

스이토 로-루 키지와 돈나 토쿠죠우가 아리마스카?

스위트롤 반죽은 어떤 특징이 있습니까?

はい、スイトロール 生地は 甘みが あり、菓子パン 生地の 代わりに 使います。

하이, 스이토 로-루키지와 아마미가 아리, 카시팡 키지노 카와리니 쯔카이마스.

네, 스위트롤 반죽은 단맛이 있으며 과자빵 반죽 대신으로 사용합니다.

29. バターロール 生地は どんな 特徴が ありますか？

바타-로-루 키지와 돈나 토쿠쵸우가 아리마스카?

버터롤 반죽은 어떤 특징이 있습니까?

はい、バターロール 生地は バターと 卵が 多く、配合の 調和が いいです。

하이, 바타-로-루키지와 바타-토 타마고가 오오쿠, 하이고우노 쵸우와가 이이데스.

네, 버터롤 반죽은 버터, 달걀이 많고 배합의 조화가 좋습니다.

30. ブリオッシュ 生地は どんな 特徴が ありますか？

부리옷슈 키지와 돈나 토쿠쵸우가 아리마스카?

브리오슈 반죽은 어떤 특징이 있습니까?

はい、ブリオッシュ 生地は、フランスの 卵、バターが 多い 高級な 生地です。

하이, 부리옷슈 키지와 후란스노 타마고, 바타-가 오오이 코우큐우나 키지데스.

네, 브리오슈 반죽은 프랑스의 달걀, 버터가 많은 고급 반죽입니다.

31. デニッシュペーストリー 生地は どんな 特徴が ありますか？

데닛슈페스토리- 키지와 돈나 토쿠쵸우가 아리마스카?

데니시 페이스트리 반죽은 어떤 특징이 있습니까?

はい、デニッシュペーストリー生地は パンが 層を なしており 独特の 味、風味、食感が あります。

하이, 데닛슈페스토리-키지와 팡가 소우오 나시테오리 도쿠토쿠노 아지, 후우미, 숫칸가 아리마스.

네, 데니시 페이스트리 반죽은 빵이 여러 층으로 반죽이 만들어져 독특한 맛, 풍미, 식감이 있습니다.

32. クロワッサン 生地は どんな 特徴が ありますか？

쿠로왓산 키지와 돈나 토쿠쵸우가 아리마스카?

크로아상 반죽은 어떤 특징이 있습니까?

はい、クロワッサン 生地は 生地に 油脂が 層を 作り、低配合、高級 配合が あります。

하이, 쿠로왓산 키지니와 키지니 유시가 소우오 쯔쿠리, 테이하이고우, 코우큐우 하이고우가 아리마스.

네, 크로아상 반죽은 반죽에 유지가 층을 만들며 저배합, 고급 배합이 있습니다.

33. 発酵菓子 生地は どんな 特徴が ありますか？

핫코우 카시 키지와 돈나 토쿠쵸우가 아리마스카?

발효 과자 반죽은 어떤 특징이 있습니까?

はい、発酵菓子 生地は 焼き菓子に 似ており、パネトーネ、シュトーレン生地が 代表的です。

하이, 핫코우 카시노 키지와 야키카시니 니테오리, 파네토-네, 슈토-렌키지가 다이효우테키데스.

네, 발효 과자 반죽은 구움과자와 비슷하며 파네토네, 슈톨렌 반죽이 대표적입니다.

34. ハード系 生地と ソフト系 生地の 違いは 何ですか？

하-도케-키지토 소후토케이 키지노 찌가이와 난데스카?

하드계 반죽과 소프트계 반죽의 차이는 무엇입니까?

はい、ハード系 生地と ソフト生地の 違いは、材料 配合の 数の 増減です。

하이, 하-도케-키지토 소후토키지노 찌가이와 자이료우 하이고우노 카즈노 조우겐데스.

네, 하드계 반죽과 소프트 반죽의 차이는 재료 배합 숫자의 증감입니다.

小麦粉、モルト シロップ、砂糖、卵、イースト、水の 使用量、製品の 色などが 違います。

코무기코, 모루토 시롯푸, 사토우, 타마고, 이-스토, 미즈노 시요우료우, 세이힌노 이로나도가 찌가이마스.

밀가루, 중력분, 몰트 시럽, 설탕, 달걀, 이스트, 물 사용량, 제품 색깔 등이 다릅니다.

ハード系 生地と ソフト系

하ー도케ー키지토 소후토키지노

하드계 반죽과 소프트 반죽

材料 種類 자이료우 슈루이 재료 종류	ハード系 하ー도케이 하드계 빵	ソフト系 パン 소후토케이 빵 소프트계 빵
小麦粉 코무기코 밀가루	ハード系は中力粉、フランスパン専用の 小麦粉を 使用して います。 하ー도케이와 쥬우리키코나 후란스팡 센요오노 코무기코오 시요우시테이마스. 하드계는 중력분, 프랑스빵 전용 밀가루를 사용합니다.	ソフト系は 強力粉を 使用し、薄力粉が 10~30% 配合されています。 소후토케이와 쿄우리키코 시요우시 하쿠리키코나가 쥬우~산우 파ー센트 하이고우사레테이마스. 소프트계는 강력분을 사용하며, 박력분이 10~30%를 배합합니다.
モルトシロップ 모루토시롯푸 몰트 시럽	ハード系パンの モルトシロップは、麦芽糖と 酵素の 増加に より使用が 必須です。 하ー도케이팡노 모루토시롯푸와 바쿠가토우토 코우소노 조우카니 요리 시요우가 힛스데스. 하드계 빵의 몰트 시럽은 맥아당과 효소증가로 사용이 필수적입니다.	ソフト系パンの モルトシロップは 使用が 必須では ありません。 소후토케이팡노 모루토시롯푸와 시요우가 힛스데와 아리마센. 소프트계 빵의 몰트 시럽은 사용이 필수적이 아닙니다.
砂糖 사토우 설탕	砂糖は ハード系パンに 3~5% 以下で 使用します。 사토우와 하ー도케이팡니 산~고 파ー센토이카데 시요우시마스. 설탕은 하드계 빵에 3~5% 이하로 사용합니다.	砂糖は ソフトド系に 20~25% 添加して 使います。 사토우와 소후토케이지니 니쥬우~니쥬우고 파ー센토 텐카시테 쯔카이마스. 설탕은 소프트 반죽에 20~25%를 첨가하여 사용합니다.
卵 타마고 달걀	卵は ハード系パン、食パンに 使用いたしません。 타마고와 하ー도케이빵 쇼쿠팡니 시요우이타시마센. 달걀은 하드계 빵, 식빵에 사용하지 않습니다.	卵は ソフト系 パンに 10~20% 使用しています。 타마고와 소후토케이팡니 쥬우~니쥬우 파ー센토 시요우시테이마스. 달걀은 소프트계 빵에 10~20%를 사용합니다.
イースト 이ー스토 이스트	生イーストは ドライイーストの 1/3%で 使用します。 나마이ー스토와 도라이이ー스토우노 이찌~산 파ー센토데 시요우마스. 이스트는 드라이 이스트의 1/3%로 사용합니다.	イーストは 生イーストを 3~5% 程度 使用します。 이ー스토와 나마이ー스토우 산~고 파ー센토테이도 시요우마스. 이스트는 생이스트를 3~5% 정도 사용합니다.

水の 使用量 みずの しょうりょう 미즈노 시요우료우 물 사용량	水の 使用量は ソフト系パン より 若干 少ないです。 水の 使用量は 食パンより バターロールが少し 多いです。 미즈노 시요우료우와 소후토팡 요리 자칸 스쿠나이데스. 물 사용량은 소프트 빵보다 약간 적습니다.	水の 使用量は 食パンより バターロールが少し 多いです。 미즈노 시요우료우와 쇼쿠팡 요리 바-아로오루가 스코시 오오이데스. 물 사용량은 식빵보다 버터롤이 약간 많습니다.
製品の 色 せいひんの いろ 세이힌노 이로 제품 색깔	製品の 色は ハード系パンは 卵を 使用していないので、白い 製品です。 세이힌노 이로와 하-도케이팡와 타마고오 시요우시테이나이노데 시로이 세이힌데스. 제품 색깔은 하드계 빵은 달걀을 사용하지 않아 제품이 하얗습니다.	製品の 色は ソフト系パンは 卵が 入って 黄色です。 세이힌노 이로와 소후토케이팡와 타마고가 하잇테 키이로데스. 제품 색깔은 소프트계 빵은 달걀이 들어가 노랗습니다.

35. 作り やすい パンは 何ですか?

쯔쿠리 야스이 팡와 난데스카?

만들기 쉬운 빵은 무엇입니까?

はい、作り やすい パン、難しい パンは 小麦粉 100パーセント、発酵源、製法、成形、生地、油脂折り、天然酵母、サワー種の 9つの 要因に よって 違います。

하이, 쯔쿠리 야스이 빵, 무즈카시이 팡와 코무기코 하쿠 파-센토, 핫코우겐, 세이호우, 세이케이, 키지, 유시 오리, 텐넨코우보, 사와-타네노 코코쯔노 요우인니 욧테 찌가이마스.

네, 만들기 쉬운 빵, 어려운 빵은 밀가루 100%, 발효원, 제법, 성형, 반죽, 유지 접기, 천연효모, 사워종 등 9가지 요인에 의해 달라집니다.

作り やすい パン、難しい パン

쯔쿠리 야스이 빵, 무즈카시이 팡

만들기 쉬운 빵, 어려운 빵

順序 쥰죠 순서	要素 유우소 요소	作り やすいパン 쯔쿠리 야스이 빵 만들기 쉬운 빵	作り 難しいパ 쯔쿠리 무즈카시이 빵 만들기 어려운 빵
1	材料の 使用量 자이료우노 시요우료우 재료의 사용량	材料の 使用量が 多い ほど、パン作りが しやすく なります。 자이료우노 시요우료우가 오오이 호도 팡쯔쿠리가 시야스쿠 나리마스. 재료의 사용량이 많을수록 빵 만들기가 쉬워집니다.	材料の 使用量が 少ないと 生地 耐性が 弱く、パン作りが 難しく なります。 자이료우노 시요우료우가 스쿠나이토 키지타이세이가 요와쿠 팡쯔쿠리가 무즈카시쿠 나리마스. 재료의 사용량이 적으면 반죽 내성이 약해서 빵 만들기가 어려워집니다.

2	小麦粉 100% 코무기코 하쿠 파-센토 밀가루 100%	小麦粉 100%は パンを 作るのが やすいです。 코무기코 하쿠 파-센토와 팡오 쯔쿠루노가 야스이데스. 밀가루 100%는 빵을 만들기가 쉽습니다.	ライ麦、麦、米粉など 粉の 比率が 増える ほど パン作りが 難しく なります。 라이무기, 무기, 코메코오 코나노 와리아이가 후에루호도 팡쯔쿠리가 무즈카시쿠 나리마스. 호밀, 보리, 쌀가루 등 가루 비율이 증가할수록 빵 만들기가 어렵습니다.
3	発酵源 핫코우겐 발효원	発酵源は、ドライイースト→ 生イースト → 天然酵母→ サワー種の 順で パン作りが やすいです。 핫코우겐와 도라이이-스토 나마이-스토 텐넨코우보 사와-타네노 쥰데 팡쯔쿠리가 야스이데스. 발효원은 드라이 이스트→생이스트→ 반죽 천연효모→ 사워종 순서로 빵 만들기가 쉽습니다.	天然酵母、自家製酵母を 使用すると、パン作りが 難しいです。 텐넨코우보 지카세이코우보오 시요우스루토, 팡쯔쿠리가 무즈카시이데스. 천연효모, 자가제 효모를 사용하면 빵 만들기가 어렵습니다.
4	製法 세이호우 제법	ストレート法は パン作りが 簡単です。 스토레-토호우와 팡쯔쿠리가 칸탄데스. 스트레이트 법은 빵 만들기가 간단합니다.	スポンジ法は パン作りが 難しいです。 스폰지호우와 팡쯔쿠리가 무즈카시이데스. 스펀지법은 빵 만들기가 어렵습니다.
5	成形 세이케이 성형	成形が 簡単な ものが パン作り やすいです。 세이케이가 칸탄나 모노가 빵 쯔쿠 리야스이데스. 성형이 간단한 것이 빵 만들기 쉽습니다.	成形が 複雑なのが パン作りが 難しいです。 세이케이가 후쿠자쯔나노가 팡쯔쿠리가 무즈카시이데스. 성형이 복잡한 것이 빵 만들기 어렵습니다.
6	生地 키지 반죽	食パン、バターロールの 生地は 作り やすいです。 쇼쿠빵 바타-로-루노 키지와 쯔쿠리 야스이데스. 식빵, 버터롤 반죽은 만들기가 쉽습니다.	フランスパン、ブリオッシュ生地は 作りが 難しいです。 후란스팡, 부리옷슈키지와 쯔쿠루노가 무즈카시이데스. 프랑스 빵, 브리오슈 반죽은 만들기가 어렵습니다.
7	油脂折り畳み作業 유시 오리타타미사교우 유지 접기 작업	生地に 油脂 折り畳み 作業が ないと、パン作りが やすいです。 키지니 오리타타미 사교우가 나이토 팡쯔쿠리가 야스이데스. 반죽에 유지 접기 작업이 없으면 빵 만들기가 쉽습니다.	デニッシュペーストリー、クロワッサンの 生地は 油脂を 折り畳み 作業が あり、パン作りが 難しいです。 데닛슈페스토리- 쿠로왓산노 키지와 아부라가 아미오 오리타타미 사교우가 아리 팡쯔쿠리가 무즈카시이데스. 데니시 페이스트리, 크로아상 반죽은 유지를 접기작업이 있어 만들기가 어렵습니다.

8	**天然酵母・自然種** てんねん こうぼ しぜん たね 텐넨코우보 시젠타네 천연효모ㆍ 자연종 (사워종)	天然酵母・自然種(サワー種)は、パン 作りが 難しいです。 てんねん こうぼ　しぜん たね　　　　たね　　　　　つく むずか 텐넨코우보 시젠타네 사와-타네와 팡쯔쿠리가 무즈카시이데스. 천연효모, 자연종(사워종)은 빵 만들기 어렵습니다.	生イーストは パン作りが 簡単です。 なま　　　　　　　つく　　　　かんたん 나마이-스토와 팡쯔쿠리가 칸탄데스. 생이스트는 빵 만들기 간단합니다.
9	**やすい生地** きじ 야스이 키지 쉬운 반죽	バターロール生地は、生地への 耐性が 高く、パン作りが 簡単です。 きじ　　　きじ　　　たいせい　たか　　　　つく　　　かんたん 바타-로-루키지와 키지에노 타이세이가 타카쿠 팡쯔쿠리가 칸탄데스. 버터롤 반죽은 반죽 내성이 높아 빵 만들기가 간단합니다.	フランスパン、ライ麦パンの 生地は 生地耐性、材料の 調和が 悪いので パン作りが 難しいです。 むぎ　　　きじ　きじ たいせい　ざいりょう　ちょうわ　わる　　　　つく むずか 후란스팡 라이무기팡노 키지와 키지타이세이 자이료우노 죠우와가 와루이노데 팡쯔쿠리가 무즈카시이데스. 프랑스 빵, 호밀빵 반죽은 반죽 내성, 재료 조화가 나빠서 빵 만들기 어렵습니다.

製パン 技術は 何が ありますか?
せい ぎじゅつ なに

세이팡 기쥬쯔와 나니가 아리마스카?

제빵 기술은 무엇이 있습니까?

日本語 製パン 実務会話

第14課

製パン 技術は 何が ありますか?
세이팡 기쥬쯔와 나니가 아리마스카?

제빵 기술은 무엇이 있습니까?

01. 製パン 技術は 何が ありますか?
세이팡 기쥬쯔와 나니가 아리마스카?

제빵 기술은 무엇이 있습니까?

はい、天然発酵 種作り、材料 計量、ミキシング方法、分割、丸め、成形、ピーリング、ガス抜き、卵液 塗り、焼成 準備、焼成、焼成 後の 仕上げの 12 技術が あります。

하이, 텐넨핫코우 타네 쯔쿠리, 자이료우 케이료우, 미키신구호우호우, 분카쯔, 마루메, 세이케이, 파-린구, 가스누키, 타마고에키 누리, 쇼우세이 쥰비, 쇼우세이, 쇼우세이고노 시아게노 쥬우니 기쥬쯔가 아리마스.

네, 천연발효종 만들기, 재료 계량, 믹싱 방법, 분할, 둥글리기, 성형하기, 필링, 가스 빼기, 달걀물 칠하기, 굽기 준비, 굽기, 굽기 후 마무리 등 12가지의 기술이 있습니다.

02. 製パン 技術は どの ように 学ぶ ますか?
세이팡 기쥬쯔와 도노 요우니 마나비 마스카?

제빵 기술은 어떻게 배웁니까?

はい、製パン 技術は 自分で 感じて 経験で 基礎的な 技術を 身に つける と 製造 能力が 生まれます。

하이, 세이팡 기쥬쯔와 지분데 칸지테 케이켄데 키소테키나 기쥬쯔오 미니 쯔케루토 세이죠우 노우료쿠가 우마레마스.

네, 제빵 기술은 스스로 느끼고 경험으로 기초적인 기술을 익히면 제조 능력이 생깁니다.

03. 製パン 技術は 何を 習えば いいですか?

세이팡 기쥬쯔와 나니오 나라에바 이이데스카?

제빵 기술은 무엇을 배워야 합니까?

はい、製パン技術は 材料、生地の種類、生地の状態、発酵 管理、焼成、仕上げ方 など パン作りを 学ぶのです。

하이, 세이팡 기쥬쯔와 자이료우, 키지노 슈루이, 키지노 죠우타이, 핫코우칸리, 쇼우세이, 시아게카타나도 팡 쯔쿠리오 마나부노데스.

네, 제빵기술은 재료, 반죽의 종류, 반죽의 상태, 발효 관리, 굽기, 마무리 방법 등 빵 만들기를 배우는 것입니다.

製パン 技術

세이팡 기쥬쯔

제빵 기술

順序 쥰죠 순서	製パンの 技術 세이팡노 기쥬쯔 제빵의 기술	製パンの 技術 説明 세이팡노 기쥬쯔 세쯔메이 제빵의 기술 설명
1	天然発酵 種 作り 텐넨핫코우타네 쯔쿠리 천연발효 종 만들기	自然種、天然発酵 種 作りを 習得します。 시젠타네 텐넨핫코우 타네 쯔쿠리오 슈우토쿠시마스. 자연종, 천연발효 종 만들기를 습득합니다.
2	材料 計量 자이료우 케이료우 재료 계량	材料 計量は 秤を 使って 正確に 測定します。 자이료우 케이료우와 하카리오 쯔캇테 세이카쿠니 소쿠테이시마스. 재료 계량은 저울을 사용하여 정확히 측정합니다.
3	ミキシング 方法 미키신구 호우호우 믹싱 방법	ミキシング 方法、ミキサー 機械の 使い方、生地 作りを 習得 します。 미키신구 호우호우 미키사-키카이노 쯔카이카타, 키지쯔쿠리오 슈우토쿠시마스. 믹싱 방법, 믹서 기계 사용법, 반죽 만들기를 습득합니다.
4	分割 분카쯔 분할	分割は 正確な 重量に します。 분카쯔와 세이카쿠나 쥬우료우니 시마스. 분할은 정확한 중량으로 합니다.
5	丸め 마루메 둥글리기	丸めは 大きい物、小さい物を します。 마루메와 오오키이 모노 찌이사이. 모노오 시마스. 둥글리기는 큰 것, 작은 것을 합니다.
6	成形 세이케이 성형	成形は 安定して、生地は 同じ ように 作ります。 세이케이와 안테이시테 키지와 오나지 요우니 쯔쿠리마스. 성형은 안정되고, 반죽은 같게 만듭니다.

7	ピーリング 피-린구 필링	ピーリングは、量と位置を正確にします。 피-린구와 료우토 이찌오 세이카쿠니 시마스. 필링은 양과 위치를 정확히 합니다.
8	ガス抜き 가스누키 가스빼기	適当なガス抜きをします。 테키토우나 가스누키오 시마스. 적당한 가스빼기를 합니다.
9	卵を塗り 타마고 누루 달걀 칠하기	卵を塗りはまんべんなく薄く塗ります。 타마고 누루와 만벤나쿠 우스쿠 누리마스. 달걀 칠하기는 골고루 얇게 칠합니다.
10	焼成準備 쇼우세이 준비 굽기 준비	焼成準備はピーリング、トッピング、カットを正確にします。 쇼우세이 준비와 피-린구 톳핀구 캇토오 세이카쿠니 시마스. 굽기 준비는 필링, 토핑, 커팅을 정확히 합니다.
11	焼成 쇼우세이 굽기	焼成は適当な温度と時間で焼きます。 쇼우세이와 테키토우나 온도토 지칸데 쇼우세이마스. 굽기는 적당한 온도와 시간으로 굽습니다.
12	焼成後仕上げ 쇼우세이 고 시아게 굽기 후 마무리	焼成後仕上げをします。 쇼우세이 고 시아게오 시마스. 굽기 후 마무리를 합니다.

04. ミキシングの目的は何ですか?

미키신구노 모쿠테키와 난데스카?

믹싱의 목적은 무엇입니까?

はい、ミキシングの目的は材料をミキサーに入れて混ぜることで、いい生地を作ることです。

하이, 미키신구노 모쿠테키와 자이료우 미키사-니 이레테 마제루 코토데, 이이 키지오 쯔쿠루 코토데스.

네, 믹싱의 목적은 재료를 믹서에 넣고 섞어서 좋은 반죽을 만드는 것입니다.

ミキシング
미키싱구

믹싱

順序 じゅんじょ 준죠 순서	ミキシングの要因 よういん 미키싱크노 요우인 믹싱의 요인	ミキシングの 要因 内容 よういん ないよう 미키싱크노 요우인 나이요우 믹싱의 요인 내용
1	ミキシングの 目的 もくてき 미키신구노 모쿠테키 믹싱의 목적	ミキシングの 目的は 材料を 均一に 分散させる ことです。 미키신구노 모쿠테키와 자이로우오 킨이쯔니 분산사세루 코토데스. 믹싱의 목적은 재료를 균일하게 분산시키는 것입니다. ミキシングの 目的は に 適度な 弾力性、伸張性を 付与(グルテン 組織の 形成) し、生地 空気の 混入を します。 미키신구노 모쿠테키 키지니 테키도나 단료쿠세이, 신텐세이오 후요(구루텐소시키노 케이세이) 시, 키지쿠우키노 콘뉴우오 시마스. 믹싱의 목적은 반죽에 적당한 탄력성, 신장성을 부여(글루텐 조직의 형성)하 며, 반죽 공기의 혼입을 합니다.
2	ミキシングで 重要な 事項4つ じゅうよう じこう 미키신구데 쥬우요우나 지코우 욧쯔 믹싱의 중요한 사항 4가지	ミキシングで 重要な 事項 4つは グルテン形成、ミキシング時間、水温、摩擦熱です。 미키신구데 쥬우요우나 지코우 욧쯔와 구루텐케이세이, 미키신구지칸, 스이온, 마사쯔네쯔데스. 믹싱의 중요한 사항 4가지는 글루텐 형성, 믹싱 시간, 물의 온도, 마찰열입니다. グルテン形成は 弾力性、伸張性、空気の 混入、イースト 発酵 機能に 必要です。 구루텐케이세이와 단료쿠세이, 신텐세이, 쿠우키노 콘뉴, 이-스토핫코우 키노오니 히쯔요우데스. 글루텐 형성은 탄력성, 신장성 되며, 공기의 혼입, 이스트 발효 기능에 필요합니다. ミキシングの 時間は 生地の 種類、製法、材料に よって 違います。 미키신구노 지칸와 키지노 슈루이, 세이호우, 자이료우니 욧테 찌가이마스. 믹싱의 시간은 반죽의 종류, 제조법, 재료에 따라 달라집니다. 水の 温度で 生地の 温度を 合わせます。 미즈노 온도데 키지노 온도오 아와세마스. 물의 온도로 반죽 온도를 맞춥니다. ミキシングは 摩擦熱が 発生します。 미키신구와 마사쯔네쯔가 핫세이마스. 믹싱은 마찰열이 발생합니다.
3	ミキシングの 6段階 だんかい 미키신구노 로쿠 단카이 믹싱의 6단계	ミキシングの 6段階は ピックアップ 段階、クリーンアップ段階、結合段階、最終 段階、垂れ 段階、破壊 段階です。 미키신구노 로쿠 단카이와 핏쿠앗푸 단카이, 쿠-린앗푸 단카이, 케쯔고우 단카이, 사이슈우 단카 이, 타레 단카이, 하카이 단카이데스. 믹싱의 6단계는 픽업 단계, 클린업 단계, 결합 단계, 최종 단계, 처짐 단계, 파 괴 단계입니다.

		ピックアップ 段階は 小麦粉、水などの 材料が 少し 混ざった 状態です。
		핏쿠앗푸 단카이와 코무기코, 미즈나도노 자이료우가 스코시 마잣타 죠우타이데스.
		픽업 단계는 밀가루, 물 등 재료가 대충 섞인 상태입니다.
		クリーンアップ 段階は 水、小麦粉など グルテン組織の 形成を 始めます。
		쿠리-앗푸 단카이와 미즈, 코무기코도 구루텐소시키노 케이세이오 하지메마스.
		클린업 단계는 물, 밀가루 등 글루텐 조직이 형성되기 시작합니다.
		結合 段階は グルテンの 伸長性、弾力性を 生み出します。
		케쯔고우 단카이와 구루텐노 신텐세이, 단료쿠세이오 우미다마스.
		결합 단계는 글루텐의 신장성, 탄력성이 생깁니다.
		最終 段階は 生地に 弾力が ある 最適の 段階です。
		사이슈우 단카이와 키지니 단료쿠가 아루 사이테키노 단카이데스.
		최종 단계는 반죽의 탄력이 있는 최적의 단계입니다.
		垂れ下がる 段階は 生地が 垂れ下がる、伸びが 悪くなります。
		타레사가루 단카이와 키지가 타레사가루, 노비가 와루쿠 나리마스.
		처짐 단계는 반죽이 처지고 신장성이 나빠집니다.
		破壊 段階は 生地が 弾力性を 失って 作れません。
		하카이 단카이와 키지가 단료쿠세이오 우시낫테 쯔쿠레마센.
		파괴 단계는 반죽이 탄력성은 잃어 만들 수 없습니다.
4	最適なミキシング 사이테키나 미키신구 최적의 믹싱	最適なミキシングは 配合、計量、作業 工程の どれも よく できて、いいパンを 作れる 時です。
		사이테키나 미키신구와 하이고우, 케이료우, 사교우코우테이노 도레모 요쿠 데키테, 이이 팡오 쯔쿠레루 토키데스.
		최적의 믹싱은 배합, 계량, 작업 공정이 모두 잘 되어 좋은 빵을 만들 수 있을 때입니다.

05. ミキシング不足、ミキシング過多は 生地に どんな 影響を 与えますか？

미키신구 후소쿠, 미키신구 카타와 키지니 돈나 에이쿄우오 아타에마스카?

믹싱 부족, 믹싱 과다는 반죽에 어떤 영향을 줍니까?

はい、パンが 硬く なって おいしく ありません。

하이, 팡가 카타쿠 낫테 오이시쿠 아리마센.

네, 빵이 딱딱하게 되고 맛이 없습니다.

順序 쥰죠 순서	材料 種類 자이료우노 슈루이 재료 종류	超過 範囲の 説明 죠우카 한이노 세쯔메이 초과 범위의 설명
1	ミキシング不足 미키신구 부소쿠 믹싱 부족	ミキシング不足は 発酵が 遅く、小さくて 硬くて 皮がつまった パンに なります。 미키신구 부소쿠와 핫코우가 오소쿠, 찌이사쿠테 카타쿠테 카와가 쯔맛타 팡니 나리마스. 믹싱 부족은 발효가 늦고, 작고 딱딱하고 내상이 촘촘한 빵이 됩니다.
2	ミキシング過多 미키신구카타 믹싱 과다	ミキシング過多は 発酵が 早く、垂れ下がるが 起きて 味と 風味の 悪い パンに なります。 미키신구카타와 핫코우가 하야쿠, 타레사가루가 오키테 아지토 후우미노 와루이 팡니 나리마스. 믹싱 과다는 발효가 빠르고 처짐이 일어나 맛과 풍미가 나쁜 빵이 됩니다.
3	ミキシング時間 が 短いパン 미키신구지칸가 미지카이 빵 믹싱 시간이 짧은 빵	ミキシング時間が 短い パンは、イタリアの グリッシーニ、ピタパン、デニッシュペーストリー、パイ類です。 미키신구지칸가 미지카이 팡와 이타리아노 구릿시-니, 피타 빵, 데닛슈페스토리-, 파이루이데스. 믹싱 시간이 짧은 빵은 이탈리아의 그리시니, 피타빵, 데니시 페이스트리, 파이류입니다.
4	ミキシング時間 の 長いパン 미키신구지칸노 나가이 팡 믹싱 시간이 긴 빵	ミキシング時間の 長い パンは ハンバーガーパンです。 미키신구 지칸노 나가이 팡와 한바-가- 팡데스. 믹싱 시간이 긴 빵은 햄버거 빵입니다.

06. 生地の 温度は なぜ 重要ですか？

키지노 온도와 나제 쥬우요우데스카?

반죽 온도는 왜 중요합니까?

はい、生地の 温度は いいパンを 作る 発酵の 要因からです。

하이, 키지노 온도와 이이 팡오 쯔쿠루 핫코우노 요우인 카라데스.

네, 반죽 온도는 좋은 빵을 만드는 발효의 요인이기 때문입니다.

パンの 種類に よって 適当な 生地の 温度が あります。

팡노 슈루이니 욧테 테키토우나 키지노 온도가 아리마스.

빵의 종류에 따라 적당한 반죽 온도가 있습니다.

順序 죠죠 순서	生地 温度 要因 키지 온도 요우인 반죽 온도 요인	生地 温度の 内容 키지노 온도노 나이요우 반죽 온도의 내용
1	生地の 温度が高すぎる。 키지노 온도가 타카스기루. 반죽 온도가 너무 높다.	生地の 温度が 高すぎると、発酵が 行き過ぎて イーストの 臭いがし、たるんだ パンに なります。 키지노 온도가 타카스기루토 핫코우가 이키스기테 이-스토노 니오이가시 타룬다 팡니 나리마스. 반죽 온도가 너무 높으면 발효가 지나쳐 이스트 냄새가 나고 처진 빵이 만들어집니다.
2	生地の 温度が低すぎる。 키지노 온도가 히쿠스기루. 반죽 온도가 너무 낮다.	生地の 温度が 低すぎると イーストの 活動が 悪く、発酵 不足に より 小さく 硬いパンに なります。 키지노 온도가 히쿠스기루토 이-스토노 카쯔도우가 와루쿠, 핫코우 부소쿠니 요리 찌이사쿠 카타이 팡니 나리마스. 반죽 온도가 너무 낮으면 이스트 활동이 나빠서 발효 부족으로 작고 딱딱한 빵이 만들어집니다.
3	適正な 生地の温度 테키세이나 키지노 온도 적정 반죽 온도	適正な 生地の 温度は 25℃ 前後、湿度は 80% ほどで、良いパンに 仕上がります。 테키세이나 키지노 온도와 니쥬우고 젠고, 시쯔도와 하찌쥬우 파-센토호도데, 이이 팡니 시아가리마스. 적정 반죽 온도는 25℃ 전후, 습도 80% 정도로 좋은 빵이 만들어집니다.
4	イーストの 適正 温度 이-스토노 테키세이 온도 이스트의 적정온도	イーストの 適温は、水温、生地 温度、糖使用量、栄養素に よって 活動速度が 違います。 이-스토노 테키온와 스이온 키지온도, 토우시요우료우, 에이요우소니 욧테 카쯔도우 소쿠도가 찌가이마스. 이스트의 적정 온도는 물 온도, 반죽 온도, 당 사용량, 영양소에 따라 활동 속도가 달라집니다. イーストの 活動 温度は 25~38℃です。 이-스토노 카쯔도우온도와 니쥬우고~산쥬우하찌도 데스. 이스트의 활동 온도는 25~38℃ 입니다.
5	発酵 速度 핫코우 소쿠도 발효 속도	発酵 速度は、イーストの 質や 量、グルテン組織の 形成 中、生地の 温度、環境に よって 違います。 핫코우 소쿠도와 이-스토노 시쯔야 료우, 구루텐소시키노 케이세이 쥬우, 키지노 온도, 칸쿄우니 욧테 찌가이마스. 발효 속도는 이스트의 질과 양, 글루텐 조직의 형성 상태, 반죽 온도, 환경에 따라서 달라집니다.

07. ミキシング後の 生地の 化学的 変化は どの ように 起こりますか?

미쿠신구고노 키지노 카가쿠테키 헨카와 도노 요우니 오코리마스카?

밀싱 후 반죽의 화학적 변화는 어떻게 일어납니까?

はい、ミキシング後の 生地の 化学的な 変化は、澱粉の分解、水の 吸収、糖質の 消費の 3つが 起こります。

하이, 키신구고노 키지노 카가쿠테키나 헨카와 덴푼노 분카이, 미즈노 큐우슈우, 토우시쯔노 쇼우히노 밋쯔가 오코리마스.

네, 밀싱 후 반죽의 화학적인 변화는 전분의 분해, 물의 흡수, 당질의 변화 등 3가지가 일어납니다.

生地の 化学的 変化

키지노 카가쿠테키 헨카

반죽의 화학적 변화

順序 쥰죠 순서	生地 温度 要因 키지 온도 요우인 반죽 온도 요인	生地 温度の 内容 키지노 온도노 나이요우 반죽 온도의 내용
1	澱粉の 分解 덴푼노 분카이 전분의 분해	澱粉の 分解は 小麦粉 デンプンが 酵素の 働きで 分解され イーストの 栄養源と なります。 덴푼노 분카이와 코무기코 덴푼가 코우소노 하타라키데 분카이사레 이-스토노 에이요우겐토 나리마스. 전분의 분해는 밀가루 전분이 효소의 작용으로 분해되어 이스트의 영양원이 됩니다. 澱粉の 分解は イーストが 糖を 分解して 炭酸ガス、アルコール、芳香 物質を 作ります。 덴푼노 분카이와 이-스토가 토우오 분카이시테 탄산가스 아루코-루 호우코우 붓시쯔오 쯔쿠리마스. 전분의 분해는 이스트가 당을 분해하여 탄산가스, 알코올, 방향 물질을 만듭니다. 材料の 酵素 作用に より 複雑な 化学 変化に より 生地 熟成が 起こります。 자이료우노 코우소 사요우니 요리 후쿠자쯔나 카가쿠헨카니 요리 키지 쥬쿠세이가 오코리마스. 재료의 효소 작용으로 복잡한 화학 변화로 반죽 숙성이 일어납니다.

2	水の 吸収 미즈노 큐우슈우 물의 흡수	小麦タンパク質と 澱粉は 水の 吸収で 発酵、熟成、水和など 生地 中の 化学的 変化に よって 製パンの 基本に なります。 코무기탄파쿠시쯔토 덴푼와 미즈노 큐우슈우데 핫코우 쥬우세이 스이와나도 키지쥬우노 카가쿠테키 헨카니 욧테 세이팡노 키혼니 나리마스. 밀 단백질과 전분은 물의 흡수로 발효, 숙성, 수화 등 반죽 중의 화학적 변화로 제빵의 기본이 됩니다. 水の 吸収は 生地の 適度な 発酵、十分な 熟成、完全に 終了した 水和→発酵→熟成→水和に 時間が かかります。 미즈노 큐우슈우와 키지노 테키도나 핫코우 쥬우분나 쥬쿠세이 칸젠니 슈우료우시타 스이와 핫코우 쥬쿠세이 스이와니 지칸가 카카리마스. 물의 흡수는 반죽의 적당한 발효, 충분한 숙성, 완전하게 종료한 수화→발효→숙성→수화하는 데 시간이 걸립니다.
3	糖質の 消費 토우시쯔노 쇼우히 당질의 소비	糖質の 消費は イーストの 働きで 小麦粉の 糖質、砂糖を 消費します。 토우시쯔노 쇼우히와 이-스토노 하타라키데 코무기코노 토우시쯔, 사토우오 쇼우히시마스. 당질의 소비는 이스트의 움직임으로 밀가루의 당질, 설탕을 소비합니다.

08. パンの 発酵は 何ですか?
팡노 핫코우와 난데스카?
> 빵의 발효는 무엇입니까?

はい、パンの 発酵は 第1次発酵、中間発酵、第2次 発酵の 3回の 過程が あります。
하이, 팡노 핫코우와 다이이찌지 핫코우, 쥬우칸 핫코우, 다이니지 핫코우노 산카이노 카테이가 아리마스.
네, 빵의 발효는 제1차 발효, 중간발효, 제2차 발효의 3번의 과정이 있습니다.

09. パンの 発酵は 何ですか?
팡노 핫코우와 난데스카?
> 빵의 발효는 무엇을 만듭니까?

はい、発酵は 生地の 膨張 作用、生地の 熟成 作用、パンの 風味を 作ります。
하이, 핫코우와 키지노 보우죠우 사요우, 키지노 쥬쿠세이 사요우, 팡노 후우미오 쯔쿠리마스.
네, 발효는 반죽의 팽창작용, 반죽의 숙성작용, 빵의 풍미를 만듭니다.

順序 쥰죠 순서	生地 温度 要因 키지 온도 요우인 반죽 온도 요인	生地 温度の 内容 키지노 온도노 나이요우 반죽 온도의 내용
1	生地の 温度が 高すぎる。 키지노 온도가 타카스기루. 반죽 온도가 너무 높다.	生地の 温度が 高すぎると、発酵が 行き 過ぎて イーストの 臭いがし、たるんだ パンに なります。 키지노 온도가 타카스기루토, 핫코우가 이키스기테 이-스토노 니오이가시, 타룬다 팡니 나리마스. 반죽 온도가 너무 높으면 발효가 지나쳐 이스트 냄새가 나고 처진 빵이 만들어집니다.
2	生地の 温度が 低すぎる。 키지노 온도가 히쿠스기루. 반죽 온도가 너무 낮다.	生地の 温度が 低すぎると イーストの 活動が 悪く、発酵 不足に より 小さく 硬い パンに なります。 키지노 온도가 히쿠스기루토 이-스토노 카쯔도우가 와루쿠, 핫코우부소쿠니 요리 찌이사쿠 카타이 팡니 나리마스. 반죽 온도가 너무 낮으면 이스트 활동이 나빠서 발효 부족으로 작고 딱딱한 빵이 만들어집니다.
3	適正な 生地の 温度 테키세이나 키지노 온도 적정 반죽 온도	適正な 生地の 温度は 25℃ 前後、湿度は 80% ほどで、良い パンに 仕上がります。 테키세이나 키지노 온도와 니쥬우고 젠고, 시쯔도와 하찌쥬우 파-센트호도데, 이이 팡니 시아가리마스. 적정 반죽 온도는 25℃ 전후, 습도 80% 정도로 좋은 빵이 만들어집니다.
4	イーストの 適正 温度 이-스토노 테키세이 온도 이스트의 적정온도	イーストの 適温は 水温、生地 温度、糖使用量、栄養素に よって活動 速度が 違います。 이-스토노 테키온와 스이온, 키지온도, 토우 시요우료우, 에이요우소니 욧테, 카쯔도우 소쿠도가 찌가이마스. 이스트의 적정온도는 물 온도, 반죽 온도, 당 사용량, 영양소에 따라 활동 속도가 달라집니다.
		イーストの 活動 温度は 25~38℃ です。 이-스토노 카쯔도우온도와 니쥬우고~산쥬우하찌 데스. 이스트의 활동 온도는 25~38℃입니다.
5	発酵 速度 핫코우 소쿠도 발효 속도	発酵 速度は、イーストの 質や 量、グルテン組織の 形成 状態、生地の 温度、環境に よって 異なります。 핫코우 소쿠도와 이-스토노 시쯔야 료우, 구루텐소시키노 케이세이 죠우타이, 키지노 온도, 칸쿄우니 욧테 찌가이마스. 발효 속도는 이스트의 질과 양, 글루텐 조직의 형성 상태, 반죽 온도, 환경에 따라서 달라집니다.

10. ミックス後の 生地の 化学的 変化は どの ように 起こりますか?

밋쿠스고고노 키지노 카가쿠테키 헨카와 도노 요우니 오코리마스카?

믹싱 후 반죽의 화학적 변화는 어떻게 일어납니까?

はい、ミキシング後の 生地の 化学的な 変化は 澱粉の 分解、水の 吸収、糖質の 消費の 3つが 起こります。

하이, 키신구고고노 키지노 카가쿠테키나 헨카와 덴푼노 분카이, 미즈노 큐우슈우, 토우시쯔노 쇼우히노 밋쯔가 오코리마스.

네, 믹싱 후 반죽의 화학적인 변화는 전분의 분해, 물의 흡수, 당질의 변화 등 3가지가 일어납니다.

順序 쥰죠 순서	生地 温度 要因 키지 온도 요우인 반죽 온도 요인	生地 温度の 内容 키지노 온도노 나이요우 반죽 온도의 내용
1	澱粉の 分解 덴푼노 분카이 전분의 분해	澱粉の 分解は、小麦粉 澱粉が 酵素の 働きで 分解され イーストの 栄養源と なります。 덴푼노 분카이와 코무기코덴푼가 코우소노 하타라키데 분카이사레 이-스토노 에이요우겐토 나리마스. 전분의 분해는 밀가루 전분이 효소의 작용으로 분해되어 이스트의 영양원이 됩니다. 澱粉の 分解は イーストが 糖を 分解して 炭酸ガス、アルコール、芳香 物質を 作ります。 덴푼노 분카이와 이-스토가 토우오 분카이시테 탄산가스, 아루코-루 호우코우붓시쯔오 쯔쿠리마스. 전분의 분해는 이스트가 당을 분해하여 탄산가스, 알코올, 방향 물질을 만듭니다. 材料の 酵素 作用に より 複雑な 化学 変化に より 生地熟成が 起こります。 자이료우노 코우소 사요우니 요리 후쿠자쯔나 카가쿠헨카니 요리 키지쥬쿠세이가 오코리마스. 재료의 효소 작용으로 복잡한 화학 변화로 반죽 숙성이 일어납니다.
2	水の 吸収 미즈노 큐우슈우 물의 흡수	小麦 タンパク質と 澱粉は 水の 吸収で 発酵、熟成、水和など 生地 中の 化学的 変化に よって 製パンの 基本に なります。 코무기탄파쿠시쯔토 덴푼와 미즈노 큐우슈우데 핫코우, 쥬쿠세이 스이와나도 키지쥬노 카가쿠테키 헨카니 욧테 세이팡노 키혼니 나리마스. 밀 단백질과 전분은 물의 흡수로 발효, 숙성, 수화 등 반죽 중의 화학적 변화로 제빵의 기본이 됩니다.

		水の 吸収は 生地の 適度な 発酵、十分な 熟成、完全に 終了した 水和→発酵→熟成→水和に 時間が かかります。 미즈노 큐우슈우와 키지노 테키도나 핫코우, 쥬우분나 쥬쿠세이 칸젠니 슈우료우시타 스이와→핫코우→ 쥬세이→ 스이와니 지칸가 카카리마스. 물의 흡수는 반죽의 적당한 발효, 충분한 숙성, 완전하게 종료한 수화→ 발효→ 숙성→ 수화하는 데 시간이 걸립니다.
3	糖質の 消費 토우시쯔노 쇼우히 당질의 소비	糖質の 消費は イーストの 働きで 小麦粉の 糖質、砂糖を 消費します。 토우시쯔노 쇼우히와 이-스토노 하타라키데 코무기코노 토우시쯔, 사토우오 쇼우히시마스. 당질의 소비는 이스트의 기능으로 밀가루의 당질, 설탕을 소비합니다.

11. パンの 発酵は 何ですか?

팡노 핫코우와난데스카?
빵의 발효는 무엇입니까?

はい、パンの 発酵は 第1次発酵、中間発酵、第2次発酵の 3回の 過程が あります。

하이, 팡노 핫코우와 다이이찌지 핫코우, 쥬우칸 핫코우, 다이니지 핫코우노 산카이노 카테이가 아리마스.
네, 빵의 발효는 제1차 발효, 중간발효, 제2차 발효의 3번의 과정이 있습니다.

12. パンの 発酵は 何ですか?

팡노 핫코우와 난데스카?
빵의 발효는 무엇을 만듭니까?

はい、発酵は 生地の 膨張 作用、生地の 熟成作用、パンの 風味を 作ます。

하이, 핫코우와 키지노 보우쵸우, 사요우 키지노 쥬세이 사요우, 팡노 후우미오 쯔쿠리마스.
네, 발효는 반죽의·팽창작용, 반죽의 숙성작용, 빵의 풍미를 만듭니다.

順序 じゅんじょ 쥰죠 순서	パンの 要因 よういん 팡노 요우인 빵의 요인	パンの 要因 内容 よういん ないよう 팡노 요우인 나이요 빵의 요인 내용
1	第1次発酵 だいいちじはっこう 다이이찌지 핫코우 제1차 발효	第1次発酵の 目的は 生地の 膨張 作用、生地の 熟成 作用、パンの 風味 生成です。 だいいちじはっこうの もくてき きじ ぼうちょう きよう きじ じゅくせい さよう ふうみ せいせい 다이 이찌지 핫코우노 모쿠테키와 키지노 보우죠우 사요우, 키지노 쥬쿠세이 사요우, 팡노 후우미 세이세이데스. 제1차 발효의 목적은 반죽의 팽창작용, 반죽의 숙성작용, 빵의 풍미 생성입니다.
2	中間発酵 ちゅうかんはっこう 쥬우칸 핫코우 중간발효	中間発酵は 丸めた 後 10~20分 ほど 発酵させます。 ちゅうかんはっこう まる ご じゅっぷん はっこう 쥬우칸 핫코우와 마루메타 아토 쥬우~니쥬우분 호도 핫코우사세마스. 중간발효는 둥글리기 후 10~20분 정도 발효시키는 것입니다.
		中間発酵の 目的は、生地の グルテン配列の 整頓、生地の 緩和、表面膜の 形成、 ちゅうかんはっこう もくてき きじ はいれつ せいとん きじ かんわ ひょうめんまく けいせい 小麦粉の 親和、生地の 傷の 回復、中間発酵が あります。 こむぎこ しんわ きじ きず かいふく ちゅうかんはっこう 쥬우칸 핫코우노 모쿠테키와 키지노 구루텐 하이레쯔노 세이톤, 키지노 칸와, 효오멘마쿠노 케이세이, 코무기코 신와, 키지노 키즈노 카이후쿠, 쥬우칸 핫코우가 아리마스. 중간발효의 목적은 반죽의 글루텐 배열 정돈, 반죽의 완화, 표면 막의 형성, 밀가루의 친화, 반죽 상처 회복, 중간발효가 있습니다.
3	第2次発酵 だいにじはっこう 다이니지핫코우 제2차 발효	第2次発酵は 成形した 生地を 70~80% 熟成させて、良い形と 食感を 得る ため だいにじ はっこう せいけい きじ じゅくせい い かたち しょっかん え に 脹らみます。 ふく 다이니지핫코우와 세이케이시타 키지오 나나쥬우~하찌쥬우 파-센토 쥬쿠세이사세테, 이이 카타찌토 숏칸오 에루 타메니 후쿠라미마스. 제2차 발효는 성형한 반죽을 70~80% 숙성시켜 좋은 모양과 식감을 얻기 위해 부풀리는 작업입니다.
		第2次発酵は 炭酸ガスの 捕集、芳香物質の 生成、伸展性の 増加、イーストの だいにじ はっこう たんさん ほしゅう ほうこうぶっしつ せいせい しんてんせい ぞうか 活性、オーブンの 膨張です。 かっせい ぼうちょう 다이니지핫코우와 탄산가스노 호슈우, 호우코우붓시쯔노 세이세이, 신텐세이노 조우카, 이-스토노 캇세이, 오-분노 보우죠우데스. 제2차 발효는 탄산가스의 포집, 방향 물질의 생성, 신전성의 증가, 이스트의 활성, 오븐의 팽창입니다.

13. 第1次 発酵の生地の 温度は 何ですか?
だいいちじ はっこう きじ おんど なん

다이이찌지핫코우노 키지노 온도와 난데스카?

제1차 발효의 반죽 온도는 무엇입니까?

はい、第1次発酵の生地温度は 生地の 発酵、熟成、水和など化学的 変化が 起こります。

하이, 다이이찌지 핫코우노 키지온도와 키지노 핫코우, 쥬쿠세이, 스이와나도 카가쿠테키 헨카가 오코리마스.

네, 제1차 발효의 반죽 온도는 반죽의 발효, 숙성, 수화 등 화학적 변화가 일어납니다.

順序 쥰죠 순서	発酵の 要因 핫코우노 요우인 발효의 요인	発酵の 要因 内容 핫코우노 요우인 나이요우 발효의 요인 내용
1	第1次発酵 다이이찌지 핫코우 제1차 발효	第1次発酵 生地は 1.5~2倍の 大きさに 膨らみます。 다이이찌지 핫코우 키지와 이찌텐 고~니바이노 오오키사니 후쿠라미마스. 제1차 발효된 반죽은 1.5~2배의 크기로 부풀어집니다.
2	発酵 テスト 핫코우 테스토 발효 테스트	発酵 テストは 目で 確認、指で 確認する 方法が あります。 핫코우 테스토와 메데 카쿠닌, 유비데 카쿠닌스루 호우호우가 아리마스. 발효 테스트는 눈으로 확인, 손가락으로 확인하는 방법이 있습니다.
3	発酵 不足 핫코우 부소쿠 발효 부족	発酵 不足は 皮が 硬く、パンの 味と 風味が 落ちます。 핫코우 부소쿠와 카와가 카타쿠, 팡노 아지토 후우미가 오찌마스. 발효 부족은 껍질이 딱딱하고 빵의 맛과 풍미가 떨어집니다.
4	過発酵 状態 카핫코우 죠우타이 과발효 상태	過発酵 状態の パンは 皮が ばさばさに なり、味は さっぱり、イースト臭がし、色も 悪いです。 카핫코우죠우타이노 팡와 카와가 바사바사니 나리, 아지와 삿파리, 이-스토슈우가시, 이로모 와루이데스. 과발효 상태는 빵은 껍질이 푸석푸석해지며 맛은 담백하며, 이스트 냄새가 나며, 색깔도 나쁩니다.
5	正確な 発酵状態 세이카쿠나 핫코우죠우타이 정확한 발효 상태	正確な 発酵状態は 良い パンが 作られます。 세이카쿠나 핫코우죠우타이와 이이 팡가 쯔쿠라레마스. 정확한 발효 상태는 좋은 빵이 만들어집니다.
6	生地の 温度 키지노 온도 반죽 온도	生地の 温度は デニッシュペーストリー、パイ 22℃、スポンジ法 24℃、ストレート法 27℃、非常ストレート法 30℃です。 키지노 온도와 데닛슈페스토리- 파이 니쥬우니, 스폰지호우 니쥬우욘, 스토레-토호우 니쥬우나나, 히죠우스토레-토호우 산쥬우 데스. 반죽 온도는 데니시 페이스트리, 파이 22℃, 스펀지법 24℃, 스트레이트 법 27℃, 비상 스트레이트 법 30℃입니다.

14. 第1次発酵の 重要 確認は 何が ありますか?

다이이찌지 핫코우노 쥬우요우 카쿠닌와 나니가 아리마스카?

제1차 발효의 중요 확인은 무엇이 있습니까?

はい、第1次発酵の 重要 確認は 生地の 状態、イーストの 強度と 量、生地の 温度、発酵 環境の 4つです。

하이, 다이이찌지 핫코우노 쥬우요우 카쿠닌와 키지노 죠우타이, 이-스토노 쿄우도토 료우, 키지노 온도, 핫코우 칸쿄우노 욧쯔데스.

네, 제1차 발효의 중요 확인은 반죽의 상태, 이스트의 강도와 양, 반죽의 온도, 발효 환경 등 4가지입니다.

順序 쥰죠 순서	発酵の 要因 핫코우노 요우인 발효의 요인	発酵の 要因 内容 핫코우노 요우인 나이요우 발효의 요인 내용
1	生地の 状態 키지노 죠우타이 반죽의 상태	生地の 状態は グルテンの 形成の 確認です. 키지노 죠우타이와 구루텐노 케이세이노 카쿠닌데스. 반죽 상태는 글루텐의 형성의 확인입니다. フランスパンは 生地の ミキシングを 短くしたため 発酵が 長く、食パンは 生地の ミキシングを 長くして 発酵を 短く します. 후란스팡와 키지노 미키신구오 미지카쿠 시타 타메 핫코우가 나가쿠, 쇼쿠팡와 키지노 미키신구오 나가쿠 시테 핫코우오 미지카쿠 시마스. 프랑스빵은 반죽의 믹싱을 짧게 하여 발효가 길며, 식빵은 반죽 믹싱을 길게 하여 발효를 짧게 합니다.
2	イーストの 強度 이-스토노 쿄우도 이스트의 강도	イーストの 強度に よって 発酵速度が 異なり、良い イーストと 適度な 量の 使用が 必要です. 아-스토노 쿄우도니 욧테 핫코우 소쿠도가 코토나리, 아-스토토 테키도나 료우노 시요우가 히쯔요우데스. 이스트의 강도에 따라 발효 속도가 달라지며, 좋은 이스트와 적당한 양의 사용이 필요합니다.
3	生地の 温度 키지노 온도 반죽의 온도	生地の 温度は 24~30℃ ほどで、パンの 種類に よって 違います. 키지노 온도와 니쥬우욘~산쥬우 호도데, 팡노 슈루이니 욧테 찌가이마스. 반죽 온도는 24~30℃ 정도로 제법, 빵의 종류에 따라 다릅니다.
4	発酵 環境 핫코우칸쿄우 발효 환경	発酵環境の 温度は 27~38℃、湿度は 80~90% 程度です. 핫코우칸쿄우노 온도와 니쥬우나나~산쥬우하찌, 시쯔도와 하찌쥬우~큐우쥬우 파-센토 테이도데스. 발효 환경의 온도는 27~38℃, 습도는 80~90% 정도입니다.

15. 生地 カットの 技術は 何ですか?

키지 캇토노 기쥬쯔와 난데스카?

반죽 커팅 기술은 무엇입니까?

はい、生地の カット 技術は、生地を 包丁で 切り込み(クープ、クーペ)、はさみで 切る ことで 第2次発酵 後、フランスパン、ライ麦パン などを 作る 時に 使用します。

하이, 키지노 캇토기쥬쯔토와 키지오 호우죠우데 키리코미 쿠-푸 쿠우페 하사미데 키루 코토데, 다이니지 핫코우고 후란스팡 라이무기빵 나도우 쯔쿠루 토키니 시요우마스.

네, 반죽 커팅 기술은 반죽을 칼로 칼집을 내고(쿠프, 쿠페) 가위로 자르는 것으로 제2차 발효 후 프랑스 빵, 호밀빵 등을 만들 때 사용합니다.

順序 쥰죠 순서	カットの 要因 캇토노 요우인 커팅의 요인	カットの 説明 캇토노 세쯔메이 커팅의 설명
1	カットの 目的 캇토노 모쿠테키 커팅의 목적	カットの 目的は、パンの 形を 良くし、焼成 時の 商品に 火が 通り、パンの 重さを 軽く する ことです。 캇토노 모쿠테키와 팡노 카타찌오 요쿠시, 쇼우세이 토키노 쇼우힌니 히가 토우리, 팡노 오모사오 카루쿠 스루 코토데스. **커팅의 목적은 빵의 모양을 좋게 하고, 굽기 때의 제품이 잘 익고 빵의 무게를 가볍게 합니다.**
		カットは 生地の 上に、ピーリングや 油脂を のせる ために 深めます。 캇토와 키지노 우에니, 피-린구야 유시오 노세루 타메니 후카메마스. **커팅은 반죽 위에, 필링이나 유지를 올리기 위해서 깊게 합니다.**
2	カット道具の 種類 캇토도우구노 슈루이 커팅 도구의 종류	カット道具の 種類は かみそり刃、はさみが あります。 캇토도우구노 슈루이와 카미소리하, 하사미가 아리마스. **커팅 도구의 종류는 면도날, 가위가 있습니다.**
3	カットの 方法 캇토호우호우데 커팅의 방법	カットの 方法で ナイフは、手の 力を 抜いて 角度を 守って 軽く 切ります。 캇토노 호우호우데 나이후와 테노 쯔카라오 누이테 카쿠도우 마못테 카루쿠 키리마스. **커팅 방법 중 나이프는 손의 힘을 빼고 각도를 지켜 가볍게 자릅니다.**
		カットの 方法は かみそりの 刃、はさみは 力を 調節して 切ります。 캇토노 호우호우와 카미소리노하, 하사미와 쯔카라오 죠우세쯔시테키리마스. **커팅은 면도날, 가위는 힘을 잘 조절해서 자릅니다.**

4	カットの 種類 칫토노 슈루이 커팅의 종류	カットの 種類は カッターで 切る 角度は、上から 斜め 45度、ほぼ 水平に 深く 浅く、長く 短く、本数が あります。 칫토노 슈루이와 캇타-데 키루 카쿠도와, 우에카라 나나메 욘쥬우고도, 호보 스이헤에니 후카쿠, 아사쿠, 나가쿠, 미지카쿠 혼스우가 아리마스. 커팅 종류는 칼로 자르는 각도는 위로부터 대각선 45도, 거의 수평으로 깊고 얕게, 길게 짧게, 갯수가 있습니다.
5	カットの 時期 칫토노 지키 커팅의 시기	カットの 時期は 成形の 際、第2次発酵 後の 焼成 前の 2種類が あります。 칫토노 지키와 세이케이노 사이, 다이니지핫코우고노 쇼우세이 마에노 니슈루이가 아리마스. 커팅의 시기는 성형할 때, 제2차 발효 후 굽기 전에 하는 2가지가 있습니다.

16. 焼成は 何ですか?
쇼우세이와 난데스카?

굽기는 무엇입니까?

はい、焼成は 第2次発酵の 生地を オーブンの 高温で 加熱する ことです。
하이, 쇼우세이와 다이니지 핫코우노 키지오 오-분노 코우온데 카네쯔스루 코토데스.

네, 굽기는 제2차 발효된 반죽을 오븐의 높은 온도로 가열하는 것입니다.

17. 焼成の 目的は 何ですか?
쇼우세이노 모쿠테키와 난데스카?

굽기의 목적은 무엇입니까?

はい、焼成の 目的は、パンの 体積 増加、澱粉の アルファ化、味覚や 風味を 向上させる 3つです。
하이, 쇼우세이노 모쿠테키와 팡노 타이세키 조우카, 덴푼노 아루화카, 미카쿠야 후우미오 코우죠우 사세루 밋쯔데스.

네, 굽기의 목적은 빵의 부피 증가, 전분의 알파화, 미각과 풍미를 향상시키는 3가지 입니다.

18. 焼成の 設定は 何ですか?
쇼우세이노 셋테이와 난데스카?

굽기의 설정은 무엇입니까?

はい、焼成の 設定は オーブン温度、焼成 加減の 時間です。

하이, 쇼우세이노 셋테이와 오-분 온도, 쇼우세이 카겐노 지칸데스.

네, 굽기의 설정은 오븐 온도와 굽기 시간입니다.

順序 쥰죠 순서	焼成の 要因 쇼이세이노 요우인 굽기의 요인	焼成の 説明 쇼우세이노 세쯔메이 굽기의 설명
1	焼成の 設定 要因 쇼우세이노 셋테이 요우인 굽기의 설정 요인	焼成の 設定 要因は 温度や 時間、生地の 配合、発酵中、オーブンの 性能・状況、オーブンの 温度の 5点です。 쇼우세이노 셋테이요우인와 온도야 지칸, 키지노 하이고우 핫코우쥬우, 오-분노 세이노우죠우 쿄우, 오-분노 온도노 고텐데스. 굽기의 설정 요인은 온도와 시간, 반죽 배합, 발효 상태, 오븐의 성능·상황, 오븐의 온도 등 5가지입니다.
2	焼成の 目的 쇼우세이키노 모쿠테키 굽기의 목적	焼成の 目的はパンの ボリュームを 上げ、澱粉を アルファ化して 味覚や 風味を 作ります。 쇼우세이키노 모쿠테키와 팡노 보류-무오 아게, 덴푼오 아루화카시테 미카쿠야 후우미오 쯔쿠리마스. 굽기의 목적은 빵의 볼륨을 높이며, 전분을 알파화시켜 미각과 풍미를 만듭니다.
3	オーブンの 膨張 오-분노 보우죠우 오븐의 팽창	オーブンの 膨張は 初期 段階の 短時間で 急激に 膨張し、パンの 内相は 柔らかく なります。 오-분노 보우죠우와 쇼키단카이노 탄지칸데 큐우게키니 보우죠우시, 팡노 나이쇼우와 야와라카쿠 나리마스. 오븐 팽창은 초기 단계의 단시간에 급격히 팽창하며 빵의 내상은 부드러워집니다.
		オーブンの 膨張は 生地の 温度、発酵中、グルテン組織の 形成中、オーブンの 温度、焼成 時間に 影響を 受けます。 오-분노 보우죠우와 키지노 온도, 핫코우쥬우, 구루텐소시키노 케이세이죠우, 오-분노 온도, 쇼우세이 지칸니 에이쿄우오 우케마스. 오븐의 팽창은 반죽 온도, 발효 상태, 글루텐 조직의 형성 상태, 오븐 온도, 굽는 시간에 영향을 받습니다.
4	焼成の 変化 쇼우세이노 헨카 굽기의 변화	焼成の 変化は 小麦粉の β化澱粉が α化し、味・風味が 良くなり、メーライド 反応・キャラメル 作用に よって色・香りが 形成 されます。 쇼우세이노 헨카와 코무기코 카덴푼가 카시, 아지 후우미가 요쿠 나리, 메- 이라이한노우, 캬루사요우니 욧테 이로 카오리가 케이세이 사레마스. 굽기의 변화는 밀가루의 β화 전분이 α화 되어 맛, 풍미를 좋아지며 메일라이드 반응, 캐러멜 작용에 의해 색깔, 향이 형성됩니다.

19. パンを 焼成 後の ショックに よる 品質 改良法は 何ですか？

팡오 쇼우세이 고노 쇼쿠니 요루 힌시쯔 카이료우호우와 난데스카?

빵을 구운 후 쇼크에 의한 품질 개량법은 무엇입니까?

はい、ショック 方法は 焼成 上がった パンや ケーキを 焼成 直後に 作業台の 上から たたきつける ことで 衝撃を 与え、製品の 垂れ下がるを 防ぐ ことです。

하이, 쇼쿠호우호우와 쇼우세이 아갓타 팡야 케-키오 쇼우세이 죠쿠고니 사교우다이노 우에카라 타타키쯔케루 코토데 쇼우게키오 아타에, 세이힌노 타레사가루오 후세구 코토데스.

네, 쇼크 방법은 구워진 빵이나 케이크를 구운 직후에 작업대 위에 내려쳐서 충격을 주어 제품의 처짐을 방지하는 것입니다.

順序 쥰죠 순서	焼成の 要因 쇼이세이노 요우인 굽기의 요인	焼成の 説明 쇼우세이노 세쯔메이 굽기의 설명
1	ショックに よる **品質改良法** 쇼쇼쿠니 요루 힌시쯔카이료우호우 쇼크(충격)에 의한 품질 개량법	ショックに よる 余分な 空気が 抜け、耐傷性の きめが 細かく なって 垂れ下がる (ケブイン)ことを 防止する 品質改良法です。 쇼쿠니 요루 요분나 쿠우키가 누케, 타이키즈세이노 키메가 코마카쿠 낫테 타레사가루 케부인 코토우 보우시스루 힌시쯔카이료우호우데스. 쇼크에 의한 여분의 공기가 빠지고 내상의 결이 세밀해져 처짐(케브인)을 방지하는 품질 개량법입니다.
2	ショック理論 쇼쿠리론 쇼크 이론	ショック理論は パン、ケーキ内部の 炭酸ガス、水蒸気を 外部の 冷たい 空気と 変えて垂れ (ケブイン)を 防止する ことに なります。 쇼쿠리론와 팡, 케-키 나이부노 탄산가스, 스이죠우키오 가이부노 쯔메타이 쿠우키토 카에테 타레 케부인 오 보우시스루 코토니 나리마스. 쇼크 이론은 빵, 케이크 내부의 탄산가스, 수증기를 외부의 찬 공기와 바꾸어 처짐(케브인)을 방지하게 됩니다.
3	ショック 効果 쇼쿠 코우카 쇼크 효과	ショック 効果は 食パン、スポンジケーキに 効果的です。 쇼쿠 코우카와 쇼쿠팡, 스폰지케-키니 코우카테키데스. 쇼크 효과는 식빵, 스펀지케이크에 효과적입니다.

20. パンに 香りが する 原因は 何ですか?

팡니 카오리가 스루 겐인와 난데스카?

빵에 향기가 생기는 원인은 무엇입니까?

はい、パンの 香りは 生地の 発酵 香り、焼成 中に キャラメル化(キャラメルゼーション)に よって 皮の 色と いい 香りが 生まれます。

하이, 팡노 카오리와 키지노 핫코우 카오리 쇼우세이 쥬우니 캬라메루카(캬라메루제에숀)니 욧테 카와노 이로토 이이 카오리가 우마레마스.

네, 빵에 향기는 반죽의 발효 향, 굽기 중에 캐러멜화(캐러멜제이션)에 의해 껍질 색깔과 좋은 향기가 생겨납니다.

順序 쥰죠 순서	香りの 要因 카오리노 요우인 향의 요인	香りの 説明 카오리노 세쯔메이 향의 설명
1	パンの 香り 팡노 카오리 빵의 향기	パンの 香りは 生地の 皮が 170℃ 以上に なると キャラメル化(キャラメルゼーション)に より 皮と いい 香りが 生まれます。 팡노 카오리와 키지노 카와가 햐쿠나나쥬우 이죠우니 나루토 캬라메루카 캬라메루제에숀니 요리 카와토 이이 카오리가 우마레마스. 빵의 향기는 반죽의 껍질이 170℃ 이상이 되면 캐러멜화(캐러멜제이션)에 의해 껍질과 좋은 향기가 생깁니다.

21. パンの 老化 原因は 何が ありますかか?

팡노 로우카 겐인와 나니가 아리마스카?

빵의 노화 원인은 무엇이 있습니까?

はい、パンの 老化の 原因は 焼成から 時間が 経過して 水分 蒸発、味と 香り成分の 蒸発で 硬くなる 現象です。

하이, 팡노 로우카노 겐인와 쇼우세이 카라 지칸가 케이카시테 스이분 죠우하쯔, 아지토 카오리세이분노 죠우하쯔데 카타쿠 나루 겐쇼우데스.

네, 빵의 노화 원인은 굽기 후 시간이 경과하여 수분 증발, 맛과 향기 성분의 증발로 딱딱해지는 현상입니다.

22. パンの 老化の 違いは 何ですか?

팡노 로우카노 찌가이와 난데스카?

빵의 노화의 차이는 무엇 때문입니까?

はい、パンの 老化の 違いは 材料と 配合、製法、焼成 方、パンの 保存環境
の 5つの 要因です。

하이, 팡노 로우카노 찌가이와 자이료우토 하이고우, 세이호우, 쇼우세이 카타, 팡노 호존 칸쿄우노 이쯔쯔
노 요우인데스.

네, 빵의 노화의 차이는 재료와 배합, 제조법, 굽기, 빵의 보존 환경 등 5가지 요인입니다.

23. パンの 老化を 遅らせる 方法は 何が ありますか?

팡노 로우카오 오쿠라세루 호우호우와 나니가 아리마스카?

빵의 노화를 늦추는 방법은 무엇이 있습니까?

はい、いい 材料 使用、高級 配合、乳化剤 使用、スポンジ製法です。

하이, 이이 자이료우 시요우, 코우큐우 하이고우, 뉴우카자이 시요우, 스폰지세이데스.

네, 좋은 재료 사용, 고급 배합, 유화제 사용, 스펀지 제법입니다.

パンの 老化

팡노 로우카

빵의 노화

順序 쥰죠 순서	老化の 要因 로우카노 요우인 노화의 요인	老化の 要因 説明 로우카노 요우인 세쯔메이 노화의 요인 설명
1	パンの 老化 팡노 로우카 빵의 노화	パンの 老化は 焼成 後の 水分が 蒸発して 硬く なり、味は 落ち、香りの 成分も 蒸発して なくなる 現象です(「老化」と いいます)。 팡노 로우카와 쇼우세이 고노 스이분가 죠우하쯔시테 카타쿠 나리 아지와 오찌, 카오리노 세이분모 죠우하쯔시테 나쿠나루 겐쇼우데스. 로우카 토 이이마스. 빵의 노화는 굽기 후 수분이 증발해 딱딱해지고 맛은 떨어지고 향의 성분도 증발해 없어지는 현상입니다('노화'라고 합니다.).
2	老化の 速度 로우카노 소쿠도 노화의 속도	老化の 速度は、材料が 低配合の フランスパンは 老化が 早く、高級 配合の パンは 老化の 速度が 遅いです。 로우카노 소쿠도와 자이료우가 테이하이고우노 후란스팡와 로우카가 하야쿠, 코우큐우 하이고우노 팡와 로우카노 소쿠도가 오소이데스. 노화의 속도는 재료가 저배합인 프랑스 빵은 노화가 빠르며 고급 배합의 빵은 노화의 속도가 느립니다.

3	パンの 老化を 遅らせる方法 팡노 로우카오 오쿠라세루 호우호우 빵의 노화 늦추는 방법	パンの 老化を 遅らせる 方法は、高タンパク質の 小麦粉、吸湿性、保水力の 高い 油脂、砂糖、卵、乳製品を 使う ことです。 팡노 로우카오 오쿠라세루 호우호우와 코우탄파쿠시쯔노 코무기코, 큐우시쯔세이, 호스이료쿠노 타카이 유시, 사토우, 타마고, 뉴우세이힌오 쯔카우 코토데스. 빵의 노화를 늦추는 방법은 고단백질의 밀가루, 흡습성, 보수력이 높은 유지, 설탕, 달걀, 유제품을 재료를 사용하는 것입니다.
		パンの 老化を 遅らせる 方法は 乳化剤、砂糖は トレハロスを 使います。 팡노 로우카오 오쿠라세루 호우호우와 뉴우카자이, 사토우와 토레하로스오 쯔카이마스. 빵의 노화를 늦추는 방법은 유화제를 사용하며 설탕은 트레할로스를 사용합니다.
		パンの 老化を 遅らせる 方法は ストレート法 よりも 生地 熟成、水和の 良い スポンジ法が いいです。 팡노 로우카오 오쿠라세루 호우호우와, 스토레-토호우 요리모 키지 쥬쿠세이, 스이와노 이이 스폰지호우가 이이데스. 빵의 노화를 늦추는 방법은 스트레이트 법보다 반죽 숙성, 수화가 좋은 스펀지법이 좋습니다.
		パンの 老化を 遅らせる 方法は 発酵 熟成を 十分に 行います。 팡노 로우카오 오쿠라세루 호우호우와 핫코우 쥬쿠세이오 쥬우분니 오코나이마스. 빵의 노화를 늦추는 방법은 발효 숙성을 충분히 합니다.
		パンの 老化は 遅らせる ために 生地を 適当に 使用し、生地を 傷つけ ない ように します。 팡노 로우카와 오쿠라세루 타메니 키지오 테키토우니 시요우시, 키지오 키즈쯔케 나이요우니 마스. 빵의 노화는 늦추기 위해 반죽 물을 적당하게 사용하고 반죽이 상처 나지 않게 합니다.
		パンの 老化を 遅らせる 方法は 焼成 方に 適します。 팡노 로우카오 오쿠라세루 호우호우와 쇼우세이 카타니 테키시마스. 빵의 노화를 늦추는 방법은 굽기를 적합하게 합니다.
		パンの 老化は 焼成 方を 延ばした 後、皮に 油脂、砂糖などの コーティングを する ことで 水分の 蒸発を 防ぎます。 팡노 로우카와 쇼우세이 카타오 노바시타 아토, 카와니 유시, 사토우 나도노 코-틴구오 스루 코토데 스이분노 죠우하쯔오 후세기마스. 빵의 노화는 늦추는 방법은 굽기 후 껍질에 유지, 설탕 등 코팅을 하여 수분 증발을 방지합니다.

パンを作る 工程は 何が ありますか?

팡오 쯔쿠루 코우테이와 나니가 아리마스까?

빵을 만드는 공정은 무엇이 있습니까?

日本語 製パン 実務会話

パンを 作る 工程は 何が ありますか?

팡오 쯔쿠루 코우테이와 나니가 아리마스까?

빵을 만드는 공정은 무엇이 있습니까?

01. パンを 作る 工程は 何が ありますか?

팡오 쯔쿠루 코우테이와 나니가 아리마스까?

빵을 만드는 공정은 무엇이 있습니까?

はい、パンを 作る 工程は 配合表の 決定→ 型の 準備→ 材料 計量→ ミキシング(生地)→ 第1次発酵→ 分割→ 丸め→ 中間発酵→ 成形・定型→ パンニング→ 第2次発酵→ 焼成→ 冷却→ 包装→ 販売→ 試食の 16段階の 順序が あります。

하이, 팡오 쯔쿠루 코우테이와 하이고우효우노 켓테이 → 카타노 쥰비 → 자이료우 케이료우 → 미키신구(키지) → 다이이찌지 핫코우 → 분카쯔 → 마루메 → 쥬우칸 핫코우 → 세이케이 테이케이 → 팡닌구 → 다이니지 핫코우 → 쇼우세이 → 레이캬쿠 → 호우소우 → 한바이 → 시쇼쿠 → 쥬우로쿠 단카이노 준죠가 아리마스.

네, 빵을 만드는 공정 순서는 배합표 결정 → 틀 준비→ 사전준비→ 재료 계량 → 믹싱(반죽) → 제1차 발효 → 분할 → 둥글리기 → 중간발효 → 성형·정형 → 팬닝 → 제2차 발효 → 굽기 → 냉각 → 제출 → 판매→ 시식의 16단계의 순서가 있습니다.

パン 工程

팡 코우테이

빵 공정

配合表の 決定	型の 準備	材料 計量	ミキシング(生地)
하이코우효우노 켓테이	카타노 쥰비	자이료우 게이료우	미키신구(키지)
배합표 결정	틀의 준비	재료 계량	믹싱

第1次発酵 だいいちじはっこう	分割 ぶんかつ	丸め まる	中間 発酵 ちゅうかん はっこう
다이이찌지 핫코우	분카쯔	마루메	쥬우칸 핫코우
제1차 발효	분할	둥글리기	중간발효
成形・定型 せいけい せいけい	パンニング	第2次発酵 だいにじ はっこう	焼成 しょうせい
세이게이・테이케이	판닝그	다이니지핫코우	쇼우세이
성형・정형	팬닝	제2차발효	굽기
冷却 れいきゃく	包装 ほうそう	販売 はんばい	試食 ししょく
레이캬쿠	호우소우	한바이	시쇼쿠
냉각	포장	판매	시식

02. パン作りの 5大 管理は 何が ありますか?
<small>つく   ごだい かんり   なに</small>

팡 쯔쿠리노 고다이 칸리와 나니가 아리마스카?

빵을 만들기의 5대 관리는 무엇이 있습니까?

はい、パン 作りの 5大 管理は、時間管理、温度管理、工程管理、材料管理、衛生管理です。
<small>づく   ごだい かんり   じかん かんり おんど かんり こうてい かんり ざいりょう かんり えいせい かんり</small>

하이, 팡쯔쿠리노 고다이 칸리와 지칸칸리, 온도칸리, 코우테이칸리, 자이료우칸리, 에이세이칸리데스.

네, 빵 만들기의 5대 관리는 시간관리, 온도관리, 공정관리, 재료관리, 위생관리입니다.

5大 管理
<small>ごだい かんり</small>

5대 관리

時間管理 じかん かんり	温度管理 おんど かんり	工程管理 こうてい かんり	材料管理 ざいりょう かんり	衛生管理 えいせい かんり
지칸칸리	온도칸리	코우테이칸리	자이료우칸리	에이세이칸리
시간관리	온도관리	공정관리	재료관리	위생관리

03. 配合表 作成は 何ですか?
<small>はいごうひょう さくせい   なん</small>

하이고우효우 사쿠세이와 난데스카?

배합표 작성은 무엇입니까?

はい、配合表の 作成は、パンを 作るのに 必要な 材料、材料の 比率、材料の
重さを 数字で 表した ものです。

하이, 하이고우효우노 사쿠세이와 팡오 쯔쿠루노니 히쯔요우나 자이료우, 자이료우노 히리쯔, 자이료우노
오모사오 스우지데 효우니 시타 모노데스.

네, 배합표 작성은 빵을 만드는 데 필요한 재료, 재료의 비율, 재료의 무게를 숫자로
나타낸 것입니다.

04. 配合表 種類は 何が ありますか?

하이고우효우노 슈루이와 나니가 아리마스카?

배합표의 종류는 무엇이 있습니까?

はい、配合表は ベーカリーパーセント(Baker's%)と、全体で 100パーセン
ト(True%)が あります。

하이, 하이고우효우와 베-카리-파-센토(베-카스 파-센토)토, 젠타이데 햐쿠 파-센토(티이루우) 파-
센토가 아리마스.

네, 배합표는 베이커리 퍼센트(Baker's %)와 전체 100% 퍼센트(True %)가 있습니다.

配合表

하이고우효우

배합표

順序 줜죠 순서	配合表 하이코우효우 배합표	配合表の 内容 하이코우효우노 나이요우 배합표의 내용
1	配合表の 作成 하이고우효우노 사쿠세이 배합표 작성	配合表の 作成は ベーカリーパーセント(Baker's%)を 使います. 하이고우효우노 사쿠세이와 베-카리-파-센토(베-카스 파-센토우) 쯔카이마스. 배합표 작성은 베이커리 퍼센트(Baker's %)를 사용합니다. ベーカリーパーセントは 小麦粉の 量を 100パーセントと 基準に、各材料の 占める 量を パーセントと 表示した ものです. 베-카리-파-센토와 코무기코노 료우오 햐쿠 파-센토토 키준니 카쿠 쇼쿠자이노 시메루 료우오 파-센토토 효오지시타 모노데스. 베이커리 퍼센트는 밀가루의 양을 100%로 기준으로 각 재료가 차지하는 양을 %로 표시한 것입니다.

05. 材料 計量は 何ですか?
자이료우 케이료우와 난데스카?

재료 계량은 무엇입니까?

はい、材料 計量は 決められた 配合表に 従って 材料を 準備する 作業で 秤を 使って 重さと 時間を 正確に 測定します。

하이, 자이료우 케이료우와 키메라레타 하이고우효우니 시타갓테 자이료우오 쥰비스루 사교우 하카리오 쯔캇테 오모사토 지칸오 세이카쿠니 소쿠테이시마스.

네, 재료계량은 결정된 배합표에 따라 재료를 준비하는 작업으로 저울을 사용하여 무게와 시간을 정확히 측정합니다.

順序 쥰죠 순서	材料計量 이료우 케이료우 재료 계량	材料計量の 内容 자이료우 케이료우노 나이요우 재료 계량의 내용
1	配合表の作成 하이고우효우노 사쿠세이 배합표의 작성	配合表の 作成は 配合表に よって 使用する 材料の 量を 決めった ものです。 하이고우효우노 사쿠세이와 하이고우효우니 욧테 시요우스루 자이료우노 료우오 키메멧타 모노데스. 배합표 작성은 배합표에 따라 사용할 재료의 양을 정한 것입니다. 配合の 測定は 秤を 使って 正確に 計量します。 하이고우노 소쿠테이와 하카리오 쯔캇테 세이카쿠니 케이료우마스. 배합 측정은 저울을 사용하여 정확하게 계량합니다. 配合は 秤を 使って 正確に 測定します。 하이고우와 하카리오 쯔캇테 세이카쿠니 소쿠테이마스. 배합은 저울을 사용하여 정확히 측정합니다.

06. ミキシング(生地 作り)は 何ですか?
미키신구(키지쯔쿠리)와 난데스카?

믹싱(반죽 만들기)는 무엇입니까?

はい、ミキシングは 主材料(強力粉、水、イースト、塩)と 副材料を 均一に 混合し、生地の グルテンを 発展させる 作業です。

하이, 미키신구와 슈자이료우(쿄우리키코, 미즈, 이-스토, 시오)토 후쿠자이료우오 킨이쯔니 콘고우시, 키지노 구루텐오 핫텐사세루 사교우데스.

네, 믹싱은 주재료(강력분, 물, 이스트, 소금)와 부재료를 균일하게 혼합하고 반죽의 글루텐을 발전시키는 작업입니다.

ミキシング
미키신구

믹싱

順序 じゅんじょ 쥰죠 순서	ミキシングの 要因 よういん 미키싱구노 요우인 믹싱의 요인	ミキシングの 内容 ないよう 미키싱구노 나이요우 믹싱의 내용
1	ミキシングの 定義 ていぎ 미키신구노 테이기 믹싱의 정의	ミキシングの 定義は 材料を 均一に 混合し、グルテンを 発展させる 作業です。 미키신구노 테이기와 자이료우오 킨이쯔니 콘고우시, 구루텐오 핫텐사세루 사교우데스. 믹싱의 정의는 재료를 균일하게 혼합하여 글루텐을 발전시키는 작업입니다.
2	ミキシングの 種類 しゅるい 미키신구노 슈루이 믹싱의 종류	ミキシングの 種類は 手ミキシングと 機械ミキシングが あります。 미키신구노 슈루이와 테미키신구토 키카이 미키신구가 아리마스. 믹싱의 종류는 손 믹싱과 기계 믹싱이 있습니다.
3	ミキシングの 目的 もくてき 미키신구노 모쿠테키 믹싱의 목적	ミキシングの 目的は 材料を 均一に 分散、混合し、生地に 空気を 混入します。 미키신구노 모쿠테키와 자이료우오 킨이쯔니 분산, 콘고우시, 키지니 쿠우키오 콘뉴우시마스. 믹싱의 목적은 재료를 균일하게 분산, 혼합하며 반죽에 공기를 혼입합니다. ミキシングの 目的は 小麦粉に 水を 十分に 吸収(水和)させて グルテンの 形成と 熟成させて 生地の 弾力性と 粘性を 最適な 状態に します。 미키신구노 모쿠테키와 코무기코니 미즈오 쥬우분니 큐우슈우 스이와 사세테 구루텐노 케이세이토 쥬쿠세이 사세테 키지노 단료쿠세이토 넨세이오 사이테키나 죠우타이니 시마스. 믹싱의 목적은 밀가루에 물을 충분히 흡수(수화)시켜 글루텐의 형성과 숙성(발전)을 시켜 반죽의 탄력성과 점성을 최적 상태로 만듭니다.
4	ミキシングの 速度 そくど 미키신구노 소쿠도 믹싱의 속도	ミキシングの 速度は 低速ミキシングと 高速ミキシングが あり、使用目的が 違います。 미키신구노 소쿠도와 테이소쿠미키신구토 코우소쿠미키신구가 아리, 시요우 모쿠테키가 찌가이마스. 믹싱의 속도는 저속 믹싱과 고속 믹싱이 있으며 사용 목적이 다릅니다.
5	低速ミキシング ていそく 테이소쿠미키신구 저속 믹싱	低速 ミキシングは 材料の 分散混合、混合の 速度を 調節します。 테이소쿠 미키신구와 자이료우노 분산콘고우, 콘고우노 소쿠도우 죠우세쯔시마스. 저속 믹싱은 재료의 분산 혼합, 혼합의 속도를 조절합니다. 低速ミキシングは イーストや イーストフードなど、微量添加物を 完全に 混合して 均一な 発酵を 得る ためです。 테이소쿠미키신구와 이-스토야 이-스토후-도나도, 비료우텐카부쯔오 칸젠니 콘고우시테 킨이쯔나 핫코우오 에루 타메데스. 저속 믹싱은 이스트나 이스트푸드 등 미량 첨가물을 완전히 혼합시켜 균일한 발효를 얻기 위해서입니다.

		低速 ミキシングは 小麦粉が 吹き 飛ばされる 損失を 防ぐ ことが できます。 테이소쿠 미키신구와 코무기코가 후키토바사레루 손시쯔오 후세구 코토가 데키마스. 저속 믹싱은 밀가루가 날아가는 손실을 막을 수 있습니다.
6	中・高速 ミキシング 쥬우 코우소쿠미키신구 중・고속 믹싱	中・高速 ミキシングは 空気と 炭酸ガスの 混入と 適切な 生地の 形成です。 쥬우 코우소쿠 미키신구와 쿠우키토 탄산가스노 콘뉴우토 테키세쯔나 키지노 케이세이데스. 중, 고속 믹싱은 공기와 탄산가스 혼입과 적절한 반죽 형성입니다.
		適切な 生地 形成は 弾力性と 伸展性の ある 生地を 作る ことです。 테키세쯔나 키지 케이세이와 단료쿠세이토 신텐세이노 아루 키지오 쯔쿠루 코토데스. 적절한 반죽 형성은 탄력성과 신전성이 있는 반죽을 만드는 것입니다.

07. ミキシング 段階は 何か ありますか?

미키신구 단카이와 나니가 아리마스카?

믹싱 단계는 무엇이 있습니까?

はい、ミキシング段階は ピックアップ段階、クリーンアップ段階、発展段階、最終段階、レットダウン段階、破壊段階の 6段階が あります。

하이, 미키신구단카이와 핏쿠앗푸단카이, 쿠리-인앗푸단카이, 핫텐단카이, 사이슈우단카이, 렛토다운단카이, 하카이단카이노 로쿠단카이가 아리마스.

네, 믹싱 단계는 픽업 단계, 클린업 단계, 발전 단계, 최종 단계, 렛다운 단계, 파괴 단계의 6단계가 있습니다.

> ピックアップ段階→ クリーンアップ段階 → 発展段階 → 最終段階 → レットダウン段階 → 破壊段階
>
> 핏쿠앗푸단카이 → 쿠-린앗푸단카이 핫텐단카이 → 사이슈우단카이 → 렛토다운단카이 → 하카이단카이
>
> 픽업단계 → 클린업 단계 → 발전 단계 → 최종 단계 → 렛다운 단계 → 파괴 단계

08. ミキシングの 段階別 生地の 特徴は 何ですか?

미키신구노 단카이베쯔 키지노 토쿠죠우와 난데스카?

믹싱의 단계별 반죽의 특징은 무엇입니까?

はい、ピックアップ段階は 生地が 作られ 始めて、デニッシュペストリーの 商品に いいです。

하이, 핏쿠앗푸단카이와 키지가 쯔쿠레 하지메테, 데닛슈 페스토리-노 쇼우힌니 이이데스.

네, 픽업 단계는 반죽이 만들어지기 시작하여 데니시 페이스트리 제품에 좋습니다.

クリーンアップ段階は 生地が 塊になる 状態で 長時間 発酵した フランスパンに いいです。

쿠리-앗푸단카이와 키지가 카타마리니 나루 죠우타이데 죠우지칸 핫코우시타 후란스팡니 이이데스.

클린업 단계는 반죽이 한 덩어리 되는 상태로 장시간 발효의 프랑스빵에 좋습니다.

発展段階は 生地に 弾力が 出て フランスパン、ライ麦パン、工程の 多い パンに いいです。

핫텐단카이와 키지니 단료쿠가 데테 후란스팡, 라이무기팡, 코우테이노 오오이 팡니 이이데스.

발전 단계는 반죽의 탄력성이 생겨 프랑스빵, 호밀빵, 공정이 많은 빵에 좋습니다.

最終段階は 生地の 弾力性と 伸張性が 一番 良い 段階で、ほとんど パン生地を 作ります。

사이슈우단카이와 키지노 단료쿠세이토 신텐세이가 이찌반 이이 단카이데, 호톤도 팡키지오 쯔쿠리마스.

최종 단계는 반죽의 탄력성과 신장성이 가장 좋은 단계로 대부분 빵 반죽을 만듭니다.

レットダウン 状態は 生地に 弾力が なく、イングリッシュマフィン生地を 作る 時に 利用します。

렛토다운 죠우타이와 키지니 단료쿠가 나쿠, 인구릿슈마휜키지오 쯔쿠루 토키니 리요우시마스.

렛다운 상태는 반죽이 탄력성이 없어 잉글리시 머핀 반죽을 만들 때 이용합니다.

破壊 状態は 生地が 切れる 状態で パンを 作る ことが できません。

하카이 죠우타이와 키지가 키레루 죠우타이데 팡오 쯔쿠루 코토가 데키마센.

파괴 상태는 반죽이 끊어지는 상태로 빵을 만들 수 없습니다.

順序 じゅんじょ 쥰죠 순서	ミキシングの 段階 だんかい 미키싱구노 단카이 믹싱의 단계	ミキシングの 内容 ないよう 미키싱구노 나이요우 믹싱의 내용
1	ピックアップ 段階 だんかい 핏쿠앗푸단카이 픽업 단계	ピックアップ段階は 低速ミキシング時間が 2~3分 ほどで、小麦粉と 水などの 材料が 軽く 混ざって 粘り気が なく、デニッシュペーストリーや パイなどを 作ります。 핏쿠앗푸단카이와 테이소쿠미키싱구지칸가 니 산 분호도데, 코무기코토 미즈나도노 자이료우가 카루쿠 마잣테 네바리케가 나쿠 데닛슈페스토리-야 파이나도우 쯔쿠리마스. 픽업 단계는 믹싱 시간이 2~3분 정도로 밀가루와 물 등 재료가 가볍게 섞여 끈기가 없고 끈적거리며 데니시 페이스트리, 파이를 만듭니다.
2	クリーンアップ 段階 だんかい 쿠리-앗푸단카이 클린업 단계	クリーンアップ段階では、ミキシング時間 5~6分 程度で グルテンが 形成され、長時間 発酵させたフランスパン、油脂添加、塩添加を します。 쿠리-앗푸단카이데와 미키싱구지칸 고 로쿠 분테이도데 구루텐가 케이세이사레 죠우지칸 핫코우사세타 후란스팡 유시텐카 시오텐카오 시마스. 클린업 단계는 믹싱시간 5~6분 정도로 글루텐이 형성되며 장시간 발효 프랑스 빵, 유지첨가, 소금 첨가를 합니다.
3	発展段階 はってんだんかい 핫텐단카이 발전 단계	発展段階は ミキシング時間が 7~10分 程度で、生地の 弾力性が 最大で、フランスパン、ライ麦パン、工程の 多いパンを 作ります。 핫텐단카이와 미키싱구지칸가 나나 쥬우 분테이도데 키지노 단료쿠세이가 사이다이데 후란스팡, 라이무기팡, 코우테이노 오오이 팡오 쯔쿠리마스. 발전 단계는 믹싱 시간이 7~10분 정도로 반죽의 탄력성이 최대로 프랑스빵, 호밀빵, 공정이 많은 빵을 만듭니다.
4	最終 段階 さいしゅう だんかい 사이슈우단카이 최종 단계	最終 段階は ミキシング 時間を 12~13分 程度と 弾力性と 伸長性が 最も よく、ほとんどの パン生地を 作ります。 사이슈우단카이와 미키싱구지칸오 쥬우니 쥬우산 분테이도토 단료쿠세이토 신텐세이가 못토모 요쿠, 호톤도노 팡키지오 쯔쿠리마스. 최종 단계는 믹싱 시간을 12~13분 정도로 상태로 탄력성과 신장성이 가장 좋으며 대부분의 빵 반죽을 만듭니다.
5	レットダウン 段階 だんかい 렛토다운 단카이 렛다운 단계	レットダウン段階は 生地が 弾力を 失って たるんだ 状態で イングリッシュマフィン、ハンバーガーパンを 作ります。 렛토 키지가 단료쿠오 우시낫테 타룬다 죠우타이데 인구릿슈마휜, 한바-가-팡오 쯔쿠리마스. 렛다운 단계는 반죽이 탄력성을 잃어 늘어지는 상태로 잉글리시 머핀, 햄버거빵을 만듭니다.
6	破壊 状態 はかい じょうたい 하카이 죠우타이 파괴 단계	破壊 状態は グルテンが 結合 できず、切れて 弾力性を 完全に 失って パンを 作る ことが できません。 하카이죠우타이와 구루텐가 케쯔고우데키즈, 키레테 단료쿠세이오 칸젠니 우시낫테 팡오 쯔쿠루 코토가 데키마센. 파괴 상태는 글루텐이 결합하지 못하고 끊어져 탄력성을 완전히 잃어 빵을 만들 수 없습니다.

09. ミキシング不足と ミキシング過多 生地の 違いは 何ですか?

미키신구 부소쿠토 미키신구 카타 키지노 찌가이와 난데스카?

믹싱 부족과 믹싱 과다 반죽의 차이는 무엇입니까?

はい、ミキシングは パンに 全般的な 影響を 及ぼします。

하이, 미키신구와 팡니 젠팡테키나 에이쿄우오 오요보시마스.

네, 믹싱은 빵에 전반적인 영향을 미칩니다.

ミキシング 不足は 硬い パン、ミキシング 過多は 内面が 悪い パンが 作られます。

미키신 구부소쿠와 카타이 팡, 미키신구 카타와 나이멘가 와루이 팡가 쯔쿠라레마스.

믹싱 부족은 딱딱한 빵, 믹싱 과다는 내상이 나쁜 빵이 만들어집니다.

順序 준죠 순서	ミキシング 미키싱구 믹싱	ミキシングの 内容 미키싱구노 나이요우 믹싱의 내용
1	ミキシング不足 (アンダーミキシング) 미키신구부소쿠(안다아미키신구) 믹싱 부족 (언더믹싱)	ミキシング 不足は 香味不足、作業性が 悪く、パンの 中や 皮が 厚く なります。 미키신구부소쿠와 코우미 후소쿠, 사교우세이가 와루쿠 팡노 나카야 카와가 아쯔쿠 나리마스. **믹싱 부족은 향미 부족, 작업성이 나쁘고 빵 속과 껍질이 두껍게 됩니다.** ミキシング 不足は パンの かさが 小さく、伸展性が なく 機械耐性が 悪く、発酵 過程で 生地の 皮が 割れ、垂れ下がる やすいです。 미키신구부소쿠와 팡노 카사가 찌이사쿠 신텐세이가 나쿠 키카이타이세이가 와루쿠, 핫코우카테이데 키지노 카와가 와레, 타레사가루 야스이데스. **믹싱 부족은 빵의 부피가 작고, 신전성이 없고 기계 내성이 나쁘고, 발효 과정에서 반죽 껍질이 갈라지고 처지기 쉽습니다.** ミキシング 不足は、オーブン膨張、焼き色が 悪く、皮が 厚く、内相に 穴が あき、硬い パンに なります。 미키신구부소쿠와 오-분보우쵸우 쇼우세이이로가 와루쿠, 카와가 아쯔쿠, 나이쇼우니 아나가 아키 카타이 팡니 나리마스. **믹싱 부족은 오븐 팽창, 구운 색이 나쁘며, 껍질이 두껍고 내상에 구멍이 생기며, 딱딱한 빵이 만들어집니다.**
2	ミキシング過多 미키신구카타 믹싱 과다	ミキシング 過多は 生地の 抵抗力(弾力)が 少なく、作業性が 落ちます。 미키신구카타와 키지노 테에코오로쿠 단료쿠가 스쿠나쿠, 사교우세이가 오찌마스. **믹싱 과다는 반죽의 저항력(탄력)이 부족하여, 작업성이 떨어집니다.**

	(오버믹싱)	ミキシング過多は オーブン膨張が 悪く、パンの 体積が 少なく、組織の 膜も 厚くなり、生地が べたべたして 成形が 難しく、形や 内相が つぶれ、色が 赤く なります. 미키신구카타와 오-분 보우쵸오가 와루쿠 판노 타이세키가 스쿠나쿠, 소시키노 마쿠모 아쯔쿠 나리 키지가 베타베타시테 세이케이가 무즈카시쿠, 카타찌야 나이쇼오가 쯔부레, 이로가 아카쿠 나리마스. 믹싱 과다는 오븐 팽창이 나빠 빵의 부피가 적고 조직의 막도 두꺼워지며 반죽이 끈적거려 성형이 어렵고 형태와 내상이 찌그러지고 색깔이 빨개집니다.
3	ミキシング過多 判断法 미키신구카타한단 호우 믹싱 과다 판단법	ミキシング 過多 判断法は 生地を 長く 薄く 約10~15cm 引っぱると 上に 収縮せず 下に 落ちます. 미키신구카타한단호우와 키지오 나가쿠 우스쿠 쇼우세이 쥬우 쥬우고센찌메에토루 힛파루토 우에니 슈우슈쿠세즈 시타니 오찌마스. 믹싱 과다 판단법은 반죽을 길고 얇게 약 10~15cm 잡아당기면 위로 수축하지 않고 밑으로 처지게 됩니다.

10. 生地の 温度管理は 何ですか?

키지노 온도칸리와 난데스카?

반죽의 온도관리는 무엇입니까?

はい、生地の 温度管理は 製パン法に よって 違います.

하이, 키지노 온도칸리와 세이팡호우니 욧테 찌가이마스.

네, 반죽의 온도관리는 제빵법에 따라 다릅니다.

11. 製法別の 生地の 温度は 何度ですか?

세이호우베쯔노 키지노 온도와 난도데스카?

제법별 반죽 온도는 몇도입니까?

はい、ストレート法の 生地温度は 27℃、スポンジドウ法は24℃、パイ、デニッシュペーストリー生地は 20℃、ドーナツ生地は 22℃、液体 発酵法は 30℃、非常ストレート法は 30℃と なります.

하이, 스토레-토호우노 키지온도와 니쥬우나나, 스폰지 도우호우와 니쥬우욘, 파이 데닛슈페스토리-키지와 니쥬우, 도우나쯔키지와 니쥬우니, 에키타이 핫코우호우가 산쥬우, 히죠우 스토레-토호우가 산쥬우토 나리마스.

네, 스트레이트 법의 반죽 온도는 27℃, 스펀지 도우법은 24℃, 파이, 데니시 페이스트리 반죽은 20℃, 도넛 반죽은 22℃, 액체 발효법은 30℃, 비상 스트레이트 법은 30℃입니다.

製法
せいほう

세이호우

제법

順序 じゅんじょ 쥰죠 순서	製法 せいほう 세이호우 제법	生地 温度 内容 きじ おんど ないよう 키지 온도 나이요우 반죽 온도 내용
1	ストレート法生地 温度 ほう きじ おんど 스토레-토호우 키지온도 스트레이트 법 반죽 온도	ストレート法 : 27℃ ほう 스토레-토호우 : 니쥬우 나나도우 스트레이트 법 : 27℃
2	パイ、デニッシュ ペイトリー 生地 温度 きじ おんど 파이, 데닛슈페이토리- 키지온도 파이, 데니시 페이트리 반죽 온도	パイ・デニッシュペーストリー : 18~22℃ にじ 파이, 데닛슈페에스토리- : 쥬우하찌~니쥬우니 파이, 데니시 페이스트리 : 18~22℃
3	スポンジドウ法 ほう 生地 温度 きじ おんど 스폰지도우호우 키지온도 스펀지 도우법 반죽 온도	温度スポンジドウ法 : 22~26℃ おんど ほう にじょう にちょうり 스폰지도우호우 : 니쥬우니~니쥬우로쿠도우 스펀지 도우법 : 22~26℃ 本 生地 : 25~29℃ ほん きじ にじょう 혼 키지 : 니쥬우고~니쥬우큐우도우 본 반죽 : 25~29℃
4	液体 発酵法 えきたい はっこうほう 生地 温度 きじ おんど 에키타이 핫코우호우 키지 온도 액체 발효법 반죽 온도	液体 発酵法 : 30℃ えきたい はっこうほう さいしょう 에키타이 핫코우호우 : 산쥬우도우 액체 발효법 : 30℃
5	非常ストレート法 生地 温度 ひじょう ほう きじ おんど 히죠우스토레-토호우 키지온도 비상 스트레이트 법 반죽 온도	非常ストレート法 : 30℃ ひじょう ほう さいしょう 히죠우스토레-토호우 : 산쥬우 비상 스트레이트 법 : 30℃
6	ノータイム法生地 温度 ほう きじ おんど 노-타이무호우 키지 온도 노타임법 반죽 온도	ノータイム法 : 30℃ ほう さいしょう 노-타이무호우 : 산쥬우 노타임법 : 30℃

12. 第1次発酵は 何ですか?

다이 이찌지 핫코우와 난데스카?

제1차 발효는 무엇입니까?

はい、第1次発酵は、イーストが 活動して 生地の 中に アルコール、炭酸ガス、発酵の 発酵の 香りを 作ります。

하이, 다이 이찌지 핫코우와 이-스토가 카쯔도우시 키지노 나카니 아루코-루, 탄산가스 핫코우노 카오리오 쯔쿠리마스.

네, 제1차 발효는 이스트가 활동하여 반죽 안에 알코올, 탄산가스, 발효 향을 만듭니다.

はい、ストレート法の 第1次発酵は 1時間 ほど、スポンジドウ法は 2時間 から 24時間 ほど します。

하이, 스토레-토호우노 다이이찌지 핫코우와 이찌지칸 호도, 스폰지 도우호우와 니지칸카라 니쥬우욘 지칸 호도 시마스.

네, 스트레이트 법의 제1차 발효는 1시간 정도, 스펀지 도우법은 2시간~24시간 정도를 합니다.

順序 쥰죠 순서	第1次発酵 다이이찌지 핫코우 제1차 발효	第1次発酵 内容 다이이찌지 핫코우 나이요우 제1차 발효 내용
1	発酵の 定義 핫코우노 테이기 발효의 정의	発酵の 定義は 有機物と 微生物の 酵素が 分解されて アルコール類、有機酸類 などを つくる 反応で、その 結果として 熱や 炭酸ガスが 発生します。 핫코우노 테이기와 유우키부쯔토 비세이부쯔노 코우소가 분카이사레테 아루코-루루이 이이키산루이나도우 쯔쿠루 한노우데, 소노 켓카토 시테 네쯔야 탄산가스가 핫세이시마스. 발효의 정의는 유기물과 미생물의 효소가 분해되어 알코올류, 유기산류 등을 만드는 반응이며, 그 결과로 열과 탄산가스가 발생합니다.
2	第1次発酵 다이이찌지 핫코우 제1차 발효	第1次発酵は イーストの 活動で 生地の 中に アルコール、炭酸ガス、香りを 形成させます。 다이이찌지 핫코우와 이-스토노 카쯔도우데 키지노 나카니 아루코-루, 탄산가스, 카오리오 케이세이사세마스. 제1차 발효는 이스트의 활동으로 반죽 안에 알코올, 탄산가스, 향을 형성시킵니다.

		第1次発酵 時間は、ストレート法は 1時間、スポンジドウ法は 2時間~24時間します。 이이찌지 핫코우지칸와 스토레-토호우와 이찌 지칸, 스폰지 도우호우와 니지칸~니쥬우은 지칸시마스. 제1차 발효 시간은 스트레이트 법은 1시간, 스펀지 도우법은 2시간~ 24시간을 합니다.

13. 第1次発酵の 目的は 何ですか?

하이, 다이 이찌지 핫코우노 모쿠테키와 난데스카?

제1차 발효의 목적은 무엇입니까?

はい、第一次発酵の 目的は 生地の 膨張 作用、生地の 熟成 作用、パンの 風味 生成の 3つです。

하이, 다이 이찌지 핫코우노 모쿠테키와 키지노 보우죠우 사요우, 키지노 쥬쿠세이 사요우, 팡노 후우미 세이세이노 밋쯔데스.

네, 제1차 발효의 목적은 반죽의 팽창작용, 반죽의 숙성작용, 빵의 풍미 생성의 3가지입니다.

順序 준조 순서	第1次発酵目的 다이이찌지핫코우 모쿠테키 제1차 발효 목적	第1次発酵 内容 다이이찌지 핫코우 나이요우 제1차 발효 내용
1	生地の 膨張 作用 키지노 보우죠우 사요우 반죽의 팽창작용	生地の 膨張 作用は グルテンが 炭酸ガスを よく します 키지노 보우죠우 사요우와 구루텐가 탄산가스오 요쿠 시마스. 반죽의 팽창작용은 글루텐이 탄산가스의 보유 능력을 좋게 합니다.
2	生地の 熟成作用 키지노 쥬쿠세이 사요우 반죽의 숙성작용	生地の 熟成 作用は 酵素が 働いて 生地を 柔らかく します。 키지노 쥬쿠세이 사요우와 코우소가 하타라이테 키지오 야와라카쿠 시마스. 반죽의 숙성작용은 효소가 작용하여 반죽을 부드럽게 만듭니다.
3	パンの 風味生成 팡노 후우미 세이세이 빵의 풍미 생성	パンの 風味 生成は 発酵で 作られる アルコール、有機酸、エステルを 含有し、独特の 味と 香りを 出します。 팡노 후우미 세이세이와 핫코우데 쯔쿠라레루 아루코-루 이이키산 에스테루오 간이이시 도쿠토쿠노 아지토 카오리오 다시마스. 빵의 풍미 생성은 발효로 만들어지는 알코올, 유기산, 에스텔을 함유하여 독특한 맛과 향을 냅니다.

14. 生地の 分割は 何ですか?
키지노 분카쯔와 난데스카?

반죽의 분할은 무엇입니까?

はい、生地の 分割は 第一次発酵 済みの 生地を 秤を 使って、決まった 重量に 分ける ことです。

하이, 키지노 분카쯔와 다이 이찌지핫코우즈미노 키지오 하카리오 쯔캇테, 키맛타 쥬우료우니 와케루 코토데스.

네, 반죽의 분할은 제1차 발효가 끝난 반죽을 저울을 사용하여 정해진 중량으로 나누는 것입니다.

15. 分割の 注意点は 何ですか?
분카쯔노 쥬우이텐와 난데스카?

분할의 주의점은 무엇입니까?

はい、分割の 注意点は 重量の 正確、分割の 時間、生地の 温度管理、生地の 表面が 乾か ない ようにし、生地の 傷みに 注意する ことです。

하이, 분카쯔노 쥬우이텐와 쥬우료우오노 세이카쿠, 분카쯔노 지칸, 키지노 온도칸리, 키지노 효우멘가 카와카나이요우니시, 키지노 이타미니 쥬우이스루 코토데스.

네, 분할의 주의점은 중량을 정확히, 분할 시간, 반죽 온도관리, 반죽 표면이 마르지 않게 하며, 반죽의 손상에 주의하는 것입니다.

順序 쥰죠 순서	分割 注意点 분카쯔 쥬우이텐 분할의 주의점	分割 注意点 説明 분카쯔 쥬우이텐 세쯔메이 분할의 주의점 설명
1	分割重量は 正確に します。 분카쯔쥬우료우와 세이카쿠니 시마스. 분할 중량은 정확히 합니다.	分割重量は 秤を 使用して 正確にし、量の 過多は 利益に 損失を 与えます。 분카쯔쥬우료우와 하카리오 시요우시테 세이카쿠니시, 료우노 카타와 리에키니 손시쯔오 아타에마스. 분할 중량은 저울을 사용하여 정확히 하며 양의 과다는 이익에 손실을 줍니다. 分割重量は 菓子パン 45グラム、食パン生地 150~180 グラム、山形食パン 450グラム、トウモロコシパン600グラム、バケットパン 350グラムと 正確です。 분카쯔쥬우료우와 카시팡 욘쥬우고 구라무, 쇼쿠 팡키지 하쿠고쥬우 하쿠하찌쥬우 구라무, 야마가타 쇼쿠팡 욘하쿠고쥬우 구라무, 토우모로코시팡 롯퍄쿠 구라무, 바켓토팡 산뱌쿠고쥬우 구라무토 세이카쿠데스. 분할 중량은 과자 빵은 45g, 식빵 반죽은 150~180g, 산형 식빵은 450g, 옥수수빵은 600g, 바게트 빵은 350g 정도로 정확히 합니다.

2	分割時間を 正確に 守ります。 분카쯔지칸오 세이카쿠니 마모리마스. 분할 시간을 정확히 지킵니다.	分割時間は 手や 機械を 使用して 10~20分 程度で 正確に 守ります。 분카쯔지칸와 테야 키카이오 시요우시테 쥬우~니쥬우 분테이도데 세이카쿠니 마모리마스. 분할 시간은 손, 기계를 사용하여 10~20분 정도로 정확히 지킵니다.
3	生地の 温度を きちんと 守ります。 키지노 온도우 키친토 마모리마스. 반죽 온도를 잘 지킵니다.	生地の 温度を 正確に 守ります。 키지노 온도우 세이카쿠니 마모리마스. 반죽 온도를 정확히 지킵니다.
4	生地が 乾燥しない ように します。 키지가 칸소우시 나이요우니 시마스. 반죽이 건조하지 않게 합니다.	生地の 表面が 乾かない ように、ビニールや 濡れた 布を かぶせて おきます。 키지노 효우멘가 카와카나이 요우니, 비니-루야 누레타 누노오 카부세테 오키마스. 반죽의 표면이 마르지 않도록 비닐, 젖은 천을 씌워 둡니다.

16. 丸めは 何ですか?
마루메와 난데스카?

둥글리기는 무엇입니까?

はい、丸めは 手または 機械で カット された 生地の 部分を 封じ込めて、表面を なめらかにし、ボール、楕円形に します。

하이, 마루메와 테 마타와 키카이데 캇토사레타 키지노 부분오 후지코메테 효우멘오 나메라카니시, 보-루, 다엔케이니 시마스.

네, 둥글리기는 손 또는 기계로 잘린 반죽 부분을 봉하고 표면을 매끈하게 하여, 공 또는 타원형으로 만듭니다.

順序 じゅんじょ 준죠 순서	丸めの 要素 まる ようそ 마루메노 요우소 둥글리의 요소	丸めの 説明 まる せつめい 마루메노 세쯔메이 둥글리기의 설명
1	丸めの 定義 まる ていぎ 마루메노 테이기 둥글리기 정의	丸めの 定義は、カットされた 生地を 封じ込めて 表面を なめらかに 仕上げにより、ボールや 楕円形に します。 마루메노 테이기와 캇토사레타 키지오 후지코메테 효우멘오 나메라카니 시아게니 요리 타마야 다엔케이니 마스. 둥글리기 정의는 잘린 반죽을 봉하여 표면을 매끈하게 마무리하는 것입니다. 공, 타원형으로 모양을 만듭니다.

17. 丸めの 目的は 何ですか?
まる もくてき なん

마루메노 모쿠테키와 난데스카?

둥글리기의 목적은 무엇입니까?

はい、丸めの 目的は 生地 グルテンの 構造 回復、整形の しやすさ、粘着性の 形成、炭酸ガスの 捕集の 4点です。
まる もくてき きじ こうぞう かいふく せいけい ねんちゃくせい けいせい たんさん ほしゅう よんてん

하이, 마루메노 모쿠테키와 키지 구루텐노 코우죠우 카이후쿠, 세이케이노 시야스사, 넨챠쿠세이노 케이세이, 탄산가스노 호슈우노 욘텐데스.

네, 둥글리기의 목적은 반죽 글루텐의 구조 회복, 성형의 용이, 점착성의 형성, 탄산가스의 포집 4가지입니다.

順序 じゅんじょ 준죠 순서	丸めの 目的 まる もくてき 마루메노 모쿠테키 둥글리기의 목적	丸めの 説明 まる せつめい 마루메노 세쯔메이 둥글리기의 설명
1	生地グルテン 構造の 回復 きじ こうぞう かいふく 키지구루텐 코우죠우노 카이후쿠 반죽 글루텐 구조의 회복	丸めは 分割で 乱れた グルテンの 構造を 整え、傷ついた 生地を 回復させます。 마루메와 분카쯔데 미다레타 구루텐노 코우죠우 토토노에, 키즈쯔이타 키지오 카이후쿠 사세마스. 둥글리기는 분할로 흐트러진 글루텐의 구조를 정돈하여 상처받은 반죽을 회복하게 합니다.
2	生地 成形の 容易 きじ せいけい ようい 키지 세이케이노 요우이 성형의 용이	分割で 形が 一定でない 生地を ボール状にして 成形を 容易にします。 분카쯔데 카타찌가 잇테이데 나이 키지오 보-루조우니 시테 세이케이오 요우이니 시마스. 분할로 모양이 일정하지 않은 반죽을 볼모양(타원형)으로 만들어 성형을 쉽게 합니다.

3	粘着性の 形成 넨차쿠세이노 케이세이 점착성의 형성	生地の 切面を 内部に 入れ、生地の 表面に 薄い 表皮を 作る 粘着性を 形成します。 키지노 세쯔멘오 나이부니 이레、키지노 효우멘니 우스이 효오히오 쯔쿠루 넨차쿠세이오 케이세이시마스. 반죽의 자른 면을 내부로 넣어 반죽 표면에 얇은 표피를 만드는 점착성을 형성합니다.
4	炭酸ガスを 捕集 탄산가스오 호슈우 탄산가스의 포집	丸めで 抜けた 炭酸ガスを イーストの 発酵に よって 再び 発生させ、生地の 中から 炭酸ガスが 逃げ出さない ように 内包する 組織を 作ります。 마루메 누케다 탄산가스오 이-스토노 핫코우니 욧테 후타타비 핫세이사세 키지노 나카카라 탄산가스가 니게다사나이요우니 나이호우스루 소시키오 쯔쿠리마스. 둥글리기로 빠져 나간 탄산가스를 이스트의 발효로 다시 발생시켜 반죽 안에서 탄산가스가 빠져나가지 않도록 내포하는 조직을 만듭니다.
		炭酸ガスを 捕集するため、成形の 際にべたつかない よう 生地の 表面に 薄い 膜を 形成させ、弾力を 保つようにして 中間発酵させます。 탄산가스오 호슈우스루 타메 세이케이노 사이니 베타쯔카나이요오 키지노 효우멘니 우스이 마쿠오 케이세이사세 단료쿠오 타모쯔요우니 시테 쥬우칸 핫코우사세마스. 탄산가스의 포집을 위해 성형 때 끈적거리지 않도록 반죽 표면에 얇은 막을 형성시켜 탄력을 유지하게 하여 중간발효를 합니다.

18. 丸めの 注意点は 何ですか?
마루메노 쥬우이텐와 난데스카?

둥글리기의 주의점은 무엇입니까?

はい、丸めの 注意点は 手粉 使用量、丸作り、生地の 表面、丸めの 圧力の 4点です。

하이、마루메노 쥬우이텐와 테코나 시요우료우、마루쯔쿠리、키지노 효우멘、마루메노 아쯔료쿠노 욘텐데스.

네, 둥글리기의 주의점은 덧가루 사용량, 원형 만들기, 반죽 표면, 둥글리기의 압력의 4가지입니다.

順序 준죠 순서	丸めの 注意点 마르메노 쥬이텐 둥글기의 주의점	丸めの 注意点 説明 마르메노 쥬이텐 세쯔메이 둥글기의 설명
1	手粉 테코나 덧가루	手粉は 使用量に 注意し、使用が 多いと 製品の 味と 香りが 落ちます。 테코나와 시요우료우니 쥬우이시, 시요우가 오오이토 세이힌노 아지토 카오리가 오찌마스. 덧가루는 사용량에 주의하며, 사용이 많으면 제품의 맛과 향이 떨어집니다.
2	丸形の 成形 마루가타노 세이케이 원형의 성형	丸形の 成形は 丸めで 完全に 丸く します。 마루가타노 세이케이와 마루메데 칸젠니 마루쿠 시마스. 원형 성형은 둥글기에 완전하게 둥글게 만듭니다.
3	生地の 表面状態 키지노 효우멘죠우타이 반죽의 표면 상태	生地の 表面は 崩れない ようにします. 키지노 효우멘 쿠즈레나이 요우니 시마스. 반죽의 표면 상태는 갈라지지 않도록 만듭니다.
4	丸めの 圧力 마루메노 아쯔료쿠 둥글기의 압력	手の 丸めの 圧力は 生地に 一定に 加えます. 테노 마루메노 아쯔료쿠와 키지니 잇테이니 쿠와에마스. 손의 둥글기의 압력은 반죽에 일정하게 줍니다.

19. 中間 発酵は 何ですか?

쥬우칸 핫코우와 난데스카?

중간발효는 무엇입니까?

はい、中間 発酵は 丸めした 生地を 整形する 前に 少しだけ 発酵 させるのです。

하이, 쥬우칸 핫코우와 마루메시타 키지오 세이케이스루 마에니, 스코시 다케 핫코우 사세루노데스.

네, 중간발효는 둥글기 한 반죽을 성형하기 전에 잠깐 발효시키는 것입니다.

20. 中間 発酵の 目的は 何ですか?

쥬우칸 핫코우노 모쿠테키와 난데스카?

중간발효의 목적은 무엇입니까?

はい、中間 発酵の 目的は 生地の グルテン配列の 整頓、生地の 緩和、皮膜の 形成、小麦粉の 親和、生地の 傷の 回復の 5つです。

하이, 쥬우칸 핫코우노 모쿠테키와 키지노 구루텐 하이레쯔노 세이톤, 키지노 칸와, 히마쿠노 케이세이, 코무기코 신와, 키지노 키즈노 카이후쿠노 이쯔쯔데스.

네, 중간발효의 목적은 반죽의 글루텐 배열 정돈, 반죽의 완화, 껍질막의 형성, 밀가루의 친화, 반죽 상처 회복 등 5가지입니다.

順序 じゅんじょ 쥰조 순서	中間 発酵の 目的 ちゅうかん はっこう もくてき 쥬우칸 핫코우노 모쿠테키 중간발효의 목적	中間 発酵の 注意点 説明 ちゅうかん はっこう ちゅういてん せつめい 쥬우칸 핫코우노 쥬이텐 세쯔메이 중간발효의 주의점 설명
1	生地の グルテン 配列 整頓 きじ はいれつ せいとん 키지노 구루텐하이, 레쯔세이톤 반죽의 글루텐 배열 정돈	生地の グルテン 配列を 整えると ともに、わずかな ガスも 発生させて きじ はいれつ ととの はっせい 成形の 作業性を よく する ために 中間発酵を します。 せいけい さぎょうせい ちゅうかんはっこう 키지노 구루텐 하이레쯔오 토토노에루토 토모니 와즈카나 가스모 핫세이사세테 세이케이노 사교우세이 요쿠스루 타메니 쥬우칸 핫코우오 시마스. 반죽의 글루텐 배열을 정돈하며 약간의 가스도 발생시켜 성형의 작업성을 좋게 하려고 중간발효를 합니다.
2	生地の 緩和 きじ かんわ 키지노 칸와 반죽의 완화	生地の 緩和は 分割、丸め 工程に よって 加工硬化を します。 きじ かんわ ぶんかつ まる こうてい かこう こうか 키지노 칸와와 분카쯔, 마루메 코우테이니 욧테 카코우 코우카오 시마스. 반죽의 완화는 분할, 둥글리기 공정에 의해서 가공경화를 시킵니다.
3	皮膜の 形成 ひまく けいせい 히마쿠노 케이세이 껍질막의 형성	皮膜の 形成は 中間発酵は 成形 時の 粘着性を 防ぐため 生地の 表面に ひまく けいせい ちゅうかんはっこう せいけい とき ねんちゃくせい ふせ きじ ひょうめん 薄い 膜を つくります。 うす まく 히마쿠노 케이세이와 쥬우칸 핫코우와 세이케이지노 넨챠쿠세이오 후세구 타메 키지노 효우멘니 우스이 마쿠오 쯔쿠리마스. 껍질막의 형성은 중간발효는 성형 시 점착성이 나타남을 방지하기 위해 반죽 표면에 얇은 막을 만들게 합니다.
4	小麦粉の 親和 こむぎこ しんわ 코무기코 신와 밀가루의 친화	小麦粉の 親和は 本生地に 小麦粉を 全体に 30パーセント ほど 入れると こむぎこ しんわ ほんきじ こむぎこ ぜんたい い いい ことに なります。 코무기코노 신와데와 혼키지니 코무기코오 젠타이니 산쥬우 파–센토호도 이레루토 이이 코토니 나리마스. 밀가루의 친화는 본 반죽에 밀가루를 전체에 30% 정도를 넣으면 좋게 됩니다.
5	生地 傷の 回復 きじ きず かいふく 키지노 키즈노 카이후쿠 반죽의 상처 회복	生地の 傷の 回復は 途中 発酵の 際に 分割で 傷ついた 生地を 休止させ きじ きず かいふく とちゅう はっこう さい ぶんかつ きず きじ きゅうし て 生地を 回復させ、粘着性を 小さく します。 きじ かいふく ねんちゃくせい ちい 키지노 키즈노 카이후쿠와 토쥬우 핫코우노 사이니 분카쯔데 키즈쯔이타 키지오 큐우시사세테 키지오 카이후쿠사세 넨챠쿠세이오 찌이사쿠 시마스. 반죽의 상처 회복은 중간발효 때 분할로 상처받은 반죽을 휴지시켜 반죽을 회복시키고 점착성을 적게 만듭니다.
6	中間発酵 ちゅうかんはっこう 쥬우칸 핫코우 중간발효	中間発酵が 足りないと、分割の 生地の 傷が 大きくなり、生地の 粘弾性 ちゅうかんはっこう た ぶんかつ きじ きず おお きじ ねんだんせい が 大きいので、分割を 悪く します。 おお ぶんかつ わる 쥬우칸 핫코우가 타리나이토, 분카쯔노 키지노 키즈가 오오키쿠 나리, 키지노 넨단세이가 오오키이노데, 분카쯔오 와루쿠 시마스. 중간발효가 부족하면 분할의 반죽 상처가 크게 되며 반죽의 점탄성이 커서 분할을 나쁘게 만듭니다.

21. 成形は 何ですか?

세이케이와 난데스카?

성형은 무엇입니까?

はい、成形は 第1次発酵が 終わった 後、最適な 状態に 熟成された 生地を 好きな 形に する ことです。

하이, 세이케이와 다이 이찌지핫코우가 오왓타 아토, 사이테키나 죠우타이니 쥬쿠세이사레타 키지오 스키나 카타찌니 스루 코토데스.

네, 성형은 발효가 끝난 후 최적 상태로 숙성된 반죽을 원하는 모양으로 만드는 것입니다.

22. 成形の 方法は 何が ありますか?

세이케이노 호우호우와 나니가 아리마스카?

성형의 방법은 무엇이 있습니까?

はい、成形 方法は 押し、巻き、封を する 3種類が あります。

하이, 세이케이호우호우와 오시, 마키, 후우오 스루 산슈루이가 아리마스.

네, 성형의 방법은 밀기, 말기, 봉하기 3가지가 있습니다.

順序 쥰죠 순서	成形の 方法 세이케이노 호우호우 성형의 방법	成形の 注意点 説明 세이케이노 쥬이텐 세쯔메이 성형의 주의점 설명
1	押しがけ 오시가케 밀기	押しがけは、生地を 押し台や ローラー機械を 使って 伸ばす ことです. 오시가케와 키지오 오시 다이야 로-라 키카이오 쯔캇테 노바스 코토데스. 밀기는 반죽을 밀대나 롤러 기계를 사용하여 밀어 펴는 것입니다. 生地の 押しがけを して、大きな ガスを 抜き 均等に 分散させ、生地内の 大小の 気泡を 均一に するのです. 키지노 오시 가케오 시테 오오키나 가스오 누키 킨토우니 분산사세 키지나이노 다이쇼우노 키호우오 킨이쯔니 스루노데스. 반죽의 밀기를 하여 큰 가스를 빼고 고르게 분산시켜 반죽 내의 크고 작은 기포를 균일하게 만드는 것입니다.
2	巻き 마키 말기	巻きは 生地に 適当な 圧力を かけながら、均等に バランスを とって、巻き つけるか、折り畳みを する ことです. 마키와 키지니 테키토우나 아쯔료쿠오 카케나가라 킨토우니 바란스오 톳테 마키쯔케루카, 오리타타미오 스루 코토데스.

		말기는 반죽에 적당한 압력을 주면서 고르게 균형을 맞추어 말거나 접기를 하는 것입니다.
		成型機の 圧力が 強いと、巻きは 生地 水が ダンベルの ような 形に なるので 注意します.
		세이케-키노 아쯔료쿠가 쯔이토, 마키와 키지노가 단베루노요오나 카타찌니 나루노데 쥬우이시마스.
		성형 기계의 압력이 강하면 말은 반죽이 아령과 같은 모양이 되므로 주의를 합니다.
3	封じ込め 후지코메 봉하기	封じ込めは、生地が 第2次発酵や 焼成 中に 割れない ように 固く つける ことです.
		후지코메와 키지가 다이니지핫코우야 쇼우세이 쥬우니 와레나이요우니 카타쿠 쯔케루 코토데스.
		봉하기는 반죽이 제2차 발효나 굽기 중에 터지지 않도록 단단하게 붙이는 것입니다.

23. パンニングは 何ですか?

팡닌구토와 난데스카?

팬닝은 무엇입니까?

はい、パンニングは 成形 済みの 生地を 鉄板に 入れるか、並べる 工程です.

하이, 팡닌구 세이케이 즈미노 키지오 텐판니 이레루카, 나라베루 코우테이데스.

네, 팬닝은 성형이 완료된 반죽을 팬에 넣거나 나열하는 공정입니다.

順序 준죠 순서	パンニングの 方法 팡닌구노 호우호우 성형의 방법	パンニングの 注意点 説明 팡닌구노 쥬이텐 세쯔메이 팬닝의 주의점 설명
1	正しい パンニング方法 타다시이 팡닌구호우호우 올바른 팬닝 방법	正しい パンニング 方法は、成形機を 通過した 生地、手成形 生地の 重きと 状態を 点検し、生地の 継ぎ目が 型の 底に 置かれる ように 入れます.
		타다시이 팡닌구호우호우와 세이케-키오 쯔우카시타 키지, 테 세이케이 키지노 오모사토 죠우타이오 텐켄시, 키지노 쯔기메가 카타노 소코니 오카레루 요우니 이레마스.
		올바른 팬닝 방법은 성형기를 통과한 반죽, 손 성형 반죽의 무게와 상태를 점검하여 반죽의 이음새가 틀의 바닥에 놓도록 넣습니다.
		これは 生地が 第2次発酵 または 焼成 間に 隙間が 広がるのを 防ぎます.
		코레와 키지가 다이니지핫코우 마타와 쇼우세이 아이다니 마가 히로가루노오 후세기마스.
		이것은 반죽이 제2차 발효, 굽기 중에 이음새가 벌어지는 것을 방지합니다.
		パンニングは 鉄板型の 温度を 32℃に 合わせ、鉄板型の 大きさや 体積に 合った 生地量を 入れます.
		팡닌구와 텟팡카타노 온도우 산쥬우니 니 아와세, 텟팡카타노 오오키사야 타이세키니 앗타 키지료우오 이레마스.
		팬닝은 철판 틀의 온도를 32℃로 맞추어 철판 틀의 크기와 부피에 알맞은 반죽량을 넣습니다.

第16課

スポンジ ドウ法(sponge)は 何ですか?

스폰지 도우호우와 난데스카?

스펀지 도우법(sponge)은 무엇입니까?

日本語 製パン 実務会話

第16課

スポンジ ドウ法(sponge)は 何ですか?
스폰지 도우호우와 난데스카?
스펀지 도우법(sponge)은 무엇입니까?

01. スポンジ ドウ法(sponge)は 何ですか?
스폰지 도우호우와 난데스카?
스펀지 도우법(sponge)은 무엇입니까?

はい、スポンジド ドウ法は ミキシングを 2回 行う 製法です。
하이, 스폰지 도우호우와 미키신구오 니카이 오코나우 세이호우데스.
네, 스펀지 도우법은 믹싱을 2번 하는 제조법입니다.

02. スポンジ法は いつ 作られましたか?
스폰지호우와 이쯔 쯔쿠라레마시타카?
스펀지는 언제 만들어졌습니까?

はい、スポンジ ドウ法の 歴史は 1950年代に アメリカで 始めました。
하이, 스폰지 도우호우노 레키시와 센큐우햐쿠고쥬우넨다이니 아메리카데 하지메마시타.
네, 스펀지 도우법의 역사는 1950년대 미국에서 시작했습니다.

03. スポンジドドウ法は パンを どう やって 作りますか?
스폰지호우와 판오 도우 얏테 쯔쿠리마스카?
스펀지법은 빵을 어떻게 만듭니까?

はい、小麦粉の　一部や イースト、水、その他の 副原料を 入れ、スポンジ
生地を 作って 最低 2時間 以上 発酵させます。

하이, 쯔쿠리카타와 코무기코노 이찌부야 이-스토, 미즈, 소노 타노 후쿠겐료우오 이레, 스폰지키지오 쯔쿳
테 사이테이 니지칸 이죠우 핫코우 사세마스.

네, 만드는 법은 밀가루 일부와 이스트, 물, 기타 부원료를 넣고, 스펀지 반죽을 만들어
최저 2시간 이상 발효시킵니다.

その 後、残りの 副原料を 入れて 再び ミキシングして 本種を 作ります。

소노고, 노코리노 후쿠겐료우오 이레테 후타타비 미키신구시테 혼타네오 쯔쿠리마스.

그 후 나머지 부원료를 넣고 다시 믹싱하여 본종(도우)을 만듭니다.

スポンジドドウ法
스폰지도우호우

스펀지 도우법

順序 쥰죠 순서	スポンジドウ法 스폰지도우호우 스펀지 도우법	スポンジ ドウ法 説明 스폰지도우호우 세쯔메이 스폰지도우법 설명
1	スポンジドウ法の　定義 스폰지 도우호우노 테이기 스펀지 도우법의 정의	スポンジ ドウ法の 定義は、パンを 作る 過程で ミキシングを 2回 行う 製法です。 스폰지 도우호우노 테이기와, 팡오 쯔쿠루 카테이데 미키신구오 니 카이 오코나우 세이호우데스. 스폰지 도우법의 정의는 빵을 만드는 과정 중 믹싱을 2번 하는 제조법입니다. 最初の 生地を スポンジ、2番目の ミキシングした 生地を ドウ生地と 呼びます。 사이쇼노 키지오 스폰지, 니반메노 미키신구시타 키지오 도우 키지토 요비마스. 처음 반죽을 스펀지, 두 번째 믹싱한 반죽을 도우(dough) 반죽이라 부릅니다. スポンジ ドウ法の 生地は 最低 2時間 以上、発酵を した あとの 工程は ストレート法と 同じです。 스폰지 도우호우노 키지와 사이테이 니지칸 이죠우 핫코우오 시타 아토노 코우테이와 스토레-토호우토 오나지데스. 스펀지 도우법의 반죽은 최저 2시간 이상 발효를 한 후 그 이후의 공정은 스트레이트 법과 동일합니다.

2	スポンジ ドウ法の 歴史 스폰지 도우호우노 레키 스펀지도우법의 역사	スポンジドウ法の 歴史は 1950年代に アメリカで 始まった 製法で、小麦粉の 一部と イースト、水、その他 副原料を 入れて スポンジ 生地を 作り、最低 2時間 以上 発酵させた 後、残りの 副原料を 入れて 再び ミキシングして 本種(トウ)を 作る 製法です。 스폰지 도우호우노 레키시와 센큐우햐쿠고쥬우 넨다이니 아메리카데 하지맛타 세이호우데 코무기코노 이찌부토 이-스토 미즈 소노 타 후쿠겐료우오 이레테 스폰지 키지오 쯔쿠리 사이테이 니 지칸이죠우 핫코우사세타 아토 노코리노 후쿠겐료우오 이레테 후타타비 미키신구시테 혼타네 토우오 쯔쿠루 세이호우데스. 스펀지 도우법의 역사는 1950년대 미국에서 시작된 제법으로 밀가루의 일부와 이스트, 물, 기타 부원료를 넣고, 스펀지 반죽을 만들어 최저 2시간 이상 발효시킨 후 나머지 부원료를 넣고 다시 믹싱하여 본종(도우)을 만드는 제법입니다.
3	スポンジドウ法の 種類 스폰지 도우호우노 슈루이 스펀지 도우법의 종류	スポンジドウ法の 種類は、短時間の スポンジ ドウ法、長時間の スポンジ ドウ法、オーバーナイトスポンジ ドウ法、加糖 スポンジ ドウ法の 4種類が あります。 스폰지 도우호우노 슈루이와 탄지칸노 스폰지도우호우 죠우지칸노 스폰지도우호우, 오-바-나이토 스폰지도우호우, 카토우 스폰지 도우호우노 욘 슈루이가 아리마스. 스펀지 도우법의 종류는 단시간 스펀지 도우법, 장시간 스펀지 도우법, 오버나이트 스펀지 도우법, 가당 스펀지 도우법 4가지가 있습니다.

04. スポンジ ドウ法の 種類は 何が ありますか?

스폰지 도우호우노 슈루이와 나니가 아리마스카?

스펀지 도우법의 종류는 무엇이 있습니까?

はい、スポンジ ドウ法の 種類は 短時間の スポンジ ドウ法、長時間の スポンジ ドウ法、オーバーナイトスポンジドウ法、加糖 スポンジ ドウ法の 4種類が あります。

하이, 스폰지 도우호우노 슈루이와 탄지칸노 스폰지도우호우, 죠우지칸노 스폰지도우호우, 오-바-나이토 스폰지도우호우, 카토우스폰지 도우호우노 욘슈루이가 아리마스.

네, 스펀지 도우법의 종류는 단시간 스펀지 도우법, 장시간 스펀지 도우법, 오버나이트 스펀지 도우법, 가당 스펀지 도우법 4가지가 있습니다.

順序 줸죠 순서	スポンジドウ法の 種類 스폰지도우호우노 슈루이 스펀지 도우법의 종류	スポンジドウ法の 内容 스폰지도우호우노 나이요우 스펀지 도우법의 내용
1	短時間 スポンジ ドウ法 탄지칸 스폰지도우호우 단시간 스펀지 도우법	短時間 スポンジ ドウ法は 生地を 2~3時間 発酵させる 方法です. 탄지칸 스폰지 도우호우와 키지오 니~산지칸 핫코우 사세루 호우호우데스. 단시간 스펀지 도우법은 반죽 발효를 2~3시간 시키는 방법입니다. 短時間で スポンジ ドウ法の イーストと イーストフードを 多用し、生地の 温度も 26度まで 上げます。 탄지칸데 스폰지 도우호우노 이-스토토 이-스토후-도우 타요오시 키지노 온도모 니쥬우로쿠도 마데 아게마스. 단시간 스펀지 도우법의 이스트와 이스트 푸드를 많이 사용하면서 반죽 온도도 26℃까지 높입니다.
2	長時間 スポンジ ドウ法 쵸우지칸 스폰지도우호우 장시간 스펀지 도우법(70% 스펀지 도우법)	長時間 スポンジ ドウ法(70%)は 生地を 硬くし、発酵は 低温にして 発酵時間を 8~10時間した 後、本 生地を 作ります。 쵸우지칸 스폰 지도우호우 나나쥬우 파-센토와 키지오 카타쿠 시, 핫코우와 테이온 니 시테 핫코우지칸오 하찌~쥬우지칸 시타 아토, 혼키지오 쯔쿠리마스. 장시간 스펀지 도우법(70%)은 반죽을 단단하게 만들고, 발효는 저온으로 반죽하여 발효 시간을 8~10시간 한 후 본 반죽을 합니다. 低温で 練って 発酵時間を 8~10時間した 後、本生地を します。 테이온데 넷테 핫코우지칸오 하찌~쥬우지칸 시타 아토 혼네리오 시마스. 저온에서 이겨 발효시간 8~10시간 후 본 반죽을 합니다.
3	オーバーナイト スポンジ ドウ法 오-바-나이토 스폰지도우호우 오버나이트 스펀지 도우법(over night)	オーバーナイト スポンジ ドウ法は 1日(24時間) 発効させた スポンジを 利用する 方法で、発酵 損失が 大きいです。 오-바-나이토스폰지 도우호우와 이찌(니쥬우욘 지칸) 핫코우사세타 스폰지오리요우스루 호우호우데, 핫코우 손시쯔가 오오키이데스. 오버나이트 스펀지 도우법은 1일(24시간) 동안 발효시킨 스펀지를 이용하는 방법으로 발효 손실이 큽니다. オーバーナイト スポンジ ドウ法は、少量の イーストを 使用して、生地を ゆっくりと 発酵させ、強い 伸張性と 豊かな 発酵の 香りを 出します。 오-바-나이토스폰노 도우호우와 쇼우료우노 이-스토우 시요우시테, 키지오 윳쿠리토 핫코우사세, 쯔요이 신텐세이토 유타카나 핫코우노 카오리오 다시마스.. 오버나이트 스펀지 도우법은 적은 양의 이스트를 사용하여 반죽을 천천히 발효시키며 강한 신장성과 풍부한 발효 향을 냅니다.
4	加糖スポンジドウ法 (菓子パン) 카토우 스폰지도우호우 카시팡 가당 스펀지 도우법 (과자빵)	加糖 スポンジ ドウ法 (菓子パン)は 菓子パン 生地の ように 砂糖の 配合を 20~30パーセント 使用する 製法です。 카토우 스폰지도우호우 카시팡와 카시팡키지노 요우니 사토우노 하이고우 니쥬우~산쥬우 파-센토 시요우스루 세이호우데스. 가당 스펀지 도우법(과자빵)은 과자빵 반죽처럼 설탕의 배합을 20~30%을 사용하는 제법입니다.

		加糖 スポンジ ドウ法は 生地に 総当量の 14~20パーセントの 糖を 添加し、イーストの 耐糖性を 強く することを 目的と して います。
		카토우스폰지 도우호우와 키지니 소오토우료우노 쥬우욘~니쥬우 파-센토노 토우 오 텐카시 이-스토노 타이토우세이오 쯔요쿠 스루 코토우 모쿠테키토 시테이마스.
		가당 스펀지 도우법은 반죽에 총 당량의 14~20%의 당을 첨가하고 이스트의 내당성을 강하게 하는 것을 목적으로 하고 있습니다.

05. スポンジ ドウ法の 工程順序は 何ですか?

스폰지 도우호우노 코우테이 쥰죠와 난데스카?

스펀지 도우법의 공정 순서는 무엇입니까?

はい、スポンジ ドウ法の 工程順は 配合表 作成→ 材料 計量→ スポンジ 生地 作り→ 第1次発酵→ 本生地→ 中間発酵→ 分割→ 丸め→ 中間発酵 → 第2次発酵→ 焼成→ 冷却→ 包装→ 販売の 14順序です。

하이, 스폰지 도우호우노 코우테이준와 하이고우효우 사쿠세이→ 자이료우 케이료우→ 스폰지키지쯔쿠리→ 다이 이찌지 핫코우→ 혼네리→ 쥬우칸 핫코우→ 분카쯔→ 마루메 쥬우칸 핫코우→ 다이니지 핫코우→ 쇼우세이→ 레이캬쿠→ 호우소우→ 한바이노 쥬우욘 슈루이데스.

네, 스펀지 도우법의 공정 순서는 배합표 작성→ 재료 계량 → 스펀지 반죽 만들기 → 제1차 발효→ 본 반죽 만들기→ 중간발효 → 분할 → 둥글리기 → 중간발효 → 제2차 발효 → 굽기 → 냉각 → 포장 → 판매의 14가지의 순서입니다.

スポンジドウ法の 工程

스폰지 도우호우노 코우테이

스펀지 반죽법의 공정

配合表 作成→ 材料 計量→ スポンジ生地 作り→ 第1次発酵→ 本生地→ 中間発酵→ 分割→ 丸め→ 中間発酵→ 第2次 発酵→ 焼成→ 冷却→ 包装→ 販売
스폰지 도우호우노 코우테이준와 하이고우효우 사쿠세아→ 자이료우 케이료우→ 스폰지키지쯔쿠리→ 다이 이찌지 핫코우→ 혼 네리→ 쥬우칸 핫코우→ 분카쯔→ 마루메→ 쥬우칸 핫코우→ 다이니지 핫코우→ 쇼우세이→ 레이캬쿠→ 호우소우→ 한바이
배합표 작성 → 재료 계량 → 스펀지 반죽 만들기 → 제1차 발효 → 본 반죽 만들기 → 중간발효 → 분할 → 둥글리기 → 중간발효 → 제2차 발효 → 굽기 → 냉각→ 포장 → 판매

06. スポンジ ドウ法の 生地水の 使用量の 計算は どう しますか?

스폰지 도우호우노 키지 미즈노 시요우료우노 케이산와 도우 시마스카?

스펀지 도우법의 반죽물 사용량의 계산은 어떻게 합니까?

はい、スポンジ ドウ法の 生地 水 使用量の 計算は スポンジ 小麦粉 80 パーセント、スポンジ 55パーセントの 水 使用時：80 × 0.55= 44パーセントと なります。

하이, 스폰지 도우호우노 키지노시요우료우노 케이산와 스폰지코무기코 하찌쥬우 파-센토 스폰지 고쥬우고 파-센토노 미즈시요우지 하찌쥬우 카케루 레이 고쥬우고 욘쥬우욘 파-센토토 나리마스.

네, 스펀지 도우법의 반죽물 사용량의 계산은 스펀지 밀가루 80%, 스펀지의 55% 물 사용 시 : 80 × 0.55 = 44%입니다.

ドウの 水の 使用量は、ドウ 小麦粉 20%、全体の 水 60% 使用 時：100 × 0.6% = 60% 全体の 水(60%) − スポンジに 使用した 水(44%) = ドウに 使用する 水は 16%です。

도우노 미즈노 시요우료우와 도우 코무기코 니쥬우 파-센토, 젠타이노 미즈 로쿠쥬우 파-센토 시요우지 하쿠 카케루 레이 로쿠 파-센토 로쿠쥬우 파-센토 젠타이노 미즈 로쿠쥬우 파-센토스폰지니 시요우시타 미즈 욘쥬우욘 파-센토 도우니 시요우스루 미즈와 쥬우로쿠 파-센토데스.

도우의 물 사용량은 도우 밀가루 20%, 전체 물 60% 사용 시 : 100 × 0.6% = 60% 전체 물(60%) - 스펀지에 사용한 물(44%) = 도우에 사용할 물은 16%입니다.

07. スポンジドウの 小麦粉の 使用量は どの くらいですか?

스폰지도우노 코무기코노 시요우료우와 도노 쿠라이데스카?

스펀지 도우 반죽의 밀가루 사용량은 얼마입니까?

はい、スポンジドウ生地の 小麦粉の 使用量は 小麦粉の 品質の 変更、品質の 改善の 場合は 使う 小麦粉の 量を 調節します。

하이, 스폰지도우키지노 코무기코노 시요우료우와 코무기코노 히시쯔노 헨코우, 히시쯔노 카이젠노 바아이와 쯔카우 코무기코노 료우오 죠우세쯔시마스.

네, 스펀지 도우 반죽의 밀가루 사용량은 밀가루 품질의 변경, 품질 개선의 경우에는 사용하는 밀가루 양을 조절합니다.

順序 쥰조 순서	スポンジドウ法の 小麦粉 스폰지도우호우노 코무키코 스펀지 도우법의 밀가루	スポンジドウ法の 小麦粉の 役割 스폰지도우호우노 코무키코노 야쿠와라 스펀지 도우법의 밀가루의 역할
1	スポンジドウ法の 小麦粉の 使用 増加 스폰지 도우호우노 코무기코노 시요우 조우카 스펀지 도우법의 밀가루 사용 증가	スポンジ ドウ法の 小麦粉の 使用 増加は 第2次ミキシングの 生地 水 時間を 短縮し、生地 水の 伸びを よくします。 스폰지 도우호우노 코무기코노 시요우조우카와 다이니지미키신구노 키지노지칸오 탄슈쿠시, 키지노 노비오 요쿠 시마스. 스펀지 도우법의 밀가루 사용 증가는 제2차 믹싱(도우)의 반죽 시간을 단축하며, 반죽의 신장성이 좋아집니다. 小麦粉の 使用 増加は 成形の 工程が 改善され、製品の 風味の 増加、製品 品質の 改善(体積 増大、薄い 細胞膜、柔らかい 組織)に なります。 코무기코노 시요우조 우카와 세이케이노 코우테이가 카이젠사레, 세이힌노 후우미노 조우카, 세이힌 힌시쯔노 카이젠, (타이세키 조우다이, 우스이 사이보오마쿠 야와라카이 소시키니) 나리마스. 밀가루의 사용 증가는 성형의 공정이 개선되며, 제품의 풍미의 증가, 제품 품질의 개선(부피 증대, 얇은 세포막, 부드러운 조직)이 됩니다.

08. スポンジ ドウ法の 長點は 何ですか?

스폰지 도우호우노 쵸우텐와 난데스카?

스펀지 도우법의 장점은 무엇입니까?

はい、スポンジ ドウ法の 長點は ミキシング 作業工程に 対する 融通性、生地の豊かな 発酵 香り、製品の 保存性や 体積の 改善、老化の 遅さを 軽減 させます。

하이, 스폰지 도우호우노 쵸우텐와 미키신구 사교우코우테이니 타이스루 유우즈우세이, 키지노 유타카나 핫코우 카오리, 세이힌노 호존세이야 타이세키노 카이젠, 로우카노 오소사오 케이겐 사세마스.

네, 스펀지 도우법의 장점은 믹싱 작업 공정에 대한 융통성, 반죽의 풍부한 발효 향, 제품의 저장성 및 부피 개선, 노화 지연이 됩니다.

09. スポンジ ドウ法の 短點は 何ですか?

스폰지 도우호우노 탄텐와 난데스카?

스펀지 도우법의 단점은 무엇입니까?

はい、<ruby>短<rt>たん</rt></ruby><ruby>點<rt>てん</rt></ruby>は <ruby>生地<rt>きじ</rt></ruby>の <ruby>発酵損<rt>はっこうそん</rt></ruby>が <ruby>増加<rt>ぞうか</rt></ruby>、<ruby>機械<rt>きかい</rt></ruby> <ruby>施設<rt>しせつ</rt></ruby>、<ruby>労働力<rt>ろうどうりょく</rt></ruby>、<ruby>場所<rt>ばしょ</rt></ruby>など <ruby>経費<rt>けいひ</rt></ruby>の <ruby>増加<rt>ぞうか</rt></ruby>です。

하이, 탄텐와 키지노 핫코우손가 조우카, 키카이 시세쯔, 로우도우료쿠, 바쇼나도 케이히노 조우카데스.

네, 단점은 반죽의 발효 손실 증가, 기계 시설, 노동력, 장소 등 경비의 증가입니다.

<ruby>順序<rt>じゅんじょ</rt></ruby> 쥰죠 순서	スポンジドウ<ruby>法<rt>ほう</rt></ruby> 스폰지도우호우 스펀지 도우법	スポンジドウ法の <ruby>長點<rt>ちょうてん</rt></ruby> <ruby>短點<rt>たんてん</rt></ruby> 스폰지도우호우노 죠우텐, 탄텐 야쿠와라 스펀지 도우법의 장점, 단점
1	スポンジドウ<ruby>法<rt>ほう</rt></ruby>の <ruby>長點<rt>ちょうてん</rt></ruby> 스폰지 도우호우노 죠우텐 스펀지 도우법의 장점	スポンジドウ法の <ruby>長點<rt>ちょうてん</rt></ruby>は、ミキシングの <ruby>作業工程<rt>さぎょうこうてい</rt></ruby>に <ruby>対<rt>たい</rt></ruby>する <ruby>融通性<rt>ゆうずうせい</rt></ruby>です。ミキシングの<ruby>間<rt>あいだ</rt></ruby> <ruby>違<rt>ちが</rt></ruby>った <ruby>工程<rt>こうてい</rt></ruby>を <ruby>修正<rt>しゅうせい</rt></ruby>する <ruby>機会<rt>きかい</rt></ruby>が あります。<ruby>生地<rt>きじ</rt></ruby>の <ruby>豊<rt>ゆた</rt></ruby>かな <ruby>発酵<rt>はっこう</rt></ruby>の <ruby>香<rt>かお</rt></ruby>りが します。 스폰지도우호우노 죠우텐와 미키신구노 사교우코우테이니 타이스루 유우즈우세이데스. 미키신구노 마찌갓타 코우테이오 슈우세이스루 키카이가 아리마스. 키지노 유타카나 핫코우노 카오리가 시마스. 스펀지 도우법의 장점은 믹싱의 작업 공정에 대한 융통성이 있습니다. 믹싱의 잘못된 공정을 수정할 기회가 있습니다. 반죽의 풍부한 발효 향이 생깁니다. スポンジ ドウ法の <ruby>長點<rt>ちょうてん</rt></ruby>は、<ruby>製品<rt>せいひん</rt></ruby>の <ruby>保存性<rt>ほぞんせい</rt></ruby>と <ruby>体積<rt>たいせき</rt></ruby>の <ruby>改善<rt>かいぜん</rt></ruby>、<ruby>老化<rt>ろうか</rt></ruby>が <ruby>遅<rt>おそ</rt></ruby>く なり、イーストの <ruby>使用量<rt>しようりょう</rt></ruby>が 20% ほど <ruby>減少<rt>げんしょう</rt></ruby>します。 스폰지 도우호우노 죠우텐와 세이힌노 호존세이토 타이세키노 카이젠 로우카가 오소쿠 나리 이-스토노 시요우료우가 니쥬우 파-센토호도 겐쇼우시마스. 스펀지 도우법의 장점은 제품의 저장성 및 부피 개선, 노화 지연되며, 이스트의 사용량이 20% 정도 감소가 됩니다.
2	スポンジドウ<ruby>法<rt>ほう</rt></ruby>の <ruby>短點<rt>たんてん</rt></ruby> 스폰지 도우호우노 데메릿토와 스펀지 도우법의 단점	スポンジドウ法の <ruby>短點<rt>たんてん</rt></ruby>は <ruby>長<rt>なが</rt></ruby>い <ruby>発酵<rt>はっこう</rt></ruby>に よって <ruby>生地<rt>きじ</rt></ruby>の <ruby>発酵<rt>はっこう</rt></ruby> <ruby>損失<rt>そんしつ</rt></ruby>が <ruby>増加<rt>ぞうか</rt></ruby>し、<ruby>機械<rt>きかい</rt></ruby> <ruby>施設<rt>しせつ</rt></ruby>、<ruby>労働力<rt>ろうどうりょく</rt></ruby>、<ruby>場所<rt>ばしょ</rt></ruby>などの <ruby>経費<rt>けいひ</rt></ruby>が <ruby>増加<rt>ぞうか</rt></ruby>します。 스폰지 도우호우노 탄텐와 나가이 핫코우니 욧테 키지노 핫코우손시쯔가 조우카시 키카이시세쯔 로우도우료쿠 바쇼나도노 케이히가 조우카시마스. 스펀지 도우법의 단점은 긴 발효로 반죽의 발효 손실이 증가하며, 기계 시설, 노동력, 장소 등 경비 증가합니다. スポンジドウ法の <ruby>短點<rt>たんてん</rt></ruby>は、<ruby>生地<rt>きじ</rt></ruby>の ミキシング<ruby>時間<rt>じかん</rt></ruby>が <ruby>短<rt>みじか</rt></ruby>く <ruby>過度<rt>かど</rt></ruby>の ミキシングの おそれが あり、<ruby>生地<rt>きじ</rt></ruby>の <ruby>発酵損失<rt>はっこうそんしつ</rt></ruby>が <ruby>大<rt>おお</rt></ruby>きいです。(ストレート<ruby>法<rt>ほう</rt></ruby> 2～3%、スポンジ ドウ<ruby>法<rt>ほう</rt></ruby> <ruby>約<rt>やく</rt></ruby>5<ruby>倍<rt>ばい</rt></ruby>) 스폰지 도우호우노 데메릿토와 키지노 미키신구지칸가 미지카쿠 카도노 미키신구노 오소레가 아리 키지노 핫코우손시쯔가 오오키이데스. (스토레-토호우 니 산 파-센토 스폰 지도우호우 쇼우세이 야쿠 고바이) 스펀지 도우법의 단점은 반죽의 믹싱 시간이 짧아 과도한 믹싱의 우려가 있으며, 반죽의 발효 손실이 큽니다. (스트레이트 법 2~3%, 스펀지 도우법 약 5배)

液体 発酵法(液種法)は 何ですか?

에키타이 핫코우 호우와 난데스카?

액체 발효법은 무엇입니까?

日本語 製パン 実務会話
にほんご せい じつむ かいわ

液体 発酵法(液種法)は 何ですか?

에키타이 핫코우 호우와 난데스카?

액체 발효법은 무엇입니까?

---

01. 液体 発酵法(液種法)は 何ですか?

에키타이 핫코우호우와 난데스카?

액체 발효법은 무엇입니까?

**はい、液体 発酵法は イーストの 代わりに 液体 発酵液を 作って 生地
に 入れて 発酵させて 使用する スポンジ生地の 変形法です。**

하이, 에키타이핫코우호우와 이-스토노 카와리니 에키타이핫코우에키오 쯔쿳테 키지니 이레테 핫코우사세
테 시요우스루 스폰지키지노 헨케이호우데스.

네, 액체 발효법은 이스트 대신 액체 발효액을 만들어 반죽에 넣어 발효하여 사용하는
만드는 스펀지 반죽의 변형법입니다.

順序 쥰죠 순서	液体 発酵法 에키타이 핫코우호우 액체 발효법	液体 発酵法の 内容 에키타이 핫코우호우노 나이요우 액체 발효법의 내용
1	液体 発酵法の 定義 에키타이 핫코우호우노 테이기 액체 발효법의 정의	液体 発酵法は、イースト、イーストフード、水、砂糖、脱脂粉乳などを 混ぜて 2~3時間 発酵させた 液種を 作って 使用する 方法で、スポンジ の 生地方法の 変形です。 에키타이 핫코우호우와 이-스토 이-스토후-도 미즈사토우 닷시훈뉴우나도우 마제테 니 산 지칸 핫코우사세타 에키슈오 쯔쿳테 시요우스루 호우호우데 스폰지노 키지호우 호우노 헨케이데스. 액체 발효법은 이스트, 이스트 푸드, 물, 설탕, 탈지분유 등을 섞어 2~3시간 발효시킨 액종을 만들어 사용하는 방법으로 스펀지 반죽법 의 변형입니다.

| 2 | 液体 発酵法の 歴史
에키타이핫코우호우노 레키시
액체 발효법의 역사 | 液種 発酵法は アメリカの 脱脂粉乳 研究所で 初めて 開発 されました。
에키타네 핫코우호우와 아메리카노 닷시훈 미루쿠켄큐우쇼데 하지메테 카이하쯔 사레마시타
액종 발효법은 미국의 탈지분유 연구소에서 처음 개발되었습니다.

液種 発酵法は、スポンジ&ドウ法に より、スポンジ生地の 発酵に 及ぼす 様々な 欠陥を 取り除く ために、スポンジ生地の 代わりに 液種を 製造して 製品を 作る 方法です。
에키타네 핫코우호우와 스폰지안도 도우호우니 요리, 스폰지키지노 핫코우니 오요보스 사마자마나 켓칸오 토리노조쿠 타메니 스폰지키지노 카와리니 에키슈오 세이죠우시테 세이힌오 쯔쿠루 호우호우데스.
액종 발효법은 스펀지&도우법에서 스펀지 반죽의 발효에 미치는 여러 가지 결함을 제거하기 위하여 스펀지 반죽 대신 액종을 제조하여 제품을 만드는 것입니다. |

02. 液体 発酵法(液種法)の 種類は 何が ありますか?

에키타이 핫코우호우(에키타네호우)노 슈루이와 나니가 아리마스카?

액체 발효법(액종법)의 종류는 무엇이 있습니까?

はい、液体 発酵法の 種類は アミド法、ブリュー法の 2種類が あります。

하이, 에키타이 핫코우호우노 슈루이와 아미도호우, 부류–호우노 니 슈루이가 아리마스.

네, 액체 발효법의 종류는 아미드법, 브류법 2가지가 있습니다.

順序 쥰죠 순서	液体 発酵法の 種類 에키타이 핫코우호우노 슈루이 액체 발효법의 종류	液体 発酵法の 内容 에키타이 핫코우호우노 나이요우 액체 발효법의 내용
1	アミド法 아미도호우 아미드법	アミド法は 液種を 作る 緩衝剤 として 脱脂粉乳を 使用する 液種法で アメリカの 脱脂粉乳 会社が 脱脂粉乳を 添加して 開発した 方法で、製品の 老化が 遅く、かさばる 商品です。 아미도호우와 에키슈오 쯔쿠루 칸쇼오자이토 시테 닷시훈뉴우오 시요우스루 에키타네호우데, 아메리카노 닷시훈뉴우가이샤가 닷시훈뉴우 텐카시테 카이하쯔시타 호우호우데 세이힌노 로우카가 오소쿠 카사바루 쇼우힌데스. 아미드법은 액종을 만드는 완충제로 탈지분유를 사용하는 액종법으로, 미국 탈지분유 회사가 탈지분유를 첨가하여 개발한 방법으로 제품의 노화가 늦고 부피가 큽니다.
2	ブリュー法 부류–호우 브류법(플라이슈만법)	ブリュー法は、液種法を 作る 緩衝剤 として 炭酸カルシウムを 入れる 液種法です。 부류–호우와 에키타네호우오 쯔쿠루 칸쇼오자이토 시테 탄산카루시우무오 이레루 에키타네 호우데스. 브류법은 액종을 만드는 완충제로 탄산칼슘을 넣는 액종법입니다.

03. 液体 発酵法(液種)の 基本 材料は 何ですか？

에키타이 핫코우호우(에키슈)노 키혼 자이료우와 난데스카?

액체 발효법(액종)의 기본 재료는 무엇입니까?

はい、液体 発酵法(液種)の 基本的な 材料は、水、イースト、小麦粉(炭水化物)の 3種類です。

하이, 에키타이 핫코우호우 에키슈노 키혼테키나 자이료우와 미즈, 이-스토, 코무기코(탄스이카부쯔)노 산슈루이데스.

네, 액체 발효법(액종)의 기본 재료는 물, 이스트, 밀가루(탄수화물)의 3가지입니다.

順序 쥰죠 순서	液体 発酵法の 材料 에키타이 핫코우호우노 자이료우 액체 발효법의 재료	液体 発酵法の 内容 에키타이 핫코우호우노 나이요우 액체 발효법의 내용
1	水 미즈 물	水は 材料を 溶かし、生地の 温度 調節と 発酵を 助けます。 미즈와 자이료우오 토카시, 키지노 온도 죠우세쯔토 핫코우오 타스케마스. 물은 재료를 녹여주고 반죽 온도 조절과 발효를 돕습니다.
2	イースト 이-스토 이스트	イーストは 生地の 炭酸ガス 生成と 発酵 膨張を 助けます。 이-스토와 키지노 탄산가스세이세이토 핫코우보우죠우 타스케마스. 이스트는 반죽의 탄산가스 생성과 발효 팽창을 돕습니다.
3	小麦粉 코무기코 밀가루	小麦粉は 生地の 骨格と グルテンを つくって 生地を 膨らませます。 코무기코와 키지노 콧카쿠토 구루텐오 쯔쿳테 키지오 후쿠라마세마스. 밀가루는 반죽의 골격과 글루텐을 만들어 반죽을 팽창시킵니다.

04. 液体 発酵法(液種)の 生地 発酵の工程は 何ですか？

에키타이 핫코우호우(타네호우)노 키지 핫코우노 코우테이와 난데스카?

액체 발효법(액종)의 반죽 발효의 공정 순서는 무엇입니까?

はい、液体 発酵法は 水温、ミキシング、材料の 混合、発酵、温度 および pHの 測定です。

하이, 에키타이 핫코우호우와 스이온, 미키신구, 자이료우노 콘고우, 핫코우, 온도 오요비 피이에이찌노 소쿠테이데스.

네, 액체 발효법은 물 온도, 믹싱, 재료의 혼합, 발효, 온도 및 pH의 측정입니다.

順序 죤죠 순서	液体 発酵法の 工程 에키타이핫코우호우노코우테이 액체 발효법의 공정	液体 発酵法の 内容 에키타이 핫코우호우노 나이요우 액체 발효법의 내용
1	水の 温度を 調節 미즈노 온도우 죠우세쯔 물 온도 조절	水の 温度を 調節して 発酵 容器に 入れます。 미즈노 온도우 죠우세쯔시테 핫코우요오키니 이레마스. 물 온도를 조절하여 발효 용기에 넣습니다.
2	ミキシング 미키신구 믹싱	ミキシングは 高速で 行います。 미키신구와 코우소쿠데 오코나이마스. 믹싱은 고속으로 합니다.
3	材料の 溶解 자이료우노 요우카이 재료의 용해	材料の 溶解は 全ての 材料を 入れて させます。 자이료우노 요우카이와 스베테노 자이료우오 이레테 사세마스. 재료의 용해는 모든 재료를 넣고 시킵니다.
4	イーストの 溶解 이-스토노 요우카이 이스트의 용해	イーストは 溶解させて 使用します。 이-스토와 요우카이 사세테 시요우시마스. 이스트는 용해시켜 사용합니다.
5	小麦粉の 混合 코무기코노 콘고우 밀가루 혼합	小麦粉の 混合は 液種に 入れます。 코무기코노 콘고우와 에키타네니 이레마스. 밀가루 혼합은 액종에 넣습니다.
6	発酵筒 発酵 핫코우토우 핫코우 발효통 발효	発酵筒に 生地を 入れて 発酵させます。 핫코우토우니 키지오 이레테 핫코우사세마스. 발효통에 반죽을 넣어 발효를 시킵니다.
7	温度、pH、時間 測定 온도, 피이에이찌, 지칸 소쿠테이 온도, pH, 시간 측정	温度、pH、時間を 測定して 記録して います。 온도, 피이에이찌, 지칸오 소쿠테이시테 키로쿠시테 이마스. 온도, pH, 시간을 측정하여 기록합니다.
8	温度 上昇 온도죠우쵸우 온도 상승	温度 上昇は 1時間 ごとに 2℃ ずつ 上昇します。 온도 죠우쵸우와 이찌 지칸 고토니 니도 즈쯔 죠우죠우 시마스. 온도는 1시간마다 2℃씩 상승합니다.

その他 製 パン法は 何が ありますか?

소노타 세이팡호우와 나니가 아리마스카?

기타 제빵법은 무엇이 있습니까?

日本語 製パン 実務会話

その 他 製パン法は 何が ありますか?

소노 타 세이팡호우와 나니가 아리마스카?

기타 제빵법은 무엇이 있습니까?

01. その 他 製パン法は 何が ありますか?

소노 타 세이팡호우와 나니가 아리마스카?

기타 제빵법은 무엇이 있습니까?

はい, その 他の 製パン法は サワー種法、酒種法、ホープ種法、酸性生地
法、老麺法、中麺法、連続式製パン法、チャーリーウッド法、冷凍 生地法の
9種類が あります。

하이, 소노 타노 세이팡호우와 사와–타네호우, 사케타네호우, 호–푸타네호우, 산세이 키지호우, 로우멘호우,
쥬우멘호우, 렌조쿠시키 세이팡호우, 챠–리– 웃도호우, 레이토 키지 호우노 큐우슈루이가 아리마스.

네, 기타 제빵법에는 사워종법, 주종법, 호프종법, 산성 반죽법, 노면법, 중면법,
연속식 제빵법, 찰리우드법, 냉동 반죽법의 9가지 종류가 있습니다.

その 他の 製パン法

소노 타노 세이팡호우

기타 제빵법

サワー種法 사와–타네호우	酒種法 사케타네호우	ホープ種法 호–푸타네호우	酸性生地法 산세이 키지호우	老麺法 로우멘호우
사워종법	주종법	호프종법	산성반죽법	노면법
中麺法 쥬우멘호우	連続式 製パン法 렌조쿠시키세이팡호우	チャーリーウッド法 챠–리– 웃도호우	冷凍 生地法 레이토 키지호우	-
중면법	연속제빵법	찰리우드법	냉동 반죽법	

02. サワー種法は 何ですか?

사와-타네호우와 난데스카?

사워종법은 무엇입니까?

はい、サワー種法は 小麦粉、ライ麦粉を 水で こねて 生地を つくり、低温で 1日 発酵する ことで 乳酸菌 などの 繁殖が 起こり、サワー種(ライ麦)を 作って 生地に 添加し、パンを 発酵させる 方法です。

하이, 사와-타네호우와 코무기코, 라이무기코오 미즈데 코네테 키지오 쯔쿠리, 테이온데 이찌니찌 핫코우스루 코토데 뉴우산킨 나도노 한쇼쿠가 오코리, 사와-타네(라이무기)오 쯔쿳테 키지니 텐카시, 팡오 핫코우사세루 호우호우데스.

네, 사워종법은 밀가루 또는 호밀 가루를 물에 이겨 반죽을 만들어 저온에서 1일 동안 발효로 유산균 등 번식이 일어나, 사워종(호밀)을 만들어 반죽에 첨가하여 빵을 발효시키는 제법입니다.

03. 酒種法は 何ですか?

사와-타네호우와 난데스카?

주종법은 무엇입니까?

はい、酒種法は イーストの 代わりに お酒を 造るのに 使用する 酒種を 作り、生地を 発酵させる 製法です。

하이, 사카타네호우와 이-스토노 카와리니 오사케오 쯔쿠루노니 시요우스루 사카타네오 쯔쿠리, 키지오 핫코우사세루 세이호우데스.

네, 주종법은 이스트 대신 술을 만드는 데 사용하는 주종을 만들어 반죽을 발효시키는 제조법입니다.

04. ホープ種法は 何ですか?

호-푸타네호우와 난데스카?

호프종법은 무엇입니까?

はい、ホープ種法は ビールの 苦味の ある ホープは、殺菌作用の ある ホープ種(約 2~3パーセントの ホープ)と 水で煮込んだ ものを 冷却して 入れる 方法で ホープ種は 生地に 5% ほど 加えて 発酵させます。

하이, 호-푸타네호우와 비-루노 니가미노 아루 호-푸와 삿킨사요우노 아루 호-푸타네(야쿠 니~산 파-센토노 호-푸토)미즈데 니콘다 모노오 레이캬쿠시테 이레루 호우호우데, 호-푸타네와 키지니 고 파-센토 호도 쿠와에테 핫코우사세마스.

네, 호프종법은 맥주의 쓴맛 내는 호프는 살균작용이 있는 호프종(약 2~3% 호프와 물로 끓인 것)을 냉각하여 넣는 법으로 호프종은 반죽할 때 5% 정도 첨가하여 발효시킵니다.

05. 冷凍 生地法は 何ですか?

레이토우 키지호우호우와 난데스카?

냉동 반죽법은 무엇입니까?

はい、冷凍 生地法は 生地を 第1次発酵または 成形 後に -40℃で 急速に 冷凍させ、-18~-25℃前後で 保管した 後、解凍して 製造する 方法です。

하이, 레이토 키지호우와 키지오 다이이찌지 핫코우 마타와 세이케이고니 마이너스욘쥬우도데 큐우소쿠니 레이토우사세, 마이너스 쥬우하찌~니쥬고 젠고데 호칸시타 아토, 카이토우 시테 세 이죠우스루 호우호우데스.

네, 냉동 반죽법은 반죽을 제1차 발효 또는 성형 후 -40℃로 급속으로 냉동시켜 -18~25℃ 전후로 보관한 후 해동시켜 제조하는 방법입니다.

06. 酸性 生地法は 何ですか?

산세이 키지호우호우와 난데스카?

산성 반죽법은 무엇입니까?

はい、酵母酸性 生地法は ライ麦パンの 製造に よく 使用される 製パン法で、老麺法とも 呼ばれて ライ麦、小麦粉の 発酵に より、野性 酵母を 利用して 作ります。

하이, 코우보 산세이세 키지호우와 라이무기팡노 세이죠우니 요쿠 시요우사레루 세이팡호우데, 로우멘호우 토모 요바레테 라이무기, 코무기코노 핫코우니 요리 야세이코우보오 리요우시테 쯔쿠리마스.

네, 산성 반죽법은 호밀빵 제조에 흔히 사용하는 제빵법으로, 노면법이라고도하며 호밀, 밀가루의 발효로 야성 효모를 이용하여 만드는 법입니다.

07. 中麺法は 何ですか?

쥬우멘호우와 난데스카?

중면법은 무엇입니까?

はい、中麺法は イーストを ほとんど 入れずに 小麦粉と 水を 混ぜ 合わせて、生地状の 生地を 発酵させて 作るのです。

하이, 쥬우멘호우와 이-스토우 호톤도 이레즈니 코무기코토 미즈오 마제아와세테, 키지조오노 키지오 핫코우사세테 쯔쿠루노데스.

네, 중면법(침지법)은 이스트를 거의 넣지 않고 밀가루와 물을 혼합하여 면 반죽 모양의 전 반죽을 만드는 데 발효시켜 만드는 법입니다.

08. 老麺法は 何ですか?

로우멘호우호우와 난데스카?

노면법은 무엇입니까?

はい、老麺法は 前日の 発酵した 残った 生地を 10から 30パーセント 使って パンを 作る 方法です。

하이, 로우멘호우와 젠지쯔노 핫코우시타 노콧타 키지오 쥬우카라 산쥬우파-센토 쯔캇테 팡오 쯔쿠루 호우호우데스.

네, 노면법은 전날에 발효한 남은 반죽을 10~30%를 사용하여 빵을 만드는 법입니다.

09. 連続 製パン法は 何ですか?

렌조쿠 세이팡호우호우와 난데스카?

연속식 제빵법은 무엇입니까?

はい、連続 製パン法は 全ての 工程が 自動機の 動き合わせて 連続 ミキサーに よって 生地を つくり すぐに 分割、型に パンニングして、発酵室、オーブンで 自動 連結して できる 短時間 製パン法です。

하이, 렌조쿠세이팡호우와 스베테노 코우테이가 지도우키노 우고키 아와세테 렌조쿠미키사-니 욧테 키지오 쯔쿠리 스구니 분카쯔, 카타니 팡닝구시테 핫코우시쯔, 오-분데 지도우렌케쯔시테데키루 탄지칸세이팡호우데스.

네, 연속식 제빵법은 각각의 모든 공정이 자동기계의 움직임에 따라 연속믹서에 의해 반죽이 만들어 바로 연속분할, 틀에 팬닝을 하여 발효실에서 오븐으로 자동 연결되어 만들어지는 단시간 제빵법입니다.

10. チャーリーウッド法は 何ですか?

차-리-웃도호우와 난데스카?

찰리우드법은 무엇입니까?

はい、イギリスの チャーリーウッド 地方が 考案しで、化学的発酵に よる 熟成の 代わりに、超高速 ミキサーで 生地を 熟成させる ことで、発酵 後に 分割して 成形、焼成します。

하이, 차-리- 웃도호우와 이기리스노 차아리이 웃도 찌호우가 코우안시데카가쿠테키 핫코우니 요루 쥬쿠세이노 카와리니 죠우코우소쿠 미키사-데 키지오 쥬쿠세이사세루 코토데 핫코우고니 분카쯔시테 세이케이, 쇼우세이시마스.

네, 찰리우드법은 영국의 찰리우드 지방에서 고안하여 화학적 발효에 따른 숙성을 대신하며 초고속 믹서로 반죽을 숙성시킴으로 발효 후 분할하여 성형, 굽기를 합니다.

11. 各製パン法の 長點、短點は 何が ありますか?

카쿠 세이팡호우노 죠우텐, 탄텐와 나니가 아리마스카?

각 제빵법의 장점, 단점은 무엇이 있습니까?

はい、製パン法は ストレート法、非常ストレート法、ノータイム法、スポンジ法、液種法、冷凍生地法、再生地法、後塩法、サワー種法、酒種法、ホープ種法、酸性生地法、中麺法、連続式 製パン法など 13通りそれぞれに 長點と 短點が あります。

하이, 세이팡호우와 스토레-토호우, 히죠우스토레-토호우, 노-타이무키지호우, 스폰지호우 에키타네호우 레이토우세이찌호우, 사이키지호우, 아쯔 소메호우, 사와-타네호우, 사카타네호우, 호-푸타네호우, 산세이세이찌호우, 나카와타호우, 렌조쿠시키 세이팡호우나도 쥬우산 토우리소레조레니 죠우텐토 탄텐가 아리마스.

네, 제빵법은 스트레이트 법, 비상 스트레이트 법, 노타임법, 스펀지법, 액종법, 냉동반죽법, 재반죽법, 후염법, 사워종법, 주종법, 호프종법, 산성 반죽법, 중면법, 연속식 제빵법 등 13가지로 각각의 장단점이 있습니다.

各製パン法
카쿠세이팡호

각 제빵법

ストレート法 스트레-토호우	非常ストレート法 히죠우스트레-토호우	ノータイム法 노-타이무호우	スポンジ法 스폰지호우	液種法 에키타네호우
스트레이트 법	비상스트레이트 법	노타임법	스펀지법	액종법
冷凍生地法 레이토키지호우	再生地法 사이키지호우	後塩法 코엔호우	サワー種法 사워타네호우	酒種法 가카타네호우
냉동반죽법	재반죽법	후염법	사워종법	주종법
ホープ種法 호-프타네호우	酸性生地法 산세이키지호우	中麺法 쥬우멘호우	連続式 製パン法 렌소쿠시키세이팡호우	
호프종법	산성반죽법	중면법	연속식제빵법	

順序 쥰조 순서	製パン法の種類 세이팡호우노 슈루이 제빵법의 종류	製パン法の 長點 세이팡호우노 죠우 제빵법의 장점	製パン法の 短點 세이팡호우노 탄텐 제빵법의 단점
1	ストレート法 스트레-토호우 스트레이트 법	生地 製造 工程が 簡単です。 키지세이죠우 코우테이가 칸탄데스. 반죽 제조공정이 간단합니다. 労働力、時間、作業スペースが 減少します。 로우도우료쿠, 지칸, 사교우 스페-스가 겐쇼우시마스. 노동력, 시간, 작업공간이 감소합니다. 製品の 新鮮な 香りが いいです。 세이힌노 신센나 카오리가 이이데스. 제품의 신선한 향이 좋습니다. 発酵 損失が 減少 します。 핫코우 손시쯔가 겐쇼우시마스. 발효 손실이 감소됩니다.	製品の 老化が 早いです。 세이힌노 로우카가 하야이데스. 제품의 노화가 빠릅니다. 発酵の 耐久性が 弱いです。 핫코우노 타이큐우세이가 요와이데스. 발효의 내구성이 약합니다. 生地の 工程 修正が 難しいです。 키지노 코우테이슈우세이가 무즈카시이데스. 반죽의 공정수정이 어렵습니다. パンの 味と 香り、保管性が 悪いです。 팡노 아지토 카오리 호칸세이가 와루이데스. 빵의 맛과 향, 보관성이 나쁩니다.

2	スポンジ法 스폰지호우 스펀지법	製品の 体積が 大きいです 세이힌노 타이세키가 오오키이데스. 제품의 부피가 큽니다. 老化が 遅く(貯蔵性 良好)、発酵 耐久性が 強いです。 로우카가 오소쿠(죠소우세이 료우코우) 핫코우 타이큐우세이가 쯔요이데스. 노화가 지연(저장성 양호)되며, 발효 내구성이 강합니다.	製造 工程が 複雑です。 세이조우 코우테이가 후쿠자쯔데스. 제조공정이 복잡합니다. 生地の 発酵 損失が 大きく、施設、労働力、場所などの経費が 増えます。 키지노 핫코우 손시쯔가 오오키쿠, 시세쯔, 로우도우료쿠, 바쇼나도노 케이히가 후에마스. 반죽의 발효 손실이 크며, 시설, 노동력, 장소 등 경비가 증가합니다.
3	ノータイム法 노-타이무호우 노타임 반죽법	製造 時間、発酵 損失、設備と 電力が 減少し、生産 管理が 容易です。 세이조우지칸 핫코우손시쯔 세쯔비토 덴료쿠가 겐쇼우시 세이산칸리가 요우이데스. 제조 시간, 발효 손실, 설비와 전력이 감소하며 생산관리가 쉽습니다.	製品の 質が 低下、保存性、味と 香りが 悪く、発酵 耐久力は 劣ります。 세이힌노 시쯔가 테이카, 호존세이, 아지토 카오리가 와루쿠, 핫코우 타이큐우료쿠와 오토리마스. 제품의 질이 저하, 저장성, 맛과 향이 나쁘며 발효 내구력이 떨어집니다.
4	液種法 에키타네호우 액종법 (액체 발효법)	生地の 発酵 時間が 短く、生産 損失が 減少します。 키지노 핫코우지칸가 미지카쿠 세이산손시쯔가 겐쇼우시마스. 반죽의 발효 시간이 짧아 생산손실이 감소합니다. 製品の 質に 優れ、大量の 生産に 適しています。 세이힌노 시쯔니 스구레 타이료우노 세이산니 테키시테이마스. 제품의 질이 고르며 대량의 생산에 적합합니다.	大型の 設備が 必要であり、酸化剤、還元剤の 使用量が 増えます。 오오가타노 세쯔비가 히쯔요우데 아리, 산카자이 칸겐자이노 시요우료우가 후에마스. 대형의 설비시설이 필요하며 산화제, 환원제 사용량이 증가합니다. 液種の 管理が 難しく、味と 品質が 劣ります。 에키슈노 칸리가 무즈카시쿠 아지토 힌시쯔가 오토리마스. 액종의 관리가 어렵고 맛과 품질이 떨어집니다.
5	冷凍生地法 레이토키지호우 냉동 반죽법	夜間・休日 作業の 代替が 可能であり、消費者に 新鮮な パンを 提供して おります。 야칸 큐우지쯔 사교우노 다이타이가 카노우데 아리 쇼우히샤니 신센나 팡오 테이쿄우시테오리마스. 야간과 휴일 작업의 대체가 가능하며 소비자에게 신선한 빵을 제공합니다. 多品種 少量 生産に 適して います。 타힌슈쇼우료우 세이산니 테키시테 이마스. 다품종 소량생산에 적합합니다.	イーストの 死滅に より 発酵力が 低下し、ガス保持力が 低下して 生地が 広がり やすく なります。 이-스토노 시메쯔니 요리 핫코우료쿠가 테이카시 가스호지료쿠가 테이카시테 키지가 히로가리야스쿠 나리마스. 이스트의 사멸로 발효력이 감소, 가스 보유력이 감소하여 반죽이 퍼지기 쉽습니다. 生地の 解凍に 時間が かかります。 키지노 카이토우니 지칸가 카카리마스. 반죽의 해동에 시간이 걸립니다.

6	再生地法 さいきじほう 사이키지호우 재반죽법	生地の 機械 耐性が 良く、工程 時間の 短縮 をします。 키지노 키카이타이세이가 요쿠 코우테이지칸노 탄슈쿠오 시마스. 반죽의 기계 내성이 양호하며 공정시간을 단축을 시킵니다.	ストレート法 よりも 作業が 複雑で 工程 時間が 長く かかります。 스토레-토호우요리모 사교우가 후쿠자쯔데 코우테이지칸가 나가쿠 카카리마스. 스트레이트 법보다 작업이 복잡하며 공정시간이 오래 걸립니다.
7	後塩法 こえんほう 코엔호우 후염법	生地は 機械 耐性に 優れ、水を2~3%さらに 吸収し、塩だけ 後で 投入します。 키지와 키카이 타이세이니 스구레 미즈오 니~산 파-센토 사라니 큐우슈우시 시오다케 아토데 토우뉴우시마스. 반죽은 기계 내성이 좋으며 물을 2~3%를 더 흡수하며 소금만 나중 투입합니다.	塩を 入れない 心配が あります。 시오오 이레나이 신파이가 아리마스. 소금을 넣지 않을 염려가 있습니다.
8	サワー種法 たねほう 사와-타네호우 사워종법	ライ麦を 使って 種を 作り、生地に 入れる 製法で、独特の 味と 香り、保存性に 優れています。 라이무기오 쯔캇테 타네오 쯔쿠리 키지니 이레루 세이호우데、도쿠토쿠노 아지토 카오리、호존세이니 스구레테이마스. 호밀을 사용하여 종을 만들어 반죽에 넣는 제법으로 특유의 맛과 향, 보관성이 좋습니다.	ライ麦 生地の pH調節が 難しく、酸味が あります。 라이 무기 키지노 피이에에치 죠우세쯔가 무즈카시쿠、산미가 아리마스. 호밀 반죽의 pH 조절이 어렵고 신맛이 납니다.
9	酒種法 きけたねほう 사케타네호우 주종법	製品の 皮が 薄くて 柔らかく、良い 風味、老化が 遅いです。 세에힌노 카와가 우스쿠테 야와라카쿠 요이 후우미 로우카가 오소이데스. 제품의 껍질이 얇고 부드럽고, 좋은 풍미, 노화가 늦습니다.	製品工程が 複雑で あり、酒種の 管理が 難しく、酒種の 味が 残って いる 可能性が あります。 세에힌 코우테이가 후쿠자쯔데 아리、사케타네노 칸리가 무즈카시쿠 사케타네노 아지가 노콧테이루 카노우세이가 아리마스. 제품 생산 공정 복잡하며 주종의 관리가 어렵고 주종의 맛이 남아있을 수 있습니다.
10	ホップ種 たね 호프타네 호프종법	製品の 老化が 遅延で、イーストの 匂いが ありません。 세에힌노 로우카가 찌엔데、이이스토노 니오이가 아리마센. 제품의 노화가 지연되며, 이스트의 냄새가 없습니다.	製造に 手間が 多く、一定の ホップ種が 取りづらく、苦味が あります。 세이조우니 테마가 오오쿠、잇테에노 홋푸슈가 토리즈라쿠 니가미가 아리마스. 제조 시간이 많이 소요되며 일정한 호프종을 얻기가 어렵고 쓴맛이 있습니다.

11	**酸性生地法** さんせい きじ ほう 산세이 키지호우 **산성 반죽법**	生地 製造に より、イーストが節約でき、酸味と 甘味が します。 きじ せいぞう せつやく きんみ あまみ 키지 세이조우니 요리 이-스토가 세쯔야쿠데키, 산미토 아마미가 시마스. 반죽 제조 때 이스트가 절약되며 산미와 단맛이 납니다.	製品に 雑菌が 繁殖し、生地の 低温の 場所が 必要です。 せいひん ざっきん はんしょく きじ ていおん ばしょ ひつよう 세에힌니 잣킨가 한쇼우시 키지노 테에온노 바쇼가 히쯔요우데스. 제품에 잡균이 번식하며 반죽의 저온의 장소가 필요합니다.
12	**中麺法** ちゅうめんほう 쥬우멘호우 **중면법** (반죽)	イーストの 使用量が 少なく グルテンの 伸展性に 優れている ため、白パンの 製造に 適して います。 しようりょう すく しんてんせい すぐ しろ せいぞう てき 이이스토노 시요우료오가 스쿠나쿠 구루텐노 신텐세에니 스구레테이루 타메, 시로판노 세이조우니 테키시테 이마스. 이스트의 사용량이 적으며 글루텐의 신전성이 좋아 흰빵의 제조에 적합합니다.	生地に 傷を つけ やすく、製品に バクテリアの 匂いが するため ライ麦パンの 製造は 不適当です。 きじ きず せいひん にお せいぞう むぎ ふてきとう 키지니 키즈오 츠케야스쿠 세에힌니 바쿠테리아노 니오이가 스루 타메 라이무기팡노 세이조우와 후테키토우데스. 반죽에 상처가 생기기 쉬우며 제품에 박테리아의 냄새가 나며 호밀빵의 제조는 부적합합니다.
13	**連続式製パン法** れんぞくしきせい ほう 렌조쿠시키세이팡호우 **연속식 제빵법** (찰리우드법)	大規模 工場の 単一品目 生産に 適しており、機械 設備、労働力の 減少と 機械生地の 工程が 短縮されます。 だいきぼ こうじょう たんいちひんもく せいさん てき きかい せつび ろうどうりょく げんしょう きかい きじ こうてい たんしゅく 다이키보 코우죠우노 탄이츠힌모쿠 세이산니 테키시테오리, 키카이 세쯔비, 로오도우료쿠노 겐쇼오토 키카이키지노 코우테이가 탄슈쿠 사레마스. 대규모 공장의 단일품목 생산에 적합하며 기계설비, 노동력이 감소와 기계 반죽 공정이 단축됩니다.	設備投資が 多く、製品の 内相と香味と 製品の 保管性が 悪いです。 せつび とうし おお せいひん ないそう こうみ せいひん ほかんせい わる 세쯔비 토우시가 오오쿠, 세이힌노 나이쇼우토 코오미토 세에힌노 호칸세이가 와루이데스. 설비투자가 많고 제품의 내상과 향미와 제품의 보관성이 나쁩니다.

パン 作りは 何ですか?

팡 쯔쿠리노와 난데스카?

빵 만들기는 무엇입니까?

日本語 製パン 実務会話

第19課

パン 作りは 何ですか?

팡 쯔쿠리노와 난데스카?

빵 만들기는 무엇입니까?

---

01. パン 作りは 何ですか?

팡 쯔쿠리노와 난데스카?

빵 만들기는 무엇입니까?

はい、パン 作りの 注意 事項、評価事項、製品評価の 3点が あります。

하이, 팡쯔쿠리노 쥬우이 지코우, 효우카지코우, 세이힌효우카노 산텐가 아리마스.

네, 빵 만들기 주의사항, 평가사항, 제품 평가 등 3가지 사항이 있습니다.

02. パンの製造 工程の 順序は 何ですか?

팡노 세이조우 코우테이노 쥰죠와와 난데스카?

빵 제조공정 순서는 무엇입니까?

はい、製造工程の 順序は 配合表の 決定と 作成→型の準備→ 材料計量→ ミキシング(生地)→ 第1次発酵→ 分割→ 丸め→ 中間発酵→ 成形・定型→ パンニング→ 第2次発酵→ 焼成→ 冷却→ 包装の 15種類です。

하이, 세이조우코우테이노 쥰죠와와 하이고우효우노 켓테이토 사쿠세이→ 카타노 쥰비→ 자이료우 케이료우→ 미키신구(키지)→ 다이이찌지 핫코우→ 분카쯔→ 마루메→ 쥬우칸 핫코우→ 세이케이 테이케이→ 팡닌구→ 다이니지핫코우→ 쇼우세이→ 레이캬쿠→ 호우소우노 쥬우고 슈루이데스.

네, 제조공정 순서는 배합표 결정과 작성 → 틀 준비→ 사전준비→ 재료 계량 → 믹싱 (반죽) → 제1차 발효 → 분할 → 둥글리기 → 중간발효 → 성형・정형 → 팬닝 → 제2차 발효 → 굽기 → 냉각 → 제출의 15가지의 순서입니다.

順序 준죠 순서	製造 工程 順序 세이조우 코우테이 쥰죠 제조공정 순서	製造 工程 順序 内容 세이조우 코우테이 쥰죠 나이요우 제조공정 손서 내용
1	配合表の 作成 하이고우효우노 사쿠세이 배합표 작성	配合表の 作成は、与えられた 条件を 時間（10分で 配合表 作成します。 하이고우효우노 사쿠세이와 아타에라레타 죠우켄오 지칸(쥬우 분)데 하이고우효우 사쿠세이시마스. 배합표 작성은 주어진 조건을 시간(10분)에 따라 배합표 작성합니다.
2	材料 計量 자이료우케이료우 재료 계량	材料計量は はかりを 使用して 決められた 計量時間(8~10分、熟練度)、材料 損失なく 正確に 計量 測定します。 자이료우케이료우와 하카리오 시요우시테 키메라레타 케이료우지칸(하찌~쥬우분 주쿠렌도) 자이료우 손시쯔나쿠 세이카쿠니 케이료우 소쿠테이 시마스. 재료 계량은 저울을 사용하여 정해진 계량 시간(8~10분, 숙련도), 재료 손실 없이 정확히 계량 측정합니다.
3	生地の 製造 키지노 세이조우 반죽 제조	生地の 製造は、機械(ミキサー、手)を 使って 材料の 混合順序、生地の 温度 調節、生地の 発展 状態、生地の 仕上がりを 調節します。 키지노 세이조우와 키카이 미키사ー 테오 츠캇테 자이료우노 콘고우쥰죠 키지노 온도죠우세쯔 키지노 핫텐죠우타이 키지노 시아가리오 죠우세쯔시마스. 반죽 제조는 기계(믹서기, 손)를 사용하여 재료의 혼합 순서, 반죽 온도 조절, 반죽 발전 상태, 반죽의 되기를 조절합니다.
4	第1次発酵 다이이찌지 핫코우 제1차 발효	第1次発酵管理は、発酵室 温度(27℃)と 湿度(80~90%)、発酵 時間(30~60分)、発酵 状態(発酵終点)を 調節します。 다이이찌지 핫코우칸리와 핫코우시쯔온도(니쥬우나나) 토 시쯔도(하찌쥬우~큐우쥬우 파ー센토) 핫코우지칸(산쥬우~로쿠쥬우분) 핫코우 죠우타이(핫코우타네우텐)오 죠우세쯔시마스. 제1차 발효 관리는 발효실 온도(27℃) 및 습도(80~90%), 발효 시간(30~60분), 발효 상태(발효종점)를 조절합니다.
5	生地の 分割 키지노 분카츠 반죽 분할	生地の 分割は 制限時間(10~20分) 内に 分割、熟練度 および 正確度を 確認します。 키지노 분카츠와 죠우세쯔지칸(쥬우~니쥬우분)나이니 분카쯔, 쥬쿠렌도 오요비 세이카쿠도우 카쿠닌시마스. 반죽 분할은 제한 시간(10~20분) 내에 분할, 숙련도 및 정확도를 확인합니다.
6	丸め 마루메 둥글기기	丸めは、10~20分で 生地の 表面 処理、熟練度、整列 状態を 確認します。 마루메와 쥬우~니쥬우 분데 키지노 효우멘쇼리 주쿠렌도 세이레쯔죠우타이오 카쿠닌시마스. 둥글리기는 10~20분 안에 반죽 표면 처리, 숙련도, 정렬 상태를 확인합니다.
7	中間発酵 쥬우칸 핫코우 중간발효	中間発酵は 10~20分 程度で、丸めの 適正時間、表面が 乾燥しないよう 処置 状態を 確認して ください。 쥬우칸 핫코우와 쥬우~니쥬우분 테이도데 마루메노 테키세이지칸 효우멘가 칸소우시나이요우 쇼찌죠우타이오 카쿠닌시테 쿠다사이. 중간발효는 10~20분 정도로 둥글리기의 적정 시간, 표면이 건조되지 않도록 조치상태를 확인합니다.

8	成形・定形 セイケイ・テイケイ 정형	成形・定形は 形づくりで 熟練度(ガス 抜き、中身の 包み 及び 仕上げ)、形が 均一で 一定に 作ります。 세이케이, 테이케이와 카타찌쯔쿠리데 주쿠렌도(가스누키, 나카미노 츠츠미 오요비 시아게) 카타찌가 킨이츠데 잇테이니 쯔쿠리마스. 성형, 정형은 모양 만들기로 숙련도(가스 빼기, 내용물 싸기 및 마무리), 모양이 균일하고 일정하게 만듭니다.
9	型入れ 팬 넣기	型入れは 型の 油塗り、継ぎ目の 処理、生地の 型に 入れる 状態を 確認します。 카타이레와 카타노 아부라 누리, 쯔기메노 쇼리, 키지노 환니 이레루 죠우타이오 카쿠닌마스. 팬 넣기는 팬 기름칠, 이음매 처리, 반죽의 팬에 넣는 상태를 확인합니다.
10	第2次発酵 다이니지핫코우 제2차 발효	第2次発酵室の 管理は、温度(38℃)と 湿度(85~90%)、適正 時間(30~60分)、最適 発酵 状態を 確認します。 다이니지핫코우시쯔노 칸리와 온도(산쥬우하찌) 토 시쯔도(찌쥬우고~큐우쥬우 파-센토) 테키세이지칸(산쥬우~로쿠쥬우분) 사이테키 핫코우 죠우타이오 카쿠닌시마스. 제2차 발효실의 관리는 온도(38℃) 및 습도(85~90%), 적정 시간(30~60분), 최적 발효 상태를 확인합니다.
11	焼成 쇼우세이 굽기	焼成 管理は、オーブン 温度(200~230℃)、焼成 時間(12~40分)、オーブンの 操作、焼成 具合を 確認します。 쇼우세이 칸리와 오-분온도(니하쿠~니햐쿠 산쥬우) 쇼우세이지칸(쥬우니~ 욘쥬우분) 오-분노 소오사, 쇼우세이 구아이오 카쿠닌시마스. 굽기 관리는 오븐 온도(200~230℃), 굽기 시간(12~40분), 오븐 조작, 구운 상태를 확인합니다.
12	製品の 評価 세이힌노 효우카 제품 평가	製品の 評価は 提出した パンの 外部と 内部を 評価します。 세이힌노 효우카와 테이슈쯔시타 판노 가이부토 나이부오 효우카시마스. 제품의 평가는 제출한 빵의 외부와 내부를 평가합니다.

03. パンの 品目は 何が ありますか?

팡노 힌모쿠와 나니가 아리마스카?

빵의 품목은 무엇이 있습니까?

はい、品目は 食パン、牛乳食パン、トウモロコシ食パン、プルマン食パン、バタートップ食パン、栗食パン、あんパン、クリームパン、そぼろパン、チュイストパン、スイートロール、バターロール、ソーセージパン、ベーグルパン、グリシーニ、パンドーナツ、ダッチパン、モカパン、ライ麦パン、黒パンの 計 20種類が あります。

하이, 힌모쿠와 쇼쿠팡, 규뉴우쇼쿠팡, 토우모로코시쇼쿠팡, 푸루만쇼쿠팡, 바타- 톳푸쇼쿠팡, 쿠리쇼쿠팡, 안팡, 쿠리-무팡, 소보로팡, 츄이스토팡, 스이이토로-루, 바타-로-루, 소-세-지팡, 베-구루팡, 구리시-니, 팡도우나쯔, 닷찌팡, 모카팡, 라이무기팡, 쿠로팡 노 케이 니쥬우 슈루이가 아리마스.

네, 품목은 식빵, 우유 식빵, 옥수수 식빵, 풀만 식빵, 버터톱 식빵, 밤식빵, 단팥빵, 크림빵, 소보로빵, 트위스트빵, 스위트롤, 버터롤, 소시지빵, 베이글빵, 그리시니, 빵도넛, 더치빵, 모카빵, 호밀빵, 통밀빵 등 총 20가지가 있습니다.

パンの 品目

팡노 힌모쿠

빵의 품목

番号 방고우 번호	分類 훈루이 분류	品目 힌모쿠 품목	製造 工程 方法 세이조우 코우테이 호우호우 제조공정 방법	製造 時間 세이조우 지칸 제조 시간
I. 食パン類(6品目) 쇼쿠팡루이 로쿠 힌모쿠 식빵류(6품목)	1	食パン 쇼쿠팡 식빵	비상 스트레이트 법	2時間 40分
	2	牛乳食パン 규우뉴우쇼쿠팡 우유 식빵	ストレート法 스토레-토호우 스트레이트 법	3時間 40分
	3	プルマン食パン 푸루만쇼쿠팡 풀만 식빵	ストレート法 스토레-토호우 스트레이트 법	3時間 40分
	4	バタートップ食パン 바타- 톳푸쇼쿠팡 버터톱 식빵	ストレート法 스토레-토호우 스트레이트 법	3時間 30分
	5	トウモロコシ食パン 토우모로코시쇼쿠팡 옥수수 식빵	ストレート法 스토레-토호우 스트레이트 법	3時間 40分
	6	栗食パン 쿠리 쇼쿠팡 밤식빵	ストレート法 스토레-토호우 스트레이트 법	3時間 40分
II. 菓子パン類 (4品目) 카시팡루이 욘 힌모쿠 과자빵류(4품목)	1	あんパン 안 팡 단팥빵	ストレート法 스토레-토호우 스트레이트 법	3時間 00分
	2	クリームパン 크리-무팡 크림빵	ストレート法 스토레-토호우 스트레이트 법	3時間 30分
	3	そぼろパン 소보로팡 소보로빵	ストレート法 스토레-토호우 스트레이트 법	3時間 30分
	4	ツイストパン 쯔이스토팡 트위스트 빵	ストレート法 스토레-토호우 스트레이트 법	3時間 30分

Ⅲ. ロールパン (2品目) 로-루팡 니 힌모쿠 롤빵(2품목)	1	スイートロール 스이-토로-루 스위트롤	ストレート法 스토레-토호우 스트레이트 법	3時間 30分
	2	バターロール 바타-로-루 버터롤	ストレート法 스토레-토호우 스트레이트 법	3時間 30分
Ⅳ. パンドーナツ類 (1品目) 팡도-나쯔루이 이찌 힌모쿠 빵도넛류(1품목)	1	パンドーナツ 팡도-나쯔 빵도넛	ストレート法 스토레-토호우 스트레이트 법	3時間 00分
Ⅴ. 調理パン類(3品目) 죠우리팡루이 산 힌모쿠 조리빵류(3품목)	1	グリシーニ 구리시-니 그리시니	ストレート法 스토레-토호우 스트레이트 법	2時間 30分
	2	ベーグルパン 베-구루팡 베이글빵	ストレート法 스토레-토호우 스트레이트 법	3時間 30分
	3	ソーセージ調理パン 소-세-지죠우리팡 소시지 조리빵	ストレート法 스토레-토호우 스트레이트 법	3時間 30分
Ⅵ. ヨーロッパ系パン (4品目) 요-롯파케이팡(욘힌모쿠) 유럽계빵(4품목)	1	モカパン 모카팡 모카빵	ストレート法 스토레-토호우 스트레이트 법	3時間 30分
	2	ダッチパン 닷찌팡 더치빵	ストレート法 스토레-토호우 스트레이트 법	3時間 30分
	3	ライ麦パン 라이무기 팡 호밀빵	ストレート法 스토레-토호우 스트레이트 법	3時間 30分
	4	全粒粉パン 젠류우분팡 통밀빵	ストレート法 스토레-토호우 스트레이트 법	3時間 30分

順序 じゅんじょ 준죠 순서	製造 工程 せいぞう こうてい 세이조우 코우테이 제조공정	製造 工程 順序 内容 せいぞう こうてい じゅんじょ ないよう 세이조우 코우테이 쥰죠 나이요우 제조공정 손서 내용
1	配合表の作成 はいごうひょうの さくせい 하이고우효우노 사쿠세이 배합표 작성	配合表の 作成は、配合表に 与えられた %、重量の 両方に 与えられた 材料 から 切り替わった 数字(それぞれの 材料に かける数)を 計算して10分 以内に 仕上げます。 하이고우효우노 사쿠세이와 하이고우효우니 아타에라레타 파-센토 쥬우료우노 료우호우니 아타에라레타 자이료우카라 키리카왓타 스우지(소레조레노 자이료우니 카케루 스우)오 케이산시테 쥬우분 이나이니 시아게마스. 배합표 작성은 배합표에 주어진 %, 중량 양쪽 모두 주어진 재료에서 전환된 숫자(각각의 재료에 곱할 수)를 계산하여 10분 내로 완성합니다.
2	材料 計量 ざいりょう けいりょう 자이료우케이료우 재료 계량	材料 計量は はかりで 10分 以内で 材料を 正確に 測定します。 자이료우케이료우와 하카리데 쥬우분 이나이데 자이료우오 세이카쿠니 소쿠테이시마스. 재료 계량은 저울로 10분 이내로 재료를 정확히 측정합니다. 材料 計量は、作業台や 通路などに 流す 材料が ない ように注意し、時間 超過、材料 損失、流す 材料が ないように します。 자이료우케이료우와 사교우다이야 쯔우로나도니 나가스 자이료우 나이요우니 쥬우이시 지칸쵸우카 자이료우손시쯔 나가스 자이료우가 나이요우니 시마스. 재료 계량은 작업대, 통로 등에 흘리는 재료가 없도록 주의하며 시간 초과, 재료 손실, 흘리는 재료가 없도록 합니다.
3	生地の 製造 きじの せいぞう 키지노 세이조우 반죽의 제조	生地の 製造は、材料の 混合順序、生地の 温度 調節、生地の 発展状態、 生地に なることなど、要求した 通りに 生地を 製造します。 키지노 세이조우와 자이료우노 콘고우쥰죠 키지노 온도죠우세쯔 키지노 하쯔덴죠우타이 키지니 나루 코토나도 요우큐우시타 토우리니 키지오 세이조우시마스. 반죽 제조는 재료의 혼합 순서, 반죽 온도 조절, 반죽 발전 상태, 반죽의 되기 등 요구한 사항대로 반죽을 제조합니다. 生地 製造のミキシング 時間は、低速 2分、中速 3分↓油脂投入 低速 1分、中速 5分 程度の 計12~15分 間 行い、ミキシング不足、ミキシング超過は しません。 키지세이조우노 미키신구지칸와 테이소쿠 니분, 쥬우소쿠 산분, 유시토우뉴우테이소쿠 이찌분 쥬우소쿠 고 분테이도노 케이 쥬우니~ 쥬우고 분칸 오코나이, 미키신구부소쿠 미키신구죠우카와 시마세. 반죽 제조의 믹싱 시간은 저속 2분 중속 3분↓유지투입 저속 1분 중속 5분 정도인 총 12~15분간 하며 믹싱 부족, 믹싱 초과를 하지 않습니다. 生地 製造は、材料 混合の 順番を 守り、生地の 温度調節、ミキシング、強度 は 製品の 特性に 合わせて います。 키지세이조우와 자이료우콘고우노 쥰반오 마모리 키지노 온도죠우세쯔, 미키신구, 쿄우도와 세이힌노 토쿠세이니 아와세테 이마스. 반죽 제조는 재료 혼합 순서를 지키며 반죽 온도 조절, 믹싱, 되기는 제품의 특성에 맞도록 합니다.

4	第1次発酵 다이이찌지 핫코우 **제1차 발효**	第1次発酵は、各製品の 特性に 合わせて発酵室の 温度や 湿度を 調節し、製品の 特性に 合わせて 発酵時間、発酵状態(発酵終点)を 決定します。 다이이찌 핫코우와 카쿠 세이힌노 토쿠세이니 아와세테(핫코우시쯔노 온도야 시쯔도우 쵸우세쯔시), 세이힌노 토쿠세이니 아와세테 핫코우 지칸 핫코우 죠우타이 (핫코우 슈우텐)오 켓테이시마스. 제1차 발효는 각 제품의 특성에 맞도록 발효실의 온도 및 습도를 조절하며, 제품의 특성에 맞도록 발효 시간, 발효 상태(발효 종점)를 결정합니다.
5	生地の 分割 키지노 분카쯔 **반죽의 분할**	生地の 分割は 制限 時間(10~20分)内に 分割、熟練度の 要求 どおりにします。 키지노 분카쯔와 세이겐 지칸(쥬우~니쥬우) 분 나이니 분카쯔 주쿠렌도노 요우큐우도우리니 시마스. 반죽 분할은 제한 시간(10~20분) 내에 분할, 숙련도의 요구사항대로 합니다. 生地の 分割は 速く、1、2個を 秤で 分割した 後大体の 重さを 推し 量って 分割し、重量 偏差が 少なく、上手で 正確にします。 키지노 분카쯔와 하쇼우세이 이찌 니 코오 하카리데 분카쯔시타 아토 다이타이노 오모사오 오시하캇테 분카쯔시 쥬우료우헨사가 스쿠나쿠 죠우즈데 세이카쿠니 시마스. 반죽의 분할은 빠르게 하며 한 두개를 저울로 분할한 후 대강의 무게를 짐작하여 분할하며, 무게 편차가 적어야 하며 능숙하고 정확하게 합니다.
6	丸め 마루메 **둥글리기**	丸めは、生地の 表面が 滑らかに なる ように 上手に 作業し、間隔を 合わせて 並べます。 마루메와 키지노 효우멘가 나메라카니 나루요우니 죠우즈니 사교우시, 칸카쿠오 아와세테 나라베마스 둥글리기는 반죽 표면이 매끄럽게 되도록 능숙하게 작업하여 간격을 맞추어 정렬합니다.
7	中間発酵 쥬우칸 핫코우 **중간발효**	中間発酵は、適正 時間(10~20分) 発酵させて、表面が 乾燥しな 定型い ように して ください。 쥬우칸 핫코우와 테키세이지칸(쥬우~니쥬우분) 핫코우사세테 효우멘가 칸소우시나이요우니 시테쿠다사이 중간발효는 적정 시간(10~20분) 발효시키며, 표면이 건조되지 않도록 합니다.
8	成形 세이케이 **성형**	成形は ガス 抜き、末期、繋ぎ目の 仕上げを 上手にし、形態が 均一で 一定で な ければ ならず、対称 となり 表面が 滑らかになり、手粉は 刷毛で 落とします。 세이케이와 가스누키 맛키 쯔나기메노 시아게오 죠우즈니 시 케이타이가 킨이쯔데 잇테이데 나케레바 나라즈 타이쇼우토 나리 효우멘가 나메라카니 나리 테코나와 후데데 오토시마스. 성형은 가스빼기, 말기 및 이음매 마무리를 능숙하게 하고, 모양이 균일하고 일정하여야 하며 대칭이 되고 표면이 매끄럽게 하며 덧가루는 붓으로 털어 냅니다.
9	型入れ 카타이레 **틀에 넣기**	型に 入れるのは 型の 油塗りは ほど よくし、成形・定形した 生地の 継ぎ目 は 床に 置きます。 카타니 이레루노와 카타노 아부라누리와 호도요쿠 시 세이케이, 테이케이시타 키지노 쯔기메와 유카니 오키마스. 틀에 넣기는 팬 기름칠은 알맞게 하며, 성형, 정형한 반죽의 이음매는 바 닥으로 놓이게 합니다.

		型入れは 生地が 型で 一定の 間隔を 保つように 並べられ、型に 並べられた ものを 手押さえて いくと いいです。 카타이레와 키지가 카타데 잇테이노 칸카쿠오 타모쯔요우니 나라베라레 카타니 나라베라레타 모노오 테데 오사에테이쿠토 이이데스. 틀 넣기는 반죽이 틀에서 일정한 간격을 유지하도록 정렬하며, 틀에 정렬한 것을 손으로 눌러주면 좋습니다.
10	第2次発酵 다이니지핫코우 제2차 발효	第2次発酵は、各製品の 特性に 合わせて 発酵室の 温度(38℃) 及び 湿度(80~90%)を 調節します。 다이니지핫코우와 카쿠 세이힌노 토쿠세이니 아와세테 핫코우시쯔노 온도(산쥬우하찌) 오요비 시쯔도(하찌쥬우~큐우쥬우) 파-센토우 죠우세쯔시마스. 제2차 발효는 각 제품의 특성에 알맞게 발효실의 온도(38℃) 및 습도(80~90%)를 조절합니다.
		第2次発酵は、適正な 時間で 発酵させ、ガス保持力が 最適(最適発酵状態)な 状態を 終点とし、時間よりは 状態で パンダンして 発酵 終点を 決定します。 다이니지 핫코우와 테키세이나 지칸데 핫코우사세 가스호지료쿠가 사이테키(사이테키핫코우죠우타이)나 죠우타이오 슈우텐토 시 지칸요리와 죠우타이데 판단시테 핫코우 슈우텐오 켓테이시마스. 제2차 발효는 적정 시간 발효시키며, 가스 보유력이 최적(최적 발효 상태)인 상태를 종말점으로 하며, 시간보다는 상태로 판단하여 발효 종점을 결정합니다.
11	焼成 쇼우세이 굽기	焼成は 各製品の 特性に 応じて オーブンの 温度を 調節し、オーブンの 位置によって 温度 偏差がある 時は、適切な 時間に 型の 位置を 変えて 焼きます。 쇼우세이와 카쿠 세이힌노 토쿠세이니 오오지테 오-분노 온도우 죠우세쯔시 오-분노 이찌니 욧테 온도헨사가 아루 토키와 테키세쯔나 지칸니 카타노 이찌오 카에테 쇼우세이마스. 굽기는 각 제품의 특성에 따라 오븐 온도를 조절하며, 오븐 위치에 따라 온도 편차가 있을 때는 적절한 시간에 팬의 위치를 바꾸어 굽습니다.
12	製品 評価と 販売 세이힌 효우카토 한바이 제품 평가와 판매	製品 評価を 行い、販売は 店舗に 送って 販売を 行います。 세이힌 효우카오 오코나이, 한바이와 텐포니 오쿳테 한바이오 오코나이마스. 제품 평가를 하고 판매는 점포로 보내 판매를 합니다.
13	整理整頓、掃除、個人衛生 세이리세이톤, 소우지, 코진에이세이 정리정돈, 청소, 개인위생	整理整頓は 使用 済みの 作業台、器具、装備、周囲を きれいに 掃除します。 세이리세이톤와 시요우즈미노 사교우다이, 키구, 소우비, 슈우이오 키레이니 소우지시마스. 정리정돈은 사용한 작업대, 기구, 장비 및 주위를 깨끗이 청소합니다.
		個人衛生は、衛生服、帽子を きれいに 着用して、頭髪、爪など 端正にしてください。 코진에이세이와 에이세이후쿠, 보우시오 키레이니 챠쿠요우시테, 토우하쯔, 쯔메나도 탄세이니 시테쿠다사이. 개인위생은 위생복, 모자를 깨끗하게 착용하고, 두발, 손톱 등 단정하게 합니다.

04. 食パンは 何ですか?
쇼쿠팡와 난데스카?

식빵은 무엇입니까?

はい、食パンは 食事 代用の 食べる 主食で、砂糖の 使用量が 5パーセント 未満で 四角い 型に 入れて 長く 焼くのが 特徴です。

하이, 쇼쿠팡와 쇼쿠지 다이요오노 타베루 슈쇼쿠데 사토우노 시요우료우가 고 파-센토미만데 시카쿠이 카타니 이레테 나가쿠 쇼우세이노가 토쿠쵸우데스.

네, 식빵은 식사 대용의 먹는 주식인 빵으로 설탕의 사용량이 5% 미만으로 사각 틀에 넣고 오랫동안 굽는 것이 특징입니다.

05. 非常ストレート 製法は どの ように 作りますか?
히죠우 스토레-토세이호우와 도노 유우니 쯔쿠리마스카?

비상 스트레이트 법은 빵을 어떻게 만듭니까?

はい、短時間で 食パンを 作る 非常ストレート製法は、生地の 温度を 高め、生地の 時間を 長くして、第一次発酵時間を 短くして 作ります。

하이, 탄지칸데 쇼쿠팡오 쯔쿠루 히죠우 스토레-토세이호우와 키지노 온도우 타카메 키지노 지칸오 나가쿠시테 다이 이찌지핫코우지칸오 미지카쿠시테 쯔쿠리마스.

네, 짧은 시간에 식빵을 만드는 비상 스트레이트 제법은 반죽 온도를 높이고 반죽 시간을 길게 하여 제1차 발효 시간을 짧게 하여 만듭니다.

順序 준죠 순서	製法 세이호우 제법	製法の 説明 세이호우노 세쯔메이 제법의 설명
1	食パンの 定義 쇼쿠팡노 테이기 식빵의 정의	食パンの 定義は 食事 代用の 主食で あるパンで、味が さっぱり していて 砂糖の 使用量が 5パーセント 未満です。 쇼쿠팡노 테이기와 쇼쿠지다이요오노 슈쇼쿠데 아루 팡데 아지가 삿파리시테이테사토우노 시요우료우가 고 파-센토 미만데스. 식빵의 정의는 식사 대용의 먹는 주식인 빵으로 맛이 담백하며 설탕의 사용량이 5% 미만입니다. 食パンは四角、丸型に 入れて焼くのが 普通で、大きさが大きいので 長く 焼くのが 特徴です。

		쇼쿠팡와 시카쿠, 마루가타니 이레테 쇼우세이노가 후쯔우데 오오키사가 오오키이노데 나가쿠 쇼우세이노가 토쿠쵸우데스.
		식빵은 사각, 원형 틀에 넣고 굽는 것이 보통이며, 크기가 크므로 오랫동안 굽는 것이 특징입니다.
2	**非常** ストレート**法** 히죠우 스토레-토호우 비상 스트레이트 법	**非常ストレート法は、ストレート法の変形で短時間(3時間)で食パンをつくります。** 히죠우스토레-토호우와 스토레-토호우노 헨케이데 탄지칸(산지칸)데 쇼쿠팡오 쯔쿠리마스. 비상 스트레이트 법은 스트레이트 법의 변형으로 짧은 시간(3시간)에 식빵을 만듭니다. **非常ストレート法は 生地の 温度を 高め、生地の 時間を 長くして、第1次発酵 時間を 短くして 作ります。** 히죠우스토레-토호우와 키지노 온도우 타카메, 키지노 지칸오 나가쿠 시테, 다이이찌지 핫코우 지칸오 미지카쿠시테 쯔쿠리마스. 비상 스트레이트 법은 반죽 온도를 높이고 반죽 시간을 길게 하여 제1차 발효 시간을 짧게 하여 만듭니다.

06. 食パンの 種類は 何が ありますか?

쇼쿠팡노 슈루이와 나니가 아리마스카?

식빵의 종류는 무엇이 있습니까?

はい、食パンの 種類は 基本の 食パン、牛乳食パン、生クリーム食パン、バター食パン、プルマン食パン、コーン食パン、栗食パン、レーズン食パン、ライ麦食パン、麦食パン、デニッシュ食パン などが あります。

하이, 쇼쿠팡노 슈루이와 키혼노 쇼쿠팡, 규우뉴우쇼쿠팡, 나마쿠리-무쇼쿠팡, 바타-쇼쿠팡, 푸루만쇼쿠팡, 코-온쇼쿠팡, 쿠리쇼쿠팡, 레-즌쇼쿠팡, 라이무기쇼쿠팡, 무기쇼쿠팡, 데닛슈쇼쿠팡나도가 아리마스.

네, 식빵의 종류는 기본 식빵, 우유 식빵, 생크림 식빵, 버터 식빵, 풀만 식빵, 옥수수 식빵, 밤 식빵, 건포도 식빵, 호밀 식빵, 보리 식빵, 데니시 식빵 등이 있습니다.

フランスパンの バケット、インドの ナン、イングリッシュ マフィン、ベーグル、トティア なども 食パンに 属します。

후란스팡노 바켓토, 인도노 난, 인구릿슈마휜, 베-구루, 토티아나도모 쇼쿠팡니 조쿠시마스.

프랑스빵의 바게트, 인도의 난, 잉글리시 머핀, 베이글, 토르티야 등도 식빵에 속합니다.

順序 준조 순서	製法 세이호우 제법	食パンの 説明 세쇼쿠팡노 세쯔메이 식빵의 설명
1	食パンの 種類 쇼쿠팡노 슈루이 식빵의 종류	食パンの 種類の うち、牛乳食パン、生クリーム食パン、バター食パンは 水の 代わりに 牛乳、生クリーム、バターを 加えた 食パンです。 쇼쿠팡노 슈루이노 우찌 규우뉴우쇼쿠팡, 나마쿠리-무 쇼쿠팡, 바타-쇼쿠팡와 미즈노 카와리니 규우뉴우 나마쿠리-무 바타-오 쿠와에타 쇼쿠팡데스. 식빵의 종류 중 우유 식빵, 생크림, 버터 식빵은 물 대신 우유, 생크림, 버터를 첨가한 식빵입니다. プルマン食パンは サンドイッチ、トウモロコシ食パン、麦食パン、ライ麦食パンは それぞれ トウモロコシ粉、麦粉、ライ麦粉を 添加して 作った 食パンです。 푸루만쇼쿠팡와 산도잇찌, 토우모로코시쇼쿠팡, 무기쇼쿠팡, 라이무기쇼쿠팡와 소레조레 토우모로코시코, 무기코, 라이무기코오 텐카시테 쯔쿳타 쇼쿠팡데스. 풀만 식빵은 샌드위치, 옥수수 식빵, 보리 식빵, 호밀 식빵은 각각 옥수수 가루, 보리 가루, 호밀 가루를 첨가하여 만든 식빵입니다. レーズン食パンは レーズン、栗食パンは 栗を 加えた 食パンです。 레-즌쇼쿠팡와 레-즌, 쿠리쇼쿠팡와 쿠리오 쿠와에타 쇼쿠팡데스. 건포도 식빵은 건포도, 밤 식빵은 밤을 첨가한 식빵입니다. フランスパンや インドナンは 小麦粉、水、イースト、塩など単純な 材料で 作る 淡泊な 味の 食事用 パンです。 후란스팡야 인도난와 코무기코, 미즈, 이-스토, 시오나도 탄준나 자이료우데 쯔쿠루 탄파쿠나 아지노 쇼쿠지요우팡데스. 프랑스 빵이나 인도의 낭은 밀가루, 물, 이스트, 소금 등 단순한 재료로 만드는 담백한 맛의 식사용의 빵입니다.

07. 食パンの 非常ストレート法 製造の 要求 事項を 熟知した上で 製造して ください。
쇼쿠팡노 히죠우 스토레-토호우세이조우노 요우큐우지코우오 쥬쿠찌시타 우에데 세이조우 시테쿠다사이.
식빵의 비상 스트레이트 법 제조의 요구사항을 숙지하여 제조하시오.

はい、食パンの 非常ストレート法 製造の 要求事項 としては、材料の 時間、生地の 製法、生地の 温度、生地の 仕分けの 重さ、製品製造 本数、製造 時間の 6点が あります。
하이, 쇼쿠팡노 히죠우스토레-토호우세이조우노 요우큐우지코우토 시테와 자이료우케이료우노 지칸 키지노 세이호우 키지노 온도, 키지노 시와케노 오모사, 세이힌 세이조우 혼스우, 세이조우 지칸노 로쿠 텐가 아리마스.
네, 식빵의 비상 스트레이트 법 제조의 요구사항은 재료 계량 시간, 반죽 제조법, 반죽 온도, 반죽의 분할 무게, 제품 제조 개수, 제조 시간의 6가지 사항이 있습니다.

順序 (준죠) 순서	要求事項 (요우큐지코우) 요구사항	要求事項の 説明 (요큐우지코우노 세쯔메이) 요구사항의 설명
1	材料 計量 時間 자이료우케이료우지칸 재료 계량 시간	材料 計量 時間は 配合表の 材料 8種類を 8分 以内に 計量して 陳列しなさい。 자이료우케이료우지칸와 하이고우효노 자이료우 하찌슈루이오 하찌분 이나이니 케이료우 시테 찐레쯔시나사이. 재료 계량 시간은 배합표의 재료 8가지를 8분 이내에 계량하여 진열하시오.
2	生地の 作り方 키지노 쯔쿠리카타 반죽 제조법	生地の 作り方は 非常ストレートの 方法で しなさい。 키지노 쯔쿠리카타와 히죠우스토레-토노 호우호우데 시나사이. 반죽 제조법은 비상 스트레이트 법으로 제조하시오.
3	生地の 温度 키지노 온도 반죽의 온도	生地の 温度は 30℃で 製造しなさい。 키지노 온도와 산쥬우 데 세이조우 시나사이. 반죽 온도는 30℃로 제조하시오.
4	分割 重量 분카쯔 쥬우료우 분할 무게	生地の 分割の 重さは 170gずつ 12個に 分割して ください。 키지노 분카쯔노 오모사와 햐쿠나나쥬우구라무 즈쯔 쥬우니 코니 분카쯔 시테쿠다사이. 반죽 분할 무게는 170g씩 12개로 분할하시오. 食パンの 重量 計 170g×3つを, 1つの 食パン (総重量 510g)で 4つ製造しなさい。 이찌 쯔노 쇼쿠팡노 쥬우료우케이 햐쿠나나쥬우구라무 카케루 산 쯔오 이찌 쯔노 쇼쿠팡(소오쥬우료우 고햐쿠쥬우구라무 데 욧쯔 세이조우시나사이. 식빵 팬의 분할 무게 170g × 3개를 1개의 식빵(총 무게 510g)으로 4개를 제조하시오.
5	製品 製造 本数 세이힌 세이조우 혼수우 제품 제조 개수	製品の 製造 本数は 合計 4個で 成形し 製造して ください。 세이힌노 세이조우혼스우와 고오케이 욘 코데 세이케이시 세이조우시테 쿠다사이. 제품의 제조 개수는 총 4개로 성형하고 제조하시오.
6	製造 時間 세이조우지칸 제조 시간	製造 時間は 合計 3時間 40分間で 製造 しなさい。 세이조우지칸와 고오케이 산 지칸 욘쥬우 분칸데 세이조우 시나사이. 제조 시간은 총 3시간 40분 동안에 제조하시오.

08. 食パンの 配合は 何ですか?

쇼쿠팡노 하이고우와 난데스카?

식빵의 배합은 무엇입니까?

はい、食パンの 配合は 強力粉、生 イースト、砂糖、ショートニング、脱脂粉乳、
製パン改良剤、塩、水などの 8種類の 食材です。

하이, 쇼쿠팡노 하이고우와 쿄우리키코, 나마이-스토, 사토우 쇼-토닌구, 닷시훈뉴우, 세이팡카이료우자이, 시오, 미즈나도노 하찌 슈루이노 쇼쿠자이데스.

네, 식빵의 배합은 강력분, 생이스트, 설탕, 쇼트닝, 탈지분유, 제빵개량제, 소금, 물 등의 8가지 재료입니다.

材料は 秤を 使用して、ベーカリーパーセントを 適用して 計量して 製造します。

자이료우와 하카리오 시요우시테, 베-카리-파-센토우 테키요우시테 케이료우시테 세이조우시마스.

재료는 저울을 사용하며 베이커리 퍼센트를 적용하여 계량하여 제조합니다.

食パンの 配合

쇼쿠팡노 하이고우

식빵의 배합

順序 쥰죠 순서	材料 자이료우 재료	配合 比率 하이코우 히리쯔 배합 비율(%)	配合 重量 하이코우 쥬우료우 배합 중량(g)
1	強力粉 쿄우리키코 강력분	100 햐쿠	1,200 센 니햐쿠
2	生イースト 나마이-스토 생이스트	4 욘	48 욘쥬우 하찌
3	砂糖 사토우 설탕	5 고	60 로쿠 쥬우
4	ショートニング(バター) 쇼-토닌구 바타- 쇼트닝(버터)	4 욘	48 욘쥬우 하찌
5	脱脂粉乳 닷시훈뉴우 탈지분유	3 상	36 산쥬우 로쿠
6	製パン改良剤 세이팡카이료우자이 제빵개량제	2 니	24 니쥬우 욘

7	塩 시오 소금	2 니	24 니쥬우 욘
8	水(牛乳) 미즈(규우뉴우) 물(우유)	63 로쿠쥬우산	756 나나햐쿠 고쥬우 로쿠
合計 고우케이 합계	-	183% 하큐하찌쥬우산	2,196g 니센햐큐우쥬우로쿠

09. 食パンの 非常ストレート法の 製造 工程は 何ですか?

쇼쿠팡노 히죠우스토레-토호우노 세이조우 코우테이와 난데스카?

식빵의 비상 스트레이트 법의 제조공정은 무엇입니까?

はい、食パンの 非常ストレート法の 製造工程は 配合表の 決定→ 型の 準備→ 事前の 準備→ 材料計量→ ミキシング(生地)→ 第1次発酵→ 分割 → 丸め→ 中間発酵→ 成形·定形→ パンニング→ 第2次発酵→ 焼成→ 冷却→ 提出の 15種類の 順序です。

하이, 쇼쿠팡노 히죠우스토레-토호우노 세이조우 코우테이와 하이고우효우노 켓테아→ 카타노 쥰바→ 지젠노 쥰바→ 자이료우 케이료우→ 미키신구→ 키자→ 다이이찌지 핫코우→ 분카쯔→ 마루메→ 쥬우칸 핫코우→ 세이케이 테이케아→ 팡닌구→ 다이니지핫코우→ 쇼우세아→ 레이캬쿠→ 테에슈쯔노 쥬우고 슈루이노 쥰죠데스.

네, 식빵의 비상 스트레이트 법의 제조공정은 배합표 결정 → 틀 준비→ 사전준비→ 재료 계량 → 믹싱(반죽) → 제1차 발효 → 분할 → 둥글리기 → 중간발효 → 성형·정형 → 팬닝 → 제2차 발효 → 굽기 → 냉각 → 제출의 15가지의 순서입니다.

順序 じゅんじょ 쥰죠 순서	工程 順序 こうてい じゅんじょ 코우테이 쥰죠 공정 순서	工程 順序 説明 こうてい じゅんじょ せつめい 코우테이 쥰죠 세쯔메이 공정 순서 설명
1	材料計量 ざいりょうけいりょう 자이료우케이료우 재료 계량	材料計量は 配合表の 材料を 時間内に 秤で 計量して 作業台の 上に 整えます。 ざいりょうけいりょうわ はいごうひょうの ざいりょうお じかんないに はかりで けいりょうして さぎょうだいの うえに ととのえます. 자이료우케이료우와 하이고우효우노 자이료우오 지칸나이니 하카리데 케이료우시테 사교우다이노 우에니 토토노에마스. 재료 계량은 배합표의 재료를 시간 내로 저울로 계량하여 작업대 위에 정돈합니다.
2	ミキシング 미키신구 믹싱	ミキシング時間は低速2分、中速3分↓油脂投入 低速1分、中高速 5~7分、計 11~13分間 ミキシングを します。 ミキシングじかんわ ていそくにぶん、ちゅうそくさんぶん、ゆしとうにゅう ていそく ぶん、ちゅうこうそく ご〜ななぶん、けい じゅういちぶんかん ミキシングお します. 미키신구지칸와 테이소쿠 니분, 쥬우소쿠 산분, 유시토우뉴 우테이소쿠 이찌분, 쥬우코우소쿠 고~나나 분 케이 쥬우이찌~쥬우산분 칸미키신구오 시마스. 믹싱 시간은 저속 2분, 중속 3분↓ 유지투입 저속 1분 중고속 5~7분, 총 11~13분간 믹싱을 합니다.
3	生地の温度 きじ おんど 키지노 온도 반죽의 온도	生地の 温度は 30℃(ストレート法27℃) に 合わせます。 きじの おんどわ さんじゅう(ストレートほう にじゅうなな) に あわせます. 키지노 온도와 산쥬우(스트레-토호우 니쥬우나나) 니 아와세마스. 반죽 온도는 30℃(스트레이트 법 27℃)로 맞춥니다.
4	第1次発酵 だいいちじはっこう 다이이찌지 핫코우 제1차 발효	第1次発酵室の 温度は 30℃、湿度 75~80%、発酵 時間は 30分間 発酵させます。 だいいちじはっこうしつの おんどわ さんじゅう、しつど ななじゅうご〜はちじゅう パーセント はっこうじかんわ さんじゅっぷんかん はっこうさせます. 다이이찌지 핫코우시쯔노 온도와 산쥬우, 시쯔도 나나쥬우고~하찌쥬우 파-센토 핫코우지칸와 산쥬우 분칸 핫코우사세마스. 제1차 발효실 온도는 30℃, 습도 75~80%, 발효 시간 30분간 발효시킵니다.
5	分割重量 ぶんかつじゅうりょう 분카쯔쥬우료우 분할 중량	分割重量は170gずつ12個で((170g×3=510g、計12個) 秤を 使用して 正確に 分割します。 ぶんかつじゅうりょうわ ひゃくななじゅうグラム ずつ じゅうにこで(ひゃくななじゅうグラム かける さん ごひゃくじゅうグラム けい じゅうにこ) はかりお しようして せいかくに ぶんかつします. 분카쯔쥬우료우와 하쿠나나쥬우구라무 즈쯔 쥬우니 코데(하쿠나나쥬우구라무 카케루 산 고하쿠쥬우구라무 케이 쥬우니 코) 하카리오 시요우시테 세이카쿠니 분카쯔시마스. 분할 중량은 170g씩 12개로(170g × 3 = 510g, 총 12개) 저울을 사용하여 정확히 분할을 합니다.
6	丸め まる 마르메 둥글리기	丸めは 分割された 生地を 丸い 丸形に 滑らか にします。 まるめわ ぶんかつされた きじお まるい まるがたに なめらかに します. 마루메와 분카쯔사레타 키지오 마루이 엔케이니 나메라카니 시마스. 둥글리기는 분할된 반죽을 둥근 원형으로 매끄럽게 만듭니다.
7	中間発酵 ちゅうかんはっこう 쥬우칸 핫코우 중간발효	中間発酵の 時間は 20分 程度で、室温(発酵室)で 発酵させます。 ちゅうかんはっこうの じかんわ にじゅうぶん ていど しつおん(はっこうしつ)で はっこうさせます. 쥬우칸 핫코우노 지칸와 니쥬우 분테이도데 시쯔온(핫코우시쯔)데 핫코우사세마스. 중간발효의 시간은 20분 정도로 실온(발효실)에서 발효시킵니다.
8	成形 せいけい 세이케이 성형	成形の 際は、作業台の 上に 重ねて 粉を ふいた 上で 生地を 乗せ、棒を 使って ガスを 抜き、四角に 均一に 押し広げます。 せいけいの さいわ さぎょうだいの うえに かさねて こなお ふいた うえで きじお のせ、ぼうお つかって ガスお ぬき、しかくに きんいつに おしひろげます. 세이케이노 사이와 사교우다이노 우에니 카사네테 코나오 후이타 우에데 키지오 노세, 보우오 쯔캇테 가스오 누키, 시카쿠니 킨이쯔니 오시히로게마스. 성형 시 작업대 위에 덧가루를 살짝 뿌리고 반죽을 올려 밀대를 사용하여 가스를 빼고 사각형으로 균일하게 밀어 편다. 成形 生地は、3つ折りに 左右 対称に 合わせ、継ぎ目の 部分をうまく 閉じます。 せいけい きじわ みっつ おりに さゆう たいしょうに あわせ、つぎめの ぶぶんお うまく とじます. 세이케이 키지와 밋쯔 오리니 사유우 타이쇼우니 아와세 쯔기메노 부분오 우마쿠 토지마스. 성형 반죽은 3절 접기로 좌우대칭을 맞추고 말아 주며, 이음새 부분을 잘 봉해 줍니다.

9	パンニング 팡닝구 팬닝	パンニングは、1つの パンに 3つの 生地（山形）を 間隔を 合わせて 入れ、計12個 の 生地で 4つの 継ぎ目 部分を 下にする ように 生地を 整えます。 팡닌구와 이찌 쯔노 팡니 산 쯔노 키지 야마가타오 칸카쿠오 아와세테 이레 케이 쥬우니 코노 키지 데 욘 쯔노 쯔기메부분오 시타니 스루요우니 키지오 토토노에마스. 팬닝은 한 개 팬에 3개 반죽(산형)을 간격을 잘 맞추어 넣으며, 총 12개 반죽으로 4개의 이음새 부분이 밑으로 가도록 반죽을 놓습니다.
		生地は 両手を 後ろに 広げて 押さえ、均一な 高さに なるようにし、ファンに 一定 間隔で 3個置きます。 키지와 료우테오 우시로니 히로게테 오사에, 킨이쯔나 타카사니 나루요우니 시 환니 잇테이칸카쿠 데 산 코오키마스. 반죽은 양손을 뒤로 펼쳐서 눌러 균일한 높이가 되도록 하며 팬에 일정한 간격으로 3개를 놓습니다.
10	第2次発酵 다이니지핫코우 제2차 발효	第2次発酵室は、温度 35~38℃、湿度 85~90%、発酵時間30~55分で 型の 100~110% 程度に なるよう 発酵させます。 다이니지핫코우시쯔와 온도 산쥬우~산쥬우하찌 시쯔도 하찌쥬우고~ 큐우쥬우 파-센토 핫코우 지칸 산쥬우~고쥬우고 분데 카타노 하쿠 하쿠쥬우 파-센토테이도니 나루요오 핫코우사세마스. 제2차 발효실은 온도 35~38℃, 습도 85~90%, 발효 시간 30~55분으로 틀의 100~110% 정도가 되도록 발효를 시킵니다.
11	焼成 温度 쇼우세이 온도 굽기 온도	焼成 温度は 上火 160~170℃、下火 190~200℃に 調節し 30分 程度で、生地の 状態、オーブンの 状態に 合わせて 調節して 焼成します。 쇼우세이 온도와 우와비 햐쿠로쿠쥬우~햐쿠나나쥬우 시타비 햐쿠큐우쥬우~니햐쿠 니 죠우세쯔시 산쥬우 분테이도데 키지노 죠우타이 오-분노 죠우타이니 아와세테 죠우세쯔시테 쇼우세이 시마스. 굽기 온도는 윗불 160~170℃, 아랫불 190~200℃로 조절하여 30분 정도로, 반죽 상태, 오븐 상태에 따라 조절하여 굽습니다.
12	焼成 時間 쇼우세이지칸 굽기 시간	焼成 時間は 30~35分 程度で 全体が 黄金色に なり、まんべんなく 色が出る よう オーブンで 型の 位置を 変えたり、回したり しながら 焼成します。 쇼우세이 지칸와 산쥬우 산쥬우고 분테이도데 젠타이가 코가네이로니 나리 만벤나쿠 이로가 데루 요오 오-분데 카타노 이찌오 카에타리 마와시타리 시나가라 쇼우세이 시마스. 굽기 시간은 30~35분 정도로 전체가 황금 갈색이 되고 골고루 색깔이 나도록 오븐 안에서 팬의 위치를 바꾸거나 돌려가면서 굽습니다.
13	冷却 레이캬쿠 냉각	冷却は 焼き上がった パンを 焼き型 型の 上に 載せて 冷ます。 레이캬쿠와 쇼우세이아갓타 팡오 쇼우세이가타카타노 우에니 노세테 사마스. 냉각은 구워진 빵을 타공팬 위에 올려 식힙니다.
14	製品販売 세이힌한바이 제품 판매	製品販売を いたします。 세이힌한바이오 이타시마스. 제품 판매를 합니다.
15	整理整頓 세이리세이톤 정리정돈	整理整頓は 使用済みの 作業台、ミキサー、小道具を きれいに 洗浄掃除します。 세이리세이톤와 시요우즈미노 사교우다이 미키사- 코도우구오 키레이니 센조오소우지시마스. 정리정돈은 사용한 작업대, 믹서기, 소도구를 깨끗하게 세척 청소를 합니다.

10. パンの 製品評価は どう なりますか?

팡노 세이힌효우카와 도우나리마스카?

빵의 제품 평가는 무엇이 있습니까?

はい、食パンの 製品評価は、外部評価と 内部評価が あります。

하이, 쇼쿠팡노 세이힌효우카와 가이부효우카토 나이부효우카가 아리마스.

네, 식빵의 제품 평가는 외부 평가와 내부 평가가 있습니다.

11. 食パンの 外部 評価項目は 何ですか?

쇼쿠팡노 가이부 효우카코우모쿠와 난데스카?

식빵의 외부 평가항목은 무엇입니까?

はい、食パンの 外部の 評価項目は 体積、皮の色、バランス感、皮特性、焼成 具合、ひび割れ性の 6つです。

하이, 쇼쿠팡노 가이부노 효우카코우모쿠와 타이세키, 카와노 이로, 바란스칸, 카와토쿠세이, 쇼우세이 구아이, 히비와레세이노 로쿠 쯔데스.

네, 식빵의 외부 평가항목은 부피, 껍질 색깔, 균형감, 껍질 특성, 굽기 상태, 터짐성의 6가지입니다.

順序 준죠 순서	製品 評価 세이힌 효우카 제품 평가	製品 評価 内容 세이힌 효우카 나이요우 제품 평가의 내용
1	体積 타이세키 부피	体積は、生地の 重さに 対する 製品の 体積を 評価して おり、生地が ふくらみ、小さ すぎたりしては いけません。 타이세키와 키지노 오모사니 타이스루 세이힌노 타이세키오 효우카시테오리 키지가 후쿠라미 찌이사 스기타리 시테와 이케마세. 부피는 반죽 무게에 대한 제품의 부피를 평가하며 반죽이 잘 부풀고 너무 크거나 작으면 안 됩니다.
2	皮の 色 카와노 이로 껍질색	皮の色は 色が 暗すぎたり 薄く なったりしては ならず、縞模様が ない ようにします。 카와노 이로와 이로가 쿠라 스기타리 우스쿠 낫타리 시테와 나라즈 시마모요우가 나이요우니 시마스. 껍질 색은 색이 너무 어둡거나 여리지 않아야 하며 줄무늬가 없게 만듭니다.
3	バランス 感 바란스칸 균형감	バランス 感は、中央を 基準とし、両面は 対称が 一定で なければ なりません。 바란스칸와 쥬우오오오 키쥰토 시 료우멘와 타이쇼우가 잇테이데 나케레바 나리마센. 균형감은 중앙을 기준으로 양쪽 면은 대칭이 일정하여야 합니다.

4	皮の 特性 かわ とくせい 카와노 토쿠세이 껍질의 특성	皮の 特性は 厚かったり 粗かったり、硬かったり、砕けやすい 状態に なると いけません。 카와노 토쿠세이와 아쯔캇타리 아라캇타리 카타캇타리 쿠다케야스이 죠우타이니 나루토이케마세 껍질 특성은 두껍거나 거칠거나 딱딱하거나 부서지기 쉬운 상태가 되지 않아야 합니다.
5	焼成 具合 しょうせい ぐあい 쇼우세이 구아이 굽기 상태	焼成 具合は 焼成 上がったり 生煮え したりしては いけません。 쇼우세이 구아이와 쇼우세이 아갓타리 나마니에시타리 시테와 이케마세 굽기 상태는 고르게 잘 구워져 타거나 설익은 곳이 없어야 합니다.
6	破れ性 やぶ せい 야부레세이 터짐성	破れ性は 適当な 破れと 破れが 生じる ことが 望ましいです。 야부레세이와 테키토우나 야부레토 야부레가 쇼오지루 코토가 노조마시이데스. 터짐성은 적당한 터짐과 찢어짐이 생기는 것이 바람직합니다.

12. 食パンの 内部の 評価項目は 何ですか?
しょく ないぶ ひょうかこうもく なん

쇼쿠팡노 나이부노 효우카 코우모쿠와 난데스카?

식빵의 내부 평가항목은 무엇입니까?

はい、食パンの 内部の 評価項目は、気孔、組織、中皮状、香り、味の 5つです。
しょく ないぶ ひょうかこうもく きこう そしき ちゅうひじょう かお あじ いつ

하이, 쇼쿠팡노 나이부노 효우카 코우모쿠와 키코우, 소시키, 쥬우히죠우, 카오리, 아지노, 이쯔쯔데스.

네, 식빵의 내부 평가항목은 기공, 조직, 속 내상, 향, 맛 5가지입니다.

順序 じゅんじょ 쥰죠 순서	評価 項目 ひょうか こうもく 효우카 코우모쿠 평가의 항목	食パン 評価 内容 しょく ひょうか ないよう 쇼쿠팡 효우카 나이요우 식빵 평가의 내용
1	気孔 きこう 키코우 기공	気孔は 稠密で 均一で なければなりません。 きこう ちゅうみつ きんいつ 키코우와 쥬우미쯔데 킨이쯔데 나케레바 나리마센. 기공은 조밀하며 균일해야 합니다.
2	組織 そしき 소시키 조직	組織は 柔らかくて なめらかで、もぞもぞしては いけません。 そしき やわ 소시키와 야와라카쿠테 나메라카데 모조모조시테와 이케마센. 조직은 부드럽고 매끄럽고 부슬거림이 없어야 합니다.
3	内相 ないしょう 나이쇼우 속 내상	内相の 色は、しみ、縞模様が なく、光沢が なければ なりません。 ないしょう いろ しま もよう こうたく 나이쇼우노 이로와 시미 시마모요오가 나쿠 코우타쿠가 나케레바 나리마센. 속 색상은 얼룩, 줄무늬가 없으며 광택이 있어야 합니다.
4	香り かお 카오리 향	香りは 嗅覚の 感じる 匂いで、製品 特有の 香りで なければならず、刺激臭、酸臭が ないように しなければ なりません。 かお きゅうかく かん にお せいひん とくゆう かお しげきしゅう さんしゅう 카오리와 큐우카쿠노 칸지루 니오이데, 세이힌 토쿠이이노 카오리데 나케레바 나라즈, 시게키슈우, 산슈우가 나이요우니 시나케레바 나리마센. 향은 후각의 느끼는 냄새로 제품 특유의 향이 있어야 하며 자극취, 산취가 없어야 합니다.
5	味 あじ 아지 맛	味は 最も 重要な 評価項目で あり、製品 固有の 味が 重要です。 あじ もっと じゅうよう ひょうかこうもく せいひん こゆう あじ じゅうよう 아지와 못토모 쥬우요우나 효우카코우모쿠데 아리, 세이힌 코이우노 아지가 쥬우요우데스. 맛은 가장 중요한 평가항목이며 제품 고유의 맛이 중요합니다.

13. 餡パン
안팡

앙금빵

配合パン
하이고우

배합

順序 쥰죠 순서	材料 자이료우 재료	配合 比率(%) 하이고우 히리쯔 (ベーカーズパーセント(%)) 하베-카-스 파-센토) 배합 비율(%)	重量 쥬우료우 무게(g)
1	強力粉 쿄우리키코 강력분	50 고쥬우	500 고햐큐
2	中力粉 쥬우리키코 중력분	50 고쥬우	500 고햐큐
3	生イースト 나마이-스토 생이스트	4 욘	40 욘쥬우
4	砂糖 사토우 설탕	20 니쥬우	200 니햐쿠
5	バター 바타- 버터	5 고	50 고쥬우
6	全卵 전란 전란	5 고	50 고쥬우
7	脱脂粉乳 닷시훈뉴우 탈지분유	2 니	20 니쥬우
8	塩 시오 소금	1 이찌	10 쥬우
9	イーストフード 이-스토후-도 이스트푸드	0.5 레이텐고	5 고
10	水、牛乳 미즈、규우뉴우 물, 우유	55 고쥬우고	550 고햐큐고쥬우
合計 고우케이 합계	-	192.5% 햐큐큐우쥬우니덴고	1,925g 센큐우하쿠니쥬우고

工程
코우테이

공정

順序 준죠 순서	工程 코우테이 공정	工程 順序 説明 코우테이 쥰죠 세쯔메이 공정 순서 설명
1	材料 計量 자이료우 케이료우 재료계량	10分 쥬우분 10분
2	ミキシング 미키신구 믹싱	低速 3分、中速 2分↓油脂 投入 低速 1分、中高速 5~7分 테이소쿠 삼분, 쥬우소쿠 니분↓유시 토우뉴우 테이소쿠 이찌 분 쥬우코우소쿠 고~나나 분 믹싱 시간은 저속 3분, 중속 2분↓ 유지투입 저속 1분 중고속 5~7분
3	生地 温度 키지 온도 반죽 온도	32 산쥬우니 32℃
4	第1次発酵 다이이찌지핫코우 제1차 발효	30℃、湿度 75~80%、30分 산쥬우, 시쯔도 나나쥬우고~하찌쥬우파센토, 산쥬우분 30℃, 습도 75~80%, 30분간
5	分割重量 분카쯔쥬우료우 분할 중량	生地 45g、餡こ 20g 키지 욘쥬우고, 안코 니쥬우그라무 반죽 45g, 앙금 20g
6	丸め 마르메 둥글리기	丸形 마루카타 둥근 원형
7	ベンチタイム 벤찌타이무 중간발효	20分、室温(発酵室) 니쥬우분, 시쯔온(핫코우시쯔) 20분, 실온(발효실)
8	成形 세이케이 성형	餡こ包み 앙코 쯔쯔미 앙금 싸기
9	ホイロ温度 호이로온도 발효실 온도	温度 35~38℃、湿度 80~85% 온도 산쥬우고~산쥬우하찌 시쯔도 하찌쥬~하찌쥬우고 온도 35~38℃, 습도 80~85%

10	ホイロ時間 호이로지칸 발효실 시간	40分 욘쥬우분 40분
11	焼成温度 쇼우세이 온도 굽기 온도	上火 190℃、下火 200℃ 우와비 햐쿠쿠우쥬우, 시타비 니햐쿠 윗불 190℃, 아랫불 200℃
12	焼成時間 쇼우세이지칸 굽기 시간	12~13分 쥬우니~쥬우산분 12~13분

14. バターロール
바타-로-루

버터롤

バターの 風味と 表面は サクッと、中は ふんわりと した 食感で おいしきです。
바타-노 후우미토 효우멘와 사쿳토 나카와 훈와리토 시타 쇼칸데 오이시사데스.

버터의 풍미와 겉은 바삭, 속은 폭신폭신한 식감으로 맛있습니다.

配合
하이고우

배합

順序 쥰죠 순서	材料 자이료우 재료	配合 比率(%) (ベーカーズパーセント) 하이고우 히리쯔 (베-카스 파-센토) 배합 비율(%)	重量 쥬우료우 무게(g)
1	強力粉 쿄우리키코 강력분	90 큐우쥬우	900 큐하큐
2	薄力粉 하쿠리키코 박력분	10 쥬우	100 하큐
3	生イースト 나마이-스토 생이스트	4 욘	40 욘쥬우

4	砂糖 さとう 사토우 설탕	12 じゅうに 니쥬우	120 ひゃくにじゅう 햐큐니쥬우
5	バター 바타- 버터	15 じゅうご 고	150 ひゃくごじゅう 햐큐고쥬우
6	全卵 ぜんらん 전란 전란	6 ろく 로쿠	160 ひゃくろくじゅう 고쥬우
7	卵黄 らんおう 란오우 노른자	5 ご 고	50 ごじゅう 고쥬우
8	塩 しお 시오 소금	1.6 いちてんろく 이찌	16 じゅうろく 쥬우
9	イーストフード 이-스토후-도 이스트푸드	0.01 れいてん いち 레이텐레이이찌	0.1 고
10	水、牛乳 みず、ぎゅうにゅう 미즈, 규우뉴우 물, 우유	40~45 よんじゅう よんじゅうご 욘쥬우~욘쥬우고	400~450 よんひゃく よんひゃくごじゅう 욘하큐~욘하큐고쥬우
合計 ごうけい 고우케이 합계	-	192.5% ひゃくきゅうじゅうにてんご 하큐큐우쥬우니덴고	1,925g せんきゅうひゃくにじゅうご 센큐우하쿠니쥬우고

工程
こうてい
코우테이

공정

順序 じゅんじょ 쥰죠 순서	工程 こうてい 코우테이 공정	工程 順序 説明 こうてい じゅんじょ せつめい 코우테이 쥰죠 세쯔메이 공정 순서 설명
1	材料 計量 ざいりょう けいりょう 자이료우 케이료우 재료계량	10分 じゅうぶん 쥬우분 10분

2	ミキシング 미키싱구 믹싱	低速 3分、中速 2分↓油脂 投入 低速 1分、中速 4分、中高速 2分 테이소쿠 삼분, 쥬우소쿠 니분↓유시 토우뉴우 테이소쿠 이찌 분, 쥬우소쿠 욘분, 쥬우코우코우소쿠 니분 믹싱 시간은 저속 2분, 중속 3분↓ 유지투입 저속 1분 중속 4분 중고속 2분
3	生地 温度 키지 온도 반죽 온도	31 산쥬우이찌 31℃
4	第1次発酵 다이이찌지핫코우 제1차 발효	30℃、湿度 75~80%、25分 산쥬우도, 시쯔도 나나쥬우고~ 하찌쥬우, 니쥬우고분 30℃, 습도 75~80%, 25분간
5	分割重量 분카쯔쥬우료우 분할 중량	生地 40g 키지 욘쥬우 반죽 40g
6	丸め 마르메 둥글리기	丸形 마루카타 둥근 원형
7	ベンチタイム 벤찌타이무 중간발효	10~15分、室温(発酵室) 쥬우 쥬우고분, 시쯔온(핫코우시쯔) 10분~15분, 실온(발효실)
8	成形 세이케이 성형	バターロール 바타-로-루 버터롤
9	ホイロ室 호이로시쯔 발효실	温度 35~38℃、湿度 80~85% 온도 산쥬우고~산쥬우하찌, 시쯔도 하찌쥬우~하찌쥬우고 파-센토 온도 35~38℃, 습도 80~85%
10	ホイロ時間 호이로지칸 발효실 시간	20~30分 니쥬우~산쥬우분 20~30분
11	焼成温度 쇼우세이 온도 굽기온도	上火 200℃、下火 200℃ 우와비 니하쿠, 시타비 니하쿠 윗불 200℃, 아랫불 200
12	焼成時間 쇼우세이지칸 굽기 시간	15分 쥬우고분 15분

15. フランスパン
후란스팡

프랑스빵

フランスパンは 香ばしく 歯応えの ある 表皮と マイルドな 風味、もちもちした クラムの 食感が 特徴です。

후란스판와 코우바시쿠 하고타에노 아루 효우히토 마이루도나 후우미, 모찌모찌시타 쿠라무노 쇼칸가 토쿠쬬우데스.

프랑스 빵은 고소하고 씹는 맛이 있는 표피와 부드러운 맛, 쫀득쫀득한 크램의 식감이 특징입니다.

配合
하이고우

배합

順序 준죠 순서	材料 자이료우 재료	配合 比率(%) (ベーカーズパーセント) 하이고우 히리쯔 (베-카-스 파-센토) 배합 비율(%)	重量 쥬우료우 무게(g)
1	フランスパン用粉 후란스팡 요우코 프랑스빵용가루	100 하큐	1000 센
2	ドライイースト 도라이 이-스토 드라이 이스트	0.5 레이텐 고	5 고
3	塩 시오 소금	2 니	20 니쥬우
4	モルトシロップ 모루토시롯프 몰트시럽	0.5 레이텐 고	5 고
5	ビタミンC 8ppm 비타민 씨이 하찌 피피엠 비타민C 8ppm	8ppm 하찌 피피엠	8ppm 하찌 피피엠
6	水 미즈 물	68 로쿠쥬우하찌	680~ 롯빠쿠 하찌쥬우
合計 고우케이 합계	-	171% 햐쿠나나쥬우이찌	1,710g 센나나하쿠쿠쥬우

工程
こうてい
코우테이

공정

順序 쥰죠 순서	工程 こうてい 코우테이 공정	工程 順序 説明 코우테이 쥰죠 세쯔메이 공정 순서 설명
1	材料 計量 자이료우 케이료우 재료계량	10分 쥬우분 10분
2	ミキシング 미키신구 믹싱	低速 2分↓ 低速 5分、中速 2分 테이소쿠 니분, 테이소쿠 고분↓쥬우소쿠 니분 저속 2분, 저속 5분↓ 반죽투입 저속 2분
3	生地 温度 키지 온도 반죽 온도	24℃ 니쥬우욘 24℃
4	第1次発酵温度 다이이찌지핫코우 온도 제1차 발효 온도	温度 27℃、湿度 75% 온도 니쥬우나나, 시쯔도 나나쥬우고 온도 27℃, 습도 75%
	第1次発酵時間 다이이찌지핫코우 지칸 제1차발효 시간	120分 パンチ 60分 하쿠니쥬우분 판찌 로쿠쥬우분
5	分割重量 분카쯔쥬우료우 분할 중량	生地 350g 키지 산바쿠 고쥬우 반죽 350g
6	ベンチタイム 벤찌타이무 중간발효	30分、室温(発酵室) 쥬우분, 시쯔온(핫코우시쯔) 30분, 실온(발효실)
8	成形 세이케이 성형	バゲット、バタール成形 他 各種 바겟토, 바타-루 세이게이 호카 카쿠슈 바켓트, 바터롤 외 각종
9	ホイロ室 호이로시쯔 발효실	温度 27℃、湿度 75% 온도 니쥬우나나, 시쯔도 나나쥬우고 파-센토 온도 27℃, 습도 75%
10	ホイロ時間 호이로지칸 발효실 시간	70分 나나쥬우분 70분

11	焼成温度 쇼우세이 온도 굽기온도	上火 215℃、下火 215℃ 우와비 니햐쿠쥬우고, 시타비 니햐쿠쥬우고 윗불 215℃, 아랫불 215℃
12	焼成時間 쇼우세이지칸 굽기 시간	30分じゅう 산쥬우분 30분

順序 쥰죠 순서	材料 자이료우 재료	配合 比率(%) (ベーカーズパーセント) 하이고우 히리쯔 (베-카스 파-센토) 배합 비율(%)	重量 쥬우료우 무게(g)
1	フランスパン用粉 후란스팡 용우코 프랑스빵용가루	80 하찌쥬우	800 핫바큐
2	強力粉 쿄우리키코 강력분	20 니쥬우	200 니햐큐
3	生イースト 나마이-스토 생이스트	3 산	30 산쥬우
4	砂糖 사토우 설탕	8 하찌	80 하찌쥬우
5	ショートニング 쇼-토닝구 쇼트닝	5 고	50 고쥬우
7	脱脂粉乳 닷시훈뉴우 탈지분유	3 산	30 산쥬우
8	塩 시오 소금	2 니	20 니쥬우
10	水 미즈 물	50 고쥬우	500 고햐쿠
※	ロールイン 油脂 로-루인 유시 롤인 유지	50 고쥬우	500 고햐쿠
合計 고우케이 합계	-	173% 햐쿠쿠우쥬우산	1730g 센나나햐쿠산쥬우

16. クロワッサン
크로왓상

크로와상

クロワッサンは 歯応えが 有り さっくりした 歯切れの 良い 食感と 風味
は 生地と 折り込み 油脂の 硬さ、冷却の 程度が 影響します。

크로왓상와 하고타에가 아리 삿쿠리시타 하기레노 요이 쇼칸토 바타아노 후우미 노오코오나 키지토 오리코
미 유시노 카타사 레에캬쿠노 테에도가 에이쿄우시마스.

크로와상은 씹는 맛이 있어 바삭하고 씹히는 맛이 좋은 식감과 풍미는 반죽과 접어서
기름의 딱딱함, 냉각의 정도가 영향을 줍니다.

順序 쥰죠 순서	工程 코우테이 공정	工程 順序 説明 코우테이 쥰죠 세쯔메이 공정 순서 설명
1	材料 計量 자이료우 케이료우 재료계량	10分 쥬우분 10분
2	ミキシング 미키신구 믹싱	低速 3分↓ 테이소쿠 산분 저속 3분
3	捏上温度 코네아게 온도 반죽 온도	24℃ 니쥬우온 24℃
4	第1次発酵 温度 다이이찌지핫코우 온도 제1차 발효 온도	温度 27℃、湿度 75% 온도 니쥬우나나, 시쯔도 나나쥬우고 온도 27℃, 습도 75%
5	第1次発酵 時間 다이이찌지핫코우 지칸 제1차 발효 시간	30分 산쥬우분 30분
6	分割重量 분카쯔쥬우료우 분할 중량	生地 大分割 1700g 키지 다이분카쯔 센나나햐큐 반죽 대분할 1700g
7	生地 冷却 키지 레이카쿠 반죽 냉각	-5℃で 一晩 冷却 마이나스 고도씨데 히토방 레이카쿠 -5에서 1일밤 냉각

8	油脂 ロールイン 유시 로-루인 유지 롤인	3つ折り × 3回 밋쯔오리 × 산카이 3절 접기 × 3회
9	成形 세이케이 성형	クロワッサン成形 크로왓상 세이케이 크로와상 성형
10	ホイロ室 호이로시쯔 발효실	温度 27℃、湿度 75% 온도 니쥬우나나, 시쯔도 나나쥬우고 파-센토 온도 27℃, 습도 75%
11	ホイロ時間 호이로지칸 발효실 시간	70分 나나쥬우분 70분
12	焼成温度 쇼우세이 온도 굽기 온도	上火 230℃、下火 190℃ 우와비 니햐쿠산쥬우, 시타비 니햐쿠쥬우고 윗불 230℃, 아랫불 190℃
13	焼成時間 쇼우세이지칸 굽기 시간	12分 쥬우니분 12분

참고문헌

1. 새로운 제빵이론실기, 신길만 외 2인, 백산출판사, 2020

2. 일본어 회화, 신길만 외 2인, 백산출판사, 2019

3. 외식조리경영일본어, 신길만 · 안효주 · 신솔, 백산출판사, 2019

4. 제과제빵재료학, 신길만 · 안종섭 · 신솔, 교문사, 2020

5. 제과제빵일본어회화, 신길만 · 신솔, 도서출판효일, 2018

6. 일본어로 배우는 제과제빵기술, 신길만 외 1인, 신고아출판사, 2012

7. 천연발효 빵 실전레시피, 강민호, 씨마스, 2019

8. 제빵이론실기, 신길만, 신광출판사, 2009

9. 제과제빵기능사, 김성영 · 김정희 · 박정연, 다락원, 2019

10. "パンの用語集"・日本パン技術研究所、2019年1月18日閲覧

11. 食パンとバーレイティー・ブレッド、増田 信司、ベーカース新書

12. パンの歴史、pp. 114-116

13. パンの事典—、『おいしいパンのある幸せな生活』成美堂出版編集部、成美堂出版、2006

14. 「神戸のケーキとパン」『聞き書 兵庫の食事』日本の食生活全集兵庫編集委員会(編)、農山
    漁村文化協会〈日本の食生活全集〉、1992

15. 舟田詠子『パンの文化史』朝日新聞出版〈朝日選書〉、2007年、236頁、ISBN
    978-4-86143-069-5

16. 文部科学省、日本食品標準成分表、2015七訂

17. 厚生労働省、日本人の食事摂取基準、2015

18. 大阪市ゆとりとみどり振興局; 財団法人大阪観光コンベンション協会 「大阪食のタブー
    集・マナー集・常識集」、『Osaka TOURIST GUIDE(大阪観光案内)』、オリジナルの2011年
    1月6日時点によるアーカイブ、2011

19. 『小麦粉とパン・めん・菓子・料理』財団法人製粉振興会、平成19年、p. 57

20. 小麦粉のおはなし、日本人が作り出した食パン、製粉振興会、2011

21. 知識ゼロからのパン入門、幻冬舎

22. PB商品、「金の食パン」が高くても売れる理由、『プレジデント』、2014

23. 製パン入門、ベーカース新書

24. パンのドゥ鑑、毎日コミュニケーションズ

25. パン入門、日本食糧新聞社

26. パンの事典、旭屋出版 31

저자약력

■ 신길만

경기대학교 대학원 경영학 석사, 조선대학교 일반대학원에서 이학 박사 학위를 취득
하였다.
초당대학교, 전남도립대학교, 순천대학교, 미국의 캔자스주립대학 연구교수를 역임
하였다.
일본에서 다년간 유학하였고 일본 동경제과학교에서 교직원으로 학생들을 가르치기도
하였다. 이러한 오랜 일본 생활에서 습득한 여러 가지 일본 문화와 일본어 회화를
체계적으로 특히 제과제빵 관련 실무를 중심으로 가르치고 있는 중이다. 그리고 제
과학의 이론과 실제, 베이커리 경영론, 제과제빵일본어 등 50여 권의 저서를 집필하
였다.
현재는 김포대학교 호텔조리과 교수로 재직 중이며 한국조리학회 부회장, 김포시어린이
급식관리지원 센터장 등으로 사회활동을 하고 있다.

■ 신 솔

일본 동경에서 출생하여 미국 캔자스주 맨해튼고등학교(Manhattan High School),
중국 상해 신중고등학교 등에서 수학하였다.
국립순천대학교 영어교육과, 조리교육과를 졸업하였으며 경희대학교 대학원에서 조
리식품외식경영학과를 졸업하여 경영학 석사를 취득하였으며 연구조교로 근무하였다.
현재는 KATO카페를 창업하여 경영하고 있다.

저자와의
합의하에
인지첩부
생략

일본어 제빵 실무 회화

2021년 5월 10일 초판 1쇄 인쇄
2021년 5월 15일 초판 1쇄 발행

저   자 신길만 · 신 솔
펴낸이 진욱상
펴낸곳 (주)백산출판사
교   정 박시내
본문디자인 오행복
표지디자인 오정은

등   록 2017년 5월 29일 제406-2017-000058호
주   소 경기도 파주시 회동길 370(백산빌딩 3층)
전   화 02-914-1621(代)
팩   스 031-955-9911
이메일 edit@ibaeksan.kr
홈페이지 www.ibaeksan.kr

ISBN 979-11-6567-316-1   13730
값 18,000원